革命之风

殖民地大撤退与非洲的独立之路

Worldmaking after Empire

The Rise and Fall
of Self-Determination

[美] 奥朵姆·盖塔彻 著
Adom Getachew

生安锋 周英莉 译

中国科学技术出版社
·北京·

WORLDMAKING AFTER EMPIRE: The Rise and Fall of Self-Determination by Adom Getachew, ISBN:9780691202341
© 2019 by Princeton University Press
Simplified Chinese translation copyright © 2025 by China Science and Technology Press Co., Ltd.
All rights reserved. No part of this book may be reproduced or transmitted in any form or by any means, electronic or mechanical, including photocopying, recording or by any information storage and retrieval system, without permission in writing from the Publisher.

北京市版权局著作权合同登记 图字：01-2024-1597

图书在版编目（CIP）数据

革命之风：殖民地大撤退与非洲的独立之路：1945—1975 /（美）奥朵姆·盖塔彻著；生安锋，周英莉译. —北京：中国科学技术出版社，2025.2. —ISBN 978-7-5236-1212-5

Ⅰ. K405

中国国家版本馆 CIP 数据核字第 2024F619J7 号

策划编辑	屈昕雨	责任编辑	屈昕雨
封面设计	东合社·安宁	版式设计	蚂蚁设计
责任校对	焦　宁	责任印制	李晓霖

出　　版	中国科学技术出版社
发　　行	中国科学技术出版社有限公司
地　　址	北京市海淀区中关村南大街 16 号
邮　　编	100081
发行电话	010-62173865
传　　真	010-62173081
网　　址	http://www.cspbooks.com.cn

开　　本	880mm×1230mm　1/32
字　　数	260 千字
印　　张	9.625
版　　次	2025 年 2 月第 1 版
印　　次	2025 年 2 月第 1 次印刷
印　　刷	大厂回族自治县彩虹印刷有限公司
书　　号	ISBN 978-7-5236-1212-5/K·464
定　　价	69.00 元

（凡购买本社图书，如有缺页、倒页、脱页者，本社销售中心负责调换）

献给我的父母
耶塞姆沃克·贝克勒（Yesemwork Bekele）和
盖塔彻·特菲拉（Getachew Teferra）

目录

导言
帝国之后的世界构建
001

泛非主义的世界　008
本书的编排结构　013

第一章
非殖民化的政治理论
021

超越帝国的异族统治　024
反思对反殖民民族主义的批判　033
迈向后殖民世界主义　043

第二章
反革命时刻
051

维护国联中的种族等级制度　053
让帝国安全自决　057
黑人主权的不可能性　072
作为人道主义干预的帝国扩张　084
对殖民地奴隶制的批判　090

第三章
从原则到权利
095

反殖民主义对自决的重新定义　097
反思反殖民主义挪用行为　101
帝国即奴役　107
从原则到权利　117

　　　　　　　　建立反帝国的世界秩序　　123
　　　　　　　　反殖民主义自决的局限性　　132

第四章　　　　重塑 1776 年精神　　147
再评"黑色　　反殖民侵占再现　　155
大西洋"联　　适合 20 世纪的联邦制　　161
邦主义者　　　联邦与联邦国家之间：西印度辩论　　166
　　　　　　　非洲辩论　　173
141
　　　　　　　后殖民联邦制的希望与失败　　181

第五章　　　　危机中的发展模式　　194
国际经济新　　自决的新政治经济学　　200
秩序的福利　　打造福利世界　　211
世界　　　　　取代国际经济新秩序　　224

187

后记　民族自决的衰落　　231

注释　239

参考书目　301

导言

帝国之后的
世界构建

导言　帝国之后的世界构建

1957年3月6日午夜，夸梅·恩克鲁玛（Kwame Nkrumah）在阿克拉宣布黄金海岸独立，为向古老的西非帝国致敬，黄金海岸更名为加纳。恩克鲁玛在演讲中声明，1957年标志着新非洲的诞生，"它准备好为自己而战，证明黑人终将有能力管理自己的事务"。他认为，长达十年的加纳独立斗争只是非洲解放斗争中的一部分。恩克鲁玛有句名言："我们的独立，除非与非洲大陆的全面解放联系在一起，否则毫无意义。"[1] 这种将加纳独立与非洲解放联系在一起的观点不仅表现出对非洲新国家的期待，而且将民族独立视为建立泛非联邦和改变国际秩序的第一步。

加纳独立已过去半个世纪，当人们思考后殖民国家的失败和局限性时，很容易忽略1957年3月那个夜晚所产生的革命性影响和全球反响。从现在的视角来看，20世纪从帝国时代转变为国家时代的过程似乎是不可避免的。虽然民族国家的普遍化标志着对抗欧洲帝国主义的重要胜利，但它也代表着一种关于民主、平等和反帝国政治形式的理想的落空。与此相反，对当晚在阿克拉的亲历者和世界各地的观察者来说，第一个获得

革命之风：殖民地大撤退与非洲的独立之路（1945—1975）

独立的撒哈拉以南殖民地的世界性历史意义是显而易见的。在大西洋殖民地世界，继海地、利比里亚和埃塞俄比亚之后的第四个黑人国家的独立具有特别重大的意义。那天晚上，恩克鲁玛的听众包括马丁·路德·金（Martin Luther King）、科蕾塔·斯科特·金（Coretta Scott King）、菲利普·伦道夫（Philip Randolph）、拉尔夫·邦奇（Ralph Bunche）和国会议员亚当·克莱顿·鲍威尔（Adam Clayton Powell）[2]。特立尼达和多巴哥的马克思主义者乔治·帕德莫尔（George Padmore）和圣卢西亚经济学家 W. 阿瑟·刘易斯（W. Arthur Lewis）作为恩克鲁玛政府的成员出席了活动，而包括坦桑尼亚的朱利叶斯·尼雷尔（Julius Nyerere）在内的来自非洲各地的民族主义者也参加了独立日庆祝活动。W.E.B. 杜波依斯（W.E.B. Du Bois）因美国吊销了他的护照而被禁止前往加纳，但他给恩克鲁玛和加纳人民写了一封公开信，祝贺其来之不易的独立，并敦促新国家继承他自20世纪初以来一直推动的泛非运动的衣钵。[3]对这些人来说，在蒙哥马利巴士抵制运动成功结束几个月后，加纳的独立成为全世界争取种族平等斗争的开端。

本书研究了第二次世界大战结束后的三十年间，以英语为母语的黑人反殖民主义批评家和民族主义者带头开展的全球非殖民化计划。我借鉴了纳姆迪·阿齐基韦（Nnamdi Azikiwe）、杜波依斯、迈克尔·曼利（Michael Manley）、夸梅·恩克鲁玛、朱利叶斯·尼雷尔、乔治·帕德莫尔和埃里克·威廉姆斯（Eric Williams）的政治思想，认为非殖民化是一项重整世界秩序的计划，旨在建立一个没有霸权、平等的国际秩序。标准观点认为：非殖民化是一个国家建设的时刻，在这个时刻，反殖民主义对自决的要求最终导致了对外来统治的拒绝和民族国家的形成；与此相反，我将反殖民民族主义重新定义为世界构建的过程。本研究的核心参与者重新定义了自决，超越了其与民族的关联，并坚持认为实现非殖民化理想需要在国际领域建设司法、政治和经济体制，以确保不被统治。这一主张的核心是对帝国的广义解释，即将异族统治置于不平等融合和种族等级制度的国际结构之中。根据这一观点，帝国是一种超越殖民者和被殖民者双边关系的统治形式。因此，需要一个类似的全球性反殖民对应物，以消除支持统治的等级制度。

在三个不同的项目中——联合国主导的自决权制度化、成立地区联盟、要求建立国际经济新秩序——反殖民民族主义者试图克服不平等融合在法律和物质方面的表现形式，开创一个后帝国主义世界。关注反殖民民族主义的全球愿景为重新审视和反思批判民族主义的狭隘性和反普遍性的观点提供了机会。实现民族独立的努力非但没有排斥国际主义，反而推动了对国家主权的重新思考，对战后国际秩序的重构产生了深远影响，并为20世纪最雄心勃勃的全球再分配愿景奠定了基础。我将反殖民民族主义者视为世界的缔造者，而不仅是国家的建设者，以此说明非殖民化时代预见并重构了我们当代关于国际政治和经济正义的问题。

本书认为反殖民民族主义是一项世界构建计划，其背景是欧洲帝国主义的历史，这个背景本身就是一种构成世界的力量，以暴力开创了一个前所未有的全球时代。从1492年开始，欧洲

革命之风：殖民地大撤退与非洲的独立之路（1945—1975）

的征服和殖民化，加上对原住民的剥夺和种族灭绝，以及三个世纪以来1200万非洲奴隶被迫进行的迁徙和商品的流通将大西洋世界连接起来，改变了三角贸易每个节点的经济和政治生活条件。帝国的全球化行动在大西洋之外产生了反响，欧洲的扩张野心延伸到亚洲，然后又延伸到非洲，引发了新的混乱和变革。[4]到20世纪之交的帝国主义鼎盛时期，欧洲与世界其他地区的政治和经济纠葛构成了世界政治的新时代，这使人们无法脱离日益扩大的全球互动来思考国内政治。[5]19世纪时民主民族国家在欧洲和殖民地的崛起与帝国扩张的规模和范围之间的矛盾和张力，是欧洲知识分子关注的核心问题，他们为民族与帝国之间的分歧提供了一系列意识形态和制度上的缝合线。[6]

在这种情况下，出现了第一个反系统的世界构建项目。[7]《共产党宣言》和马克思的《资本论》都将资本主义生产的兴起及其世界市场的建立置于帝国的扩张语境之中。[8]马克思认为，"资本主义生产时代的曙光"出现在以下几个时刻："美洲发现金银，美洲大陆的原住民被屠戮、奴役和埋葬在矿井中，印度开始被征服和掠夺，以及非洲被变成商业狩猎黑奴的保护区。"[9]通过这种暴力统治，欧洲资产阶级试图创造"一个按照自己形象打造的世界"，而这个世界反过来又为欧洲的胜利创造了条件。[10]第一国际将不同的政党和工会联系在一起，共同对抗日益坚固的民族国家体系，并设想在全球范围内解放劳工，重塑世界。

殖民地世界的反帝国主义者将马克思主义对帝国政治经济学的批判激进化。他们认为，欧洲通过帝国扩张建立"一个符合自身形象的世界"的愿望始终是一种幻想，帝国借此掩盖殖民地的依附性和不平等遭遇。帝国一体化并没有创造一个世界，而是带来了种族分化。[11] 布尔什维克革命后，在第三国际内部和外部，战时反帝人士试图利用这一批判，影响世界秩序，超越帝国不平等，并预测一个反帝国且往往反国家主义的未来。[12] 通过跨国网络，国际主义者尝试了超越和低于民族国家的政治形式。他们提出了后帝国世界的愿景，从马库斯·加维（Marcus Garvey）通过黑人联合改良协会组织的跨国黑人国家，到帕德莫尔的黑人工人国际工会委员会——第三国际的一个分支机构——将黑人工人塑造成反对帝国主义和资本主义斗争的先锋。[13]

本研究中的世界缔造者曾在战时反帝国国际主义的道路上跋涉。然而，他们登上政治舞台时，正值第三国际垮台，帝国在20世纪中期崩溃，民族国家取得胜利[14]。这些条件限制了建立非殖民主义世界的政治可能性。然而，民族国家作为国际秩序规范单位的出现，也为重新思考国家体系得以克服等级制度和等级统治的条件提供了机会。在这种背景下，民族主义者认为，由于缺乏法律、政治和经济制度来实现非支配性国际原则，后殖民国家的国内政治总是容易受到外部侵犯和干预。因此，世界构建被视为与"国家建设"相关联，而"自决"则是两者的纽带。在国内方面，自决意味着后殖民公民的民主政治，通过这种民主政治，后殖民国家确保了经济发展和再分配。在国际方面，自决通过改变有利于依附和统治关系的国际等级制度，为这种国内政治创造了外部条件。本书表明，非殖民化时代的反殖民民族主义并不意味着国际主义的崩溃和后帝国世界替代概念的终结，反而是对帝国等级制度遗留问题的持续抵抗，并要求彻底重建国际秩序。

革命之风：殖民地大撤退与非洲的独立之路（1945—1975）

泛非主义的世界

要了解这段反殖民主义世界形成的历史，我们需要了解本研究的核心人物所居住的泛非主义世界。作为讲英语的大西洋黑人知识分子，纳姆迪·阿齐基韦、杜波依斯、迈克尔·曼利、夸梅·恩克鲁玛、朱利叶斯·尼雷尔、乔治·帕德莫尔和埃里克·威廉姆斯都是从战时开始参与对话的学者。虽然我将重点放在讲英语的思想家身上，但应该指出的是，战时的黑人国际主义超越了帝国的界限，在英国和法国的殖民地臣民之间引发了政治合作和思想交流[15]。事实上，在20世纪二三十年代，艾梅·塞泽尔（Aimé Césaire）、波莱特·纳达尔（Paulette Nardal）和莱奥波尔德·桑戈尔（Léopold Senghor）等讲法语的人曾带头开展了大量合作，但在德国入侵期间，巴黎对黑人知识分子的镇压愈演愈烈，大大削弱了讲法语者的国际主义圈子。[16] 到1945年，伦敦而不是巴黎成了黑人国际主义的中心。此外，战后的法国跨国联邦计划吸引了塞泽尔和桑戈尔等人，导致法语世界中形成了不同的非殖民化轨迹。[17]

第二次世界大战结束后，英语世界成为黑人民族主义的中心，但反殖民世界的建立者并不局限于本书的中心人物。万隆会议和不结盟运动等更广泛的政治组织也推动了后帝国世界秩序计划的建立。这些组织围绕亚非团结和发展中国家的主题，在确保自决权和构想国际经济新秩序方面发挥了核心作用。[18] 但是，如果说反殖民世界的建立在这个意义上体现了一系列更广泛的政治团结关系，那么它在大西洋殖民地区则呈现出一种独特的轨迹。在那里，对后帝国世界的想象借鉴了一种反殖民主义批判，这种批判从新世界奴隶制在现代世界形成过程中的基础性作用出发，追溯了奴隶制"遗产"在国际秩序中构成种族等级制度的方式。

在1900年举行的第一届泛非大会上，奴隶制和解放的全球遗产已经成为核心议题。杜波依斯在会上宣布："20世纪的问题是肤色线的问题。"[19] 在这一表述中，他将吉姆·克罗（Jim Crow）肤色线所代表的解放后社会的种族统治模式，同19世纪末帝国扩张时代联系起来。战时，新一代黑人国际主义者拓展了杜波依斯的批判。这批反殖民民族主义者纵横大西洋，他们的旅行、海外教育以及与殖民地同胞的接触对他们产生了深刻影响。通过在文学、制度和政治方面的研究，他们对跨大西洋奴隶制的历史进行了重新思考，提出了他们对帝国奴役本质的批判，并阐明了反殖民世界塑造方式的早期概念。

埃里克·威廉姆斯抓住了他那一代人的政治和思想形成的世界性，他回顾性地写道，他在特立尼达创建的民族主义政党人民民族运动党"是世界反殖民主义运动的一部分……他们构成了30年代①大学一代的一部分，他们目睹了希特勒的崛起，对埃塞俄比亚的入侵，对西班牙民主的践踏，他们听到牛津联

---

① 20世纪30年代是政治史上独特的10年。一方面大萧条开始了，另一方面第二次世界大战于其间爆发。这一时期的特点是大规模失业、法西斯主义兴起，以及西班牙内战。这些冲突将一整代人政治化。——编者注

盟拒绝为国王和国家而战"。[20]威廉姆斯1911年出生于特立尼达岛,曾获得牛津大学的岛屿奖学金。他于1935年获得历史学学士学位,并于1938年完成了关于奴隶制和废奴经济史的论文。威廉姆斯的论文后来以《资本主义与奴隶制》(*Capitalism and Slavery*)为题得以出版,其灵感来自詹姆斯(James),詹姆斯曾是他的中学老师,后来也移居英国,并在英国撰写出版了《黑人雅各宾派》(*The Black Jacobins*)。这部开创性的海地革命史明确地将19世纪美洲反对奴隶制的斗争与非洲即将发生的反帝革命联系在一起。这些著作与杜波依斯的《黑人重建》(*Black Reconstruction*,1935年)一起,阐明了跨大西洋奴隶贸易和奴隶制在北大西洋现代性中的建构作用。

1939年,威廉姆斯从牛津大学转入霍华德大学,在那里他加入政治学系。在"黑人牛津",他与拉尔夫·邦奇、阿兰·洛克(Alain Locke)、雷福德·洛根(Rayford Logan)和梅兹·泰特(Merze Tate)一起参与了关于白人至上主义在国际秩序中的结构性作用的辩论。[21]霍华德大学和其他黑人学院(或大学)通过支持像威廉姆斯这样的学者的研究议程,教育一代民族主义者,并将非洲和加勒比地区的学生和知识分子与美国非裔的公共领域联系起来,在黑人国际主义网络中发挥了关键节点的作用。[22]尼日利亚民族主义者纳姆迪·阿齐基韦最初就读于霍华德大学,并与阿兰·洛克一起学习,1930年在林肯大学(Lincoln University)获得学位。[23]

在他的第一本书《世界政治中的利比里亚》(*Liberia in World Politics*)中,阿齐基韦扩展了霍华德大学开创的对国际种族等级制度的探索，研究了超越异族统治的帝国主义模式。[24] 阿齐基韦回到西非后，在阿克拉和拉各斯创办了一些以美国非裔报纸为蓝本的报纸，为西非民族主义者提供了一个新的论坛。

在阿克拉，阿齐基韦遇到了当时正在阿奇莫塔师范学院学习的夸梅·恩克鲁玛，并鼓励他到林肯大学学习。1935 年，恩克鲁玛追随阿齐基韦前往美国，并在英国停留以获得签证。恩克鲁玛在他的自传中提到，当他抵达伦敦时，听到了意大利入侵埃塞俄比亚的消息，他形容当时的感觉"就好像整个伦敦突然向我个人宣战一样"。[25] 但他当时并不知道，1935 年的入侵已经成为伦敦黑人国际主义者的催化剂。1933 年从第三国际辞职的乔治·帕德莫尔在这一时期转向了明确的泛非政治，而詹姆斯则对国际联盟（以下简称国联）这个组织提出了更为激进的批判。帕德莫尔和詹姆斯共同成立了"阿比西尼亚①国际非洲之友"（International African Friends of Abyssinia），以组织对埃塞俄比亚的支持，后来又成立了"国际非洲服务局"（International African Service Bureau），其更广泛的目标是在英国协调泛非主义。在此期间，帕德莫尔撰写了《英国如何统治非洲》（*How Britain Rules Africa*，1936）一书，他在书中使用了"殖民法西斯主义"一词来描述大英帝国，并强调了欧洲反法西斯主义的局限性。[26] 第二年，他出版了《非洲与世界和平》（*Africa and World Peace*），追溯了帝国竞争和对抗是如何再次导致世界大战的。[27]

---

① 埃塞俄比亚的前身。——编者注

革命之风：殖民地大撤退与非洲的独立之路（1945—1975）

到 20 世纪 30 年代中期，黑人国际主义者已经改写了新大陆的奴隶制历史，并深入磨炼了他们对不平等融合和国际种族等级制度的批判。但此时此刻，他们对后帝国世界的制度形式基本上还没有定论。本研究中所描述的世界构建计划的轮廓在 1935 年至 1945 年才逐渐形成。在此期间，恩克鲁玛在美国林肯大学和宾夕法尼亚大学学习。这是恩克鲁玛在知识和政治参与上最为丰富的时期[28]。他参加了非洲学生团体，在那里他磨炼了他关于非洲统一的想法；与左翼政治组织产生了联系；读了马库斯·加维的作品，并认为这是他政治思想中最重要的文本；加入了加维的全球黑人改善协会的当地分支机构。[29] 正是在这种背景下，恩克鲁玛开始明确提出国家独立的要求，并将加维的黑人民族主义转化为泛非联邦的理念。

詹姆斯于 1938 年移居美国，加入托洛茨基社会主义工人党，之后他结识了恩克鲁玛，并通过帕德莫尔的介绍，帮助恩克鲁玛进入伦敦的黑人国际主义圈子。1945 年恩克鲁玛抵达伦敦后，他们组织了第五届泛非大会，开始了政治和思想上的交往，这种关系一直持续到 1959 年帕德莫尔去世。在大会上以及在随后十年的出版物中，他们对非殖民化进行了阐述，认为民族自决是迈向非洲联盟和国联的第一步。[30] 加纳独立后，他们于 1958 年主办了独立非洲国家会议和全体人民非洲会议，这样的泛非会议第一次在非洲大陆上举办。通过这些非洲独立国家和解放运动的会议，他们为泛非联邦奠定了基础，并支持了新一代的反殖民民族主义者。

20 世纪 30 年代的大学一代，包括阿齐基韦、恩克鲁玛、帕德莫尔和威廉姆斯等，塑造了非殖民化时代反殖民主义世界构建的第一阶段。他们利用新的奴隶制历史批判作为一种奴役形式的帝国，在联合国将自决权制度化，实现民族独立，并努力在非洲和加勒比实现地区联邦制。以迈克尔·曼利和朱利叶斯·尼雷尔为代表的第二代反殖民主义世界缔造者对第一阶段的局限性作出了回应，提出了新的世界构建计划。曼利和尼雷尔出生于20世纪20年代，他们都太年轻，没能参加战时的黑人国际主义活动，但他们见证并支持了反殖民主义世界形成的早期时刻。[31] 曼利在伦敦经济学院就读时曾为威廉姆斯的西印度联邦运动奔走呼号，而尼雷尔则直接参与了有关非洲联合的辩论。

当这些计划失败后，尼雷尔和曼利又回到了帝国主义的等级世界构建问题，以及它在后殖民社会中造成的扭曲，以重新想象一个后帝国世界。世界构建的第二阶段的核心是努力重新思考这些条件下的社会主义，并将经济平等重新确立为后帝国世界的核心理想。曼利和尼雷尔分别在伦敦经济学院和爱丁堡大学接受过教育，在这一过程中，他们借鉴了费边社会主义，特别是哈罗德·拉斯基（Harold Laski）的著作。[32] 曼利和尼雷尔在英国时就是对话者，他们独特的社会主义计划，加上他们将国际经济新秩序制度化的努力，标志着反殖民主义世界构建的最后也是最雄心勃勃的阶段。

本书的编排结构

本书借鉴了对非洲、西印度群岛和欧洲档案的广泛研究。

革命之风：殖民地大撤退与非洲的独立之路（1945—1975）

这种复原的动机是通过重新思考非殖民化，为现在的历史作出贡献。将非殖民化等同于从帝国向民族国家过渡的叙述将后殖民国家的形成理解为有关政治建国、宪政和人民主权等一系列反复出现的一般性问题中的一个插曲。这些叙述也为关注国际经济和政治正义的规范理论家提供了隐含的历史背景。通过阐明非殖民化所带来的政治多重性，本书关注后殖民主权的特殊性，并试图重新定位我们提出的有关国际正义的问题。本书强调了殖民统治和国际等级制度的经验如何为有关主权和国家形成的辩论提供独特的形式，并重新审视了欧洲帝国主义在当代的持久遗产。

　　第一章从本书的核心内容——历史挖掘与重建——中提炼出主要的理论，勾勒出非殖民化的政治理论，重新思考反殖民民族主义如何提出帝国问题，以拓展我们对其目标和轨迹的认识。通过借鉴近代国际法史以及大西洋黑人世界构建者的政治思想，我将帝国重新理解为不平等的国际一体化进程，这种进程在19世纪末20世纪初以日益种族化的形式出现。面对种族化的国际秩序，反殖民民族主义者转而寻求建立世界构建的项目，以确保国际无支配自由①（non-domination）的条件。当我们

---

① 无支配自由是爱尔兰政治学家菲利普·佩蒂特（Philip Pettit）在《共和主义：一种关于自由与政府的理论》提出的一种关于自由的理念。是对以赛亚·伯林的消极自由和积极自由的补充。在无支配自由中，人们的选择活动不屈从于他人的意志。他人不得剥夺、取消、删改或变更他们自由选择时面临的选项。——编者注

审视反殖民民族主义创造世界的愿望时，我们可以超越对民族主义的非自由主义和狭隘主义的关注，转而思考反殖民民族主义所激发的问题、目标和矛盾的特殊性。我认为，关注从帝国主义遗产中产生的政治项目的特殊性，也为当代世界主义提供了一种后殖民主义方法。后殖民主义世界主义借鉴了反殖民主义世界构建的概念和政治创新，对帝国的持续存在进行了批判性的诊断，并在规范取向上保留了反帝国的愿望，即建立一个没有统治的国际秩序。

第二章考察了国联的不平等融合进程如何体现帝国制度化。我认为，伍德罗·威尔逊（Woodrow Wilson）和扬·斯穆茨（Jan Smuts）将威尔逊时代重新定义为反革命时期，剔除了布尔什维克自决权利的革命含义，并重新定义了在新的国际组织中保留种族等级制度的原则。威尔逊和斯穆茨借鉴了埃德蒙·伯克（Edmund Burke）对雅各宾派的批判以及他们对19世纪解放所带来的民主可能性的否定，将自决权重新塑造成了一个种族差异化的原则，与帝国统治完全一致。我将通过研究埃塞俄比亚和利比里亚在国际组织中的成员资格来说明他们关于自决的论述。这两个非洲国家的成员资格通常被视为国际社会第一次扩张的范例。然而，我认为，埃塞俄比亚和利比里亚的加入非但没有保护其主权平等，反而为被统治创造了条件，因为它们的成员身份带有负担和种族色彩，义务繁重而权利有限。本章为反殖民主义世界构建的历史奠定了基础，确立了帝国作为种族化国际等级制度的问题，并颠覆了自决的普遍原则起源于威尔逊的观点。

革命之风：殖民地大撤退与非洲的独立之路（1945—1975）

第三章从国联转向联合国，反殖民民族主义者对自决进行了再创造，将《联合国宪章》中的一项次要原则转变为一项人权。通过纳姆迪·阿齐基韦、杜波依斯、夸梅·恩克鲁玛和乔治·帕德莫尔的著作，我说明了这种重塑借鉴了将帝国视为奴役的独特论述。在这一广泛的批判中，反殖民民族主义者从专断权力和殖民者与被殖民者之间的剥削关系——入手，追溯了殖民统治在国际领域产生反响的方式。他们将解决帝国问题的答案定位于国内和国际政治的全面变革，将其理解为国家建设和世界建设的综合计划。自决权标志着这一转变的第一步。通过对独立和平等的保障，它确保了国内行使自治所需的正式条件——国际上不受统治。自决权的出现通常被解读为对已有原则的扩展，在这一原则中，反殖民民族主义者将威斯特伐利亚的主权制度普遍化。与这一标准解释相反，我认为，反殖民主义的自决解释标志着与以欧洲为中心的国际社会模式的彻底决裂，并将无支配确立为后帝国世界秩序的核心理想。我们不应将独立和平等国家的理念与威斯特伐利亚的遗产联系在一起，而应将这一国际秩序愿景与反帝国主义相提并论，后者超越了包容新国家的要求，想象出一种平等主义的世界秩序。

第四章回顾了西印度群岛和非洲地区被遗忘的地区联邦计划，这些计划是反殖民民族主义者在重塑自决的同时所追求的。在回到联邦想象对反殖民民族主义者的核心作用时，我证明了民族国家的替代方案在非殖民化高峰时期依然存在。对夸梅·恩克鲁玛和埃里克·威廉姆斯这样的联邦主义者来说，摆脱异族统治并不能充分保证非殖民地化，因为强大的国家、国家间组织和私人行为者利用经济依附关系来间接确保政治强迫。恩克鲁玛关于新殖民主义的论述体现了法律上独立和事实上依附的后殖民困境，这使得国内自治容易受到外部侵扰。我重构了恩克鲁玛和威廉姆斯如何将美国定位为后殖民联邦的典范，以证明地区联邦可以通过创造更大、更多样化的国内市场，来组织集体发展计划，并确保地区再分配和地区安全从而克服后殖民困境。如果说在制定自决权的过程中，要通过建立反对统治的司法来确保无支配自由，那么，联邦则通过在后殖民国家之间建立新的政治和经济联系来确保不被殖民化。这将逐步削弱使这些国家在国际领域处于从属地位的依附和统治关系。在联邦阶段，反殖民主义世界观设想将主权分散并委托给民族国家之外的机构。当批评家们拒绝恩克鲁玛和威廉姆斯关于中央集权联邦制国家的建议时，我追溯了这种地区联邦模式如何让位于各种形式的功能整合，从而加强了民族国家。虽然时间短暂，但大西洋殖民地的联邦让人们时刻注意到，对国际等级制度的批判和确保民族自决的努力促使人们进行意义深远的制度实验，这些实验涉及国际无支配的政治和经济层面。

第五章分析了反殖民民族主义者如何以其最雄心勃勃的世界建设项目——国际经济新秩序（NIEO）——来应对日益加剧的后殖民困境。在地区联邦制失败后，主要生产原材料的后殖民国家经历了贸易条件的大幅下降，这威胁到了经济发展，并再次揭示了后殖民国家建设仍然易受外部力量影响。我举例说明，面对恩克鲁玛和威廉姆斯所信奉的发展经济学的局限性，迈克尔·曼利和朱利叶斯·尼雷尔重新审视了不平等的经济一

革命之风：殖民地大撤退与非洲的独立之路（1945—1975）

体化如何导致后殖民经济扭曲，并产生破坏性的国家间分工，从而阐述了新的自决政治经济学。他们将这种国际分工与国内阶级政治相类比，对全球经济进行了独特的政治化，将后殖民国家视为工人阶级；将发展中国家的团结塑造成一种国际阶级政治形式；并要求在全球南方事实上创造了全球北方财富的基础上进行再分配。根据对全球经济的这一解释，国际经济新秩序构成了一个福利世界，旨在增强后殖民国家的谈判能力，实现决策民主化，并实现国际再分配。我认为，这个福利世界的核心是对主权平等的激进重塑，即要求公平分享世界财富。国际经济新秩序将这种主权平等的扩张性描述视为国际无支配的经济组成部分。主权平等具有物质影响的观点标志着反殖民民族主义者对战后国际法律秩序的最大背离。其很快在20世纪70年代的新自由主义反革命中被摒弃和取代。

最后，后记描绘了自决的衰落，并说明反殖民主义世界构建的崩溃继续影响着我们的当代生活。从国际经济新秩序的直接后果来看，我认为自决的衰落体现在两个方面：西方（尤其是美国）知识分子和政治家对自决权批判性取向的不断增强，以及联合国等国际机构的萎缩，而反独裁民族主义者正是在这些机构中建设世界的。自决权的规范性侵蚀和联合国的边缘化共同为国际等级制度和新近不受约束的美帝国主义的复活创造了条件。与此同时，由于后殖民国家的制度形式未能实现其民主和平等的愿望，反殖民主义的世界塑造退缩为对国家最低限度的捍卫，反殖民民族主义的关键资源似乎已经耗尽。但是，尽管我们生活在自决衰落的余波之中，不再生活在反殖民主义世界缔造者所追求的无统治国际秩序愿景所形成的政治和意识形态环境中,建设后帝国世界的任务仍然是我们的任务,就像他们那时一样。

第一章

非殖民化的政治理论

第一章　非殖民化的政治理论

在加纳实现独立三年后,十七个非洲国家加入了联合国,标志着大西洋殖民地世界非殖民化的高潮。在后来被称为"非洲年"的这一年,联合国中新成立的非洲集团成功地领导大会通过了题为《给予殖民地国家和人民独立宣言》的第1514号决议。该决议将外国统治描述为对人权的侵犯,重申了自决权,并呼吁立即结束一切形式的殖民统治。[1] 1514号决议完全否定了外国统治,拒绝接受实现独立的任何先决条件。决议通过后不久,一个拥有广泛权力的新委员会在此基础上成立,该委员会负责调查殖民统治和听取殖民地人民的请愿,使殖民统治接受国际监督和自决要求。[2]

虽然1960年标志着现代国际社会历史上的一个分水岭,但它在很大程度上被归入非殖民化的标准论述中,即从帝国到国家的过渡以及国际社会的扩展,这是一个无缝衔接且不可避免的发展过程。这种非殖民化论述的前提是,反殖民民族主义者从伍德罗·威尔逊的自由国际主义传统中挪用了自决的语言,以确保从异族统治中获得独立。殖民地世界的民族主义者在采

革命之风：殖民地大撤退与非洲的独立之路（1945—1975）

用自由主义自决语言时，被认为是在模仿现存的民族国家制度形式。而且虽然非殖民化被认为使这种国家制度具有普遍性，但其民族主义和国家主义的前提在后殖民和日益世界化的世界秩序中被视为不合时宜。

将反殖民民族主义重塑为"世界构建"，打破了这一标准论述的核心假设。首先，它通过说明黑人反殖民主义批评家将帝国理论化为国际种族等级结构的方式，将帝国的论述扩展到了异族统治之外。借鉴杜波依斯关于"20世纪的问题是肤色线问题"的著名论断，本书的核心人物提请人们批判性地关注种族等级制度和奴隶制在现代国际社会形成过程中的持久影响。其次，为了应对国际种族等级制度带来的政治困境，非洲和加勒比地区的反殖民民族主义者坚持认为，自决需要将国家建设和世界建设结合起来。他们对于后帝国世界秩序的愿景促使民族主义者建立能够确保非殖民化的国际条件。民族独立需要国际条件这一主张是反殖民主义自决论的一个重要观点。最后，恢复他们的全球愿望凸显了国际等级制度的持续存在，并为当代有关全球政治和经济正义的辩争勾勒出新的方向。扩大的帝国概念、对反殖民民族主义的重新思考以及后殖民世界主义的理论化共同构成了非殖民化政治学理论的要素。

超越帝国的异族统治

1960年，当后殖民国家努力通过第1514号决议时，历史学家、哲学家和政治学家首次对史无前例的非殖民化进程进

第一章 非殖民化的政治理论

行了解读。同年，牛津大学哲学家约翰·普拉门纳茨（John Plamenatz）出版了《论异族统治与自治》（*On Alien Rule and Self-Government*）一书，而在大西洋彼岸，哈佛大学政治学家鲁珀特·爱默生（Rupert Emerson）出版了《从帝国到国家》（*From Empire to Nation*）一书。[3] 爱默生和普拉门纳茨试图解释"异族统治"如何在20世纪突然变得不合法，他们在西方理念的全球传播中找到了答案。普拉门纳茨认为，20世纪中期异族统治的非法化本身就是世界逐渐西方化的产物。欧洲帝国的扩张推动了自决、民主和自由等原则的传播，并使反殖民民族主义者对异族统治的批判成为可能。[4] 爱默生赞同这一观点，认为"西方列强通过全球侵略，努力按照自己的想象重塑世界，从而唤起了民族主义力量的反抗，而民族主义既是帝国主义最尖锐的敌人，反过来又是帝国主义最美好的果实"。[5]

这些早期解释的主要原则——强调异族统治、忽视帝国主义的国际条件和背景、将非殖民化与民族国家的全球化以及国际社会的扩张相提并论——继续影响着我们对领土帝国崩溃的理解。从国际关系理论到规范政治理论，都反复强调将帝国对异族的统治视为宗主国与殖民地之间的关系。根据这一观点，帝国是"两个政治实体之间的互动体系，其中一个实体，即占统治地位的大都市，对另一个从属的外围地区的内外政策——有效主权——实施政治控制"。[6] 非自愿的臣服、不互惠和不平等是被殖民者和殖民者之间关系的特征。[7] 外来统治的国际组成部分被理解为将殖民地排除在国际社会之外。[8] 这种排斥将异族统治与其他形式的国际霸权区分开来，后者是在有规则约束的

革命之风：殖民地大撤退与非洲的独立之路（1945—1975）

国际秩序中出现的。[9]因此，国际秩序被视为一种双重结构，它赋予宗主国以主权平等的成员身份，并将殖民地排除在其边界之外。通过这种对帝国统治的双边解释和对国家间社会的分拆观点，外来统治论将自决理解为克服外来统治和实现国际社会包容的双重举措。当以前被排斥在外的殖民地作为正式成员进入国际社会时，帝国就结束了，而这种包容的核心是民族国家作为公认的自决体制形式的普遍化。[10]因此，20世纪的非殖民化被视为民族国家逐步全球化并成为帝国对立面的漫长历史的顶点。[11]

虽然帝国到国家的叙述似乎捕捉了20世纪中叶国际秩序的变化，但这种非殖民化的叙述也掩盖了重塑而不是扩大国际社会的更深远的努力。将非殖民化描述为世界"逐步西方化"的扩散过程，模糊了反殖民民族主义对长达四个世纪之久的欧洲帝国扩张计划的激进挑战。就像英国首相哈罗德·麦克米伦（Harold Macmillan）令人回味的短语"变革之风"（the wind of change）一样，"扩散"叙事将非殖民化自然化，使之成为帝国发展不可抗拒的过程。[12]事实上，早在大英帝国迅速衰落之前，战时的大都市知识分子和精英们就创造并采用了"非殖民化"一词，以调和帝国的过去和现在与他们认为不可避免的后帝国世界的未来。[13]在这种早期的表述中，非殖民化被描绘成帝国计划的一部分，但并不意味着帝国的失败。因此，非殖民化"吸收和转移了它表面上描述的现象"。[14]

非殖民化不是从帝国到国家的无缝和不可避免的过渡，反殖民民族主义者将非殖民化重新塑造为一种激进的断裂——它需要被殖民者的彻底转变和国际秩序的重建。对夸梅·恩克鲁玛来说，非殖民化不是吹过非洲大陆的一阵风，而是"变革的飓风……（它）将殖民主义的许多堡垒夷为平地"。[15]从这个角度看，"独立的意义远不只是自由悬挂我们自己的国旗和奏响我们自己的国歌。只有在革命的框架下，它才能成为现实"。[16]恩克鲁玛把去殖民化看作是一场革命，目的是消除殖民统治留下的依附性。依附性决定了前殖民地主体的状况以及前殖民地与国际秩序之间的关系。根据恩克鲁玛的说法，一个"长期受到外国统治"的民族会习惯于殖民依附。[17]民族主义运动和后殖民国家将通过后殖民时期公民身份的扩张来对抗殖民依赖的经济、政治和道德心理形式。[18]然而，依附性也是新国家在国际秩序中的特征，在这种背景下，当前的建国计划是不够的。升国旗、唱国歌——仅仅是权力的移交——使新国家的经济和政治地位原封不动。因此，要将非殖民化理解为一项革命计划，就必须重塑维持依附性和统治关系的国际秩序。国家建设要通过世界建设来定位和实现。

恩克鲁玛对国际领域持续统治的关注指出了反殖民主义对帝国的描述超越了外来统治，并聚焦于国际等级问题。反殖民民族主义者认为，一个由平等的主权成员和被排斥的殖民地组成的分化体系并不是国际秩序的特征。相反，殖民地和边缘国家是国际社会的内部成员，但在国际社会中却处于不平等的从属地位。例如，19世纪末的非洲殖民化就是通过国际条约和会议促成的。在这些背景下，非洲国家和政治共同体被赋予了国际人格。这使其统治成为可能。从这个角度看，殖民化不是被排斥在国际社会之外,而是不平等地融入了国际社会。

不平等融合将国际社会视为一个内部分化的空间,包括主权国家、准主权国家和殖民地,它们通过等级秩序组织起来。国际社会的等级秩序确保了非欧洲国家无法充分享有国际社会成员的权利。在权利和义务的分配上,非欧洲国家和殖民地承担着繁重的义务,只有有限的或有条件的权利。在强调不平等融合嵌入国际社会正式制度的方式时,这种对等级制度的描述偏离了强调主导国家如何对其他国家行使经济和军事权威的理论。[19] 与霸权不同,不平等融合作为国际法的一种构成性实践,在国际社会中产生了不同的法律和政治地位。这种不平等的国际地位是欧洲帝国主义的有利背景。它与政治和经济统治相吻合,并为其提供了便利。

不平等融合的概念源自近期的国际法史和国际关系史,这些历史强调了帝国在这些学科构成中的核心地位。虽然这两个领域都关注由主权和平等国家组成的国际秩序,但国际思想史上的关键人物,如弗朗西斯科·德·维多利亚(Francisco de Vitoria)和雨果·格劳秀斯(Hugo Grotius),都将殖民遭遇作为国际政治理论化的主要场所。正如安东尼·安吉(Antony Anghie)所言,国际法的核心概念——主权理论"产生于殖民遭遇"。[20] 安吉并没有将国际法视为首先在欧洲国家之间形成、随后扩展的法律,而是强调了不平等融合始终是现代国际社会的核心。虽然在欧洲帝国统治的漫长历史中,不平等融合的形式多种多样,但将非欧洲社会纳入国际法以及利用条约篡夺资源和主权的做法始于早期的殖民遭遇,并在 20 世纪依然盛行。

第一章 非殖民化的政治理论

美洲早期的殖民遭遇迫使欧洲法学家重新审视国际法可能存在的局限性。在解决关于国际法是否适用于新世界人民的问题时，维多利亚提供了一个模棱两可的答案，这个答案将为国际法的后续辩论奠定基础。一方面，他肯定了国际法的普遍性，认为其对美洲原住民具有约束力，因为他们有理性能力。然而，另一方面，他们的政治和文化习俗同时也违反了国际法，需要加以约束和改造。安吉认为，对美洲原住民使用国际法造成了"本体论上'普遍的'印第安人与社会上、历史上'特殊的'印第安人之间的差异，（然后）通过实施制裁来补救，从而实现必要的转变"。[21] 在这场早期的交锋中，印第安人既被纳入国际法的范围，又被发现偏离了国际法的规定。其结果是一种部分的和有负担的包容形式——部分是因为它并不意味着平等的成员资格，而有负担是因为美洲原住民只能被视为违反法律的犯罪行为人。因此，他们融入社会的义务和责任比他们的权利更为明显。

这种在国际社会中的部分和负担性成员身份并非源于排斥，而是取决于承认非欧洲社会的国际人格。在欧洲帝国的建立过程中，国家间条约和与地方当局的联盟往往比直接征服更为重要。建立欧洲帝国的核心，往往是与地方政府缔结国际条约和联盟，而不是直接征服。虽然直到17世纪，欧洲人在很大程度上都拒绝与非基督徒结盟，但在美洲和亚洲的帝国扩张过程中，这种禁止与异教徒签订条约的规定逐渐被取消。格劳秀斯为荷兰与东印度统治者在对抗葡萄牙的斗争中签订的条约辩护，是这一逆转的核心。[22] 理查德·塔克（Richard Tuck）认为，一旦格劳秀斯的宽容态度在17世纪变得普遍，"欧洲人就在道义上获得了充分参与印度复杂政治的自由"。这标志着欧洲帝国从"纯粹的商业关系"向更具干预性的计划过渡。[23]

即使在19世纪,国际社会的排斥性最强,并通过文明标准来标明其边界时,殖民条约也"预设了一个双方都遵守的共同法律世界"。[24] 虽然文明标准否定了非欧洲社会在国际社会中的主权成员资格,但19世纪国际法发展的关键人物认为,与非主权国家的条约和其他法律关系之所以有意义,只是因为这些国家"在某种程度上是国际法人,是国际法的主体"。[25] 因此,国际社会受"排除-包容逻辑"的支配,非欧洲民族被排除在成员的全部权利之外,但仍受包容义务的约束。[26] 这部分国际法承认了非欧洲民族的法律人格,但这种承认只赋予原住民被剥削的权利。[27] 因此,正如安吉总结的那样:"原住民被赋予人格是为了被束缚。"[28]

从这个角度看,帝国统治构建了现代国际社会,也是制约国际关系的法律制度发展的内在因素。这些不平等融合进程在国际社会的边界内产生了法律和政治等级制度。到了欧洲帝国主义的鼎盛时期,国际等级制度通过诉诸种族差异而得到巩固和稳定。明确地说,差异观念始终是不平等融合的构成因素。安吉所称的"差异动力"致力于产生"两种文化之间的差距,将一种文化描述为'普遍的'和文明的,将另一种文化描述为'特殊的'和不文明的",并帮助证明帝国作为文明计划的合理性。[29] 在19世纪末和20世纪初,这种差异开始以种族的形式体现出来。正是这一转变促使杜波依斯得出结论:"20世纪的问题是肤色线的问题,即亚洲和非洲、美洲和岛国深色人种与浅色人种的关系。"[30]

第一章　非殖民化的政治理论

这条全球肤色线产生于 19 世纪同时发生的政治和意识形态进程——美洲解放运动、帝国在非洲的扩张以及欧洲人和其定居者日益增长的种族认同。从海地革命开始，到 1888 年在巴西达到高潮，19 世纪是美洲逐步废除动产奴隶制的解放时代。但是，几乎在每一种情况下，对公民身份和融入社会的解放承诺都让位于新形式的强迫劳动和对政治身份的拒绝。从殖民时期的牙买加到美国，将公民权扩展到前奴隶群体的实验突然以新的种族化政治和经济统治结构而告终。在发生这种转变的同时，人们对黑人主体的看法也越来越冷漠，因为强调主体民族的野蛮和不妥协的叙述，取代了认为前奴隶有能力文明化和改革的话语。在这种情况下，1865 年牙买加莫兰特湾叛乱等殖民抵抗被视为殖民地主体没有能力进行自由改革的证据。因此，前奴隶承担了这些改革失败的责任。[31]

到 19 世纪末，这种种族化的差异使人们对帝国作为文明使命的理念产生了一种更加矛盾和谨慎的态度。如果说帝国的自由主义倡导者将帝国统治设想为确保进步的临时机制，那么由于被殖民者的顽固不化，这种进步事实上是不可能实现的，怀疑论则推动了一种更加简约和保守的帝国观，即优先考虑秩序和本土社会的保护。[32] 这种通过间接统治的理论和实践组织起来的帝国模式是帝国在非洲扩张的核心，解放后社会的种族逻辑将被输出到非洲。[33] 在此背景下，与美国南方相关的"黑人问题"被日益视为如何统治大量黑人这一独特的跨国问题的组成部分。[34] 从这个角度看，杜波依斯在 1900 年对全球肤色线的评论不仅是对欧洲占主导地位的世界的经验性描述，而且还提到了从新世界

革命之风：殖民地大撤退与非洲的独立之路（1945—1975）

奴隶制经验中产生的一套种族统治的意识形态和做法是如何国际化的。

如果说美洲和欧洲的解放运动所引发的争论是种族和种族差异自然化和顽固化的一个体现，那么在对欧洲人及其定居地白人的自我意识的新理解中则可以发现另一个平行的、种族化的国际等级制度的发展动力。在澳大利亚、加拿大、新西兰和南非等殖民地实现自治的同时，附属地也出现了维护帝国的保守主义。以白人身份和盎格鲁-撒克逊遗产为理由，代表定居者要求更大的自治权，促使移民限制和种族隔离主义的做法，并在大不列颠和英美联盟等跨国项目中提供了种族团结的源泉。[35] 根据杜波依斯的说法，白人的出现与全球种族隔离的形成有关。他认为，"在世界各民族中发现个人的肤色是一件非常现代的事情——是19世纪和20世纪的事情"。[36] 这种新的种族意识既是个人的，又是跨国的，它试图通过巩固白人的世界秩序、淡化"深色人种"之间的种族区别、强化全球肤色线来防止帝国的灭亡和衰落。[37]

第一次世界大战结束时，全球白人至上主义受到了短暂的挑战，然后又得到了巩固。杜波依斯所称的"黑暗世界"对白人世界自诩的优越性提出了质疑。暴力战争及其造成的破坏使欧洲声称的文明站不住脚，因为在欧洲被视为道德破产的背景下，科技进步的效用受到质疑。[38] 随着欧洲的全球优越性受到质疑，日本在1919年凡尔赛会议上提出了种族平等条款，希望它被纳入国联公约。然而，这一条款遭到了拒绝。[39] 代表英国出席会议的阿瑟·贝尔福（Arthur Balfour）表达了对国际秩序中种族问题的主导观点,他认为:"从某种意义上说,一个特定国家的所有人生而平等,这是正确的;但中非的一个人与欧洲人生而平等,则不是正确的。"[40]

反思对反殖民民族主义的批判

由于国联在战时保留了国际等级制度,黑人知识分子和反殖民主义批评家重新考虑了帝国问题,并阐明了他们的国家建设和世界构建的双重计划。在这一努力中,三个独立黑人国家——海地、利比里亚和埃塞俄比亚——的经历占据了中心位置。1915年美国对海地的入侵和占领、利比里亚的非正式帝国以及意大利对埃塞俄比亚的干预,都预示了摆脱外来统治的自由的局限性。[41] 反殖民民族主义者从战时获得的启示是,帝国主义"除自身利益之外不懂任何法律",并得出结论认为,在追求这些利益的过程中,帝国在体制上是灵活的。[42] 外来统治本身的范围从王室殖民地和保护地到委任统治,帝国也可以通过部署不平等融合的国际结构来适应自身失去直接控制的情况。[43] 然而,在上述每一种情况下,帝国都是一种统治结构,在这种结构中,外部行为主体可以对殖民地和周边国家任意行使权力。

由于这种帝国统治模式超出了外来直接统治的范围,非殖民化不能局限于从殖民宗主国获得独立。相反,它必须克服助长帝国统治的不平等融合和国际等级制度等背景环境。反殖民世界的建立——克服国际等级制度、构建后帝国世界的计划——采取了确保国际非殖民化的形式。通过使用无支配这一共和主义语言来描述这一计划之时，我旨在强调在正式的不干涉保证之外，反殖民主义世界构建是如何应对支配和依附关系的。对反殖民民族主义者来说，支配并不总是以外来势力直接控制或干预的形式出现。相反，他们认为，即使国际秩序确保了所有国家的正式成员资格和主权平等，国家间的经济依附关系和政治权力不平等仍将继续创造条件，使后殖民地国家受制于强权国家和其他国际行为主体的专断意志。

这种焦虑是恩克鲁玛对新殖民主义定义的核心，在新殖民主义中，外部行为主体利用了外来统治造成的经济依附性。[44] 与共和主义对自由即不干涉的批判一样，恩克鲁玛认为，仅仅没有直接的政治控制并不能充分保证后殖民的自由。依附关系赋予了外部行为者任意干涉的能力。这确保了后殖民国家遵循"新殖民主义主人"的指令，而不是体现公民意愿的民主决策。[45] 在这种情况下，看似由独立国家自由立法决定的行动，实际上是依附于其他国家、私人行为主体或国际组织的结果。恩克鲁玛阐明了外部统治问题与行使自治能力之间的紧密联系，认为国际等级制度影响了后殖民时期的公民权和自治权。与共和主义政治思想的悠久传统一脉相承，恩克鲁玛将独立定义为不受内部和外部统治。[46] 公民身份、国内制度和国际关系相互交织，要求建立一个不受统治的国际秩序。

反殖民主义的世界构建提供了一系列战略，以减轻、规避和消除助长统治的等级制度。首先，通过自决权，反殖民民族主义者加强了反对外国干涉和侵犯的法律壁垒。反殖民民族主义者将主权平等扩大为平等的立法权，并重新定义了不干涉原则,使其超越了禁止军事干涉的范围,从而寻求通过法律文书来遏制和限制帝国支配。其次,在西印度群岛和非洲的区域联邦组织中,反殖民民族主义者试图通过组织关注平等和再分配的区域机构来规避全球经济中固有的经济依附性。联邦制不是对国际等级制度的直接挑战,而是试图部分摆脱和隔绝助长支配的依附关系。最后,通过国际经济新秩序,反殖民民族主义者直接挑战了国际领域的经济等级制度。他们主张自决权中阐述的主权平等的广义说法,并设想了一个民主和再分配的平等主义福利世界。在这一最终计划中,无支配被重新塑造为国际平等的激进形式。

这些计划中的每一个都为实现无支配提供了不同的策略,但它们都被视为为后殖民时期的国家建设创造了必要的国际条件。反殖民主义的世界构建并不是对民族主义的替代或否定,而是确保国家独立的必要手段。将国家建设与世界建设结合起来的核心观点是,欧洲帝国的全球计划从根本上改变了现代世界的生态和政治条件,因此需要类似的全球反殖民计划。这一论点最有力的表述是,新独立国家完全是通过国际政治和经济纠葛形成的,而这些纠葛是无法逃避或忽视的。例如,埃里克·威廉姆斯和迈克尔·曼利都追溯了加勒比岛国如何从殖民种植园制度中脱颖而出。在殖民化过程中,原住民的生活方式被铲除,加勒比地区通过跨大西洋奴隶贸易、印度契约以及殖民贸易等重生了。因此,加勒比地区本身就是一个全球性区域,无法从其所处的国际政治和经济关系中分离出来。这种极端的外向性必然要求超越国家的孤立性。[47]

如果这种说法强调了后殖民国家被全球力量所困的特殊性，那么第二种观点将反殖民民族主义者所面临的困境描述为一种更普遍的困境的迭代。曼利在论述种植园给加勒比人留下的独特遗产的同时，还认为贸易、资本流动和金融化等国际纠葛以及跨国私人行为主体的出现，不仅有可能破坏后殖民时期的独立，而且也有可能破坏所有国家引导和管理本国经济的能力。反殖民民族主义者认为，20世纪的全球化是帝国经济的延伸，对所有国家都有影响。由于不平等融合的历史，全球化的负担不是均匀分布的，这种立场构成了后殖民困境，促使民族主义和国际主义结合起来，成为全球经济中民族国家更普遍经验的一部分。[48]

这种反殖民民族主义和国际主义的结合，在非殖民化的高峰时期表达出来，延伸了两次世界大战之间的反帝国主义计划。[49] 马库斯·加维等战时民族主义者设想了一种反映当时帝国地理格局的非领土和跨国归属模式，而恩克鲁玛等人所阐述的民族主义与国际主义的结合则越来越多地与民族国家的领土形式联系在一起。因此，非殖民化的世界构建应被理解为民族国家的国际主义。但即使在这一阶段，反殖民民族主义被民族国家的制度形式所束缚，其对世界秩序的愿景也远远超出了融入和扩展现有国际社会的范畴。相反，追求国际非殖民化需要彻底重塑国际秩序的法律、政治和经济结构。后帝国时期的世界秩序不仅更具扩张性和包容性，而且基于创建一个没有统治的国际社会的理想。

只有当我们认真对待这一观点对反殖民世界形成之前的世

第一章 非殖民化的政治理论

界秩序提出的挑战时，才能理解其新颖性和重要性。非殖民化是现有国际社会的扩展，这种说法假定虽然殖民地被排除在外，但平等和不干涉原则支配着"威斯特伐利亚"国家体系，并充分保护主权成员国不受统治。帝国是一种国际种族等级制度的说法将与威斯特伐利亚制度相关的三个世纪重新塑造为一个不平等融合和等级制度的时代。[50]反殖民主义的世界构建对这一国际秩序的欧洲中心特征提出了深远的挑战。反殖民民族主义者即使挪用了自决和主权平等等关键原则，也重新定义和诠释了这些原则的含义。例如，反殖民主义自决总是包括经济独立和政治独立。此外，主权平等不仅限于司法主张，还要求重新分配立法和经济权力。这一愿景远远超出了威斯特伐利亚世界秩序的现有条款。此外，正如我们将在后记中看到的，反殖民主义世界建立之后的国际秩序不仅拒绝这种重塑，而且破坏了对反殖民主义计划至关重要的国际机构。

这些世界构建的雄心为我们重新思考对反殖民民族主义的批判提供了契机，也为我们重新思考更广义的民族主义提供了契机。正如我们所见，"异族统治论"将非殖民化视为民族国家的扩散，将反殖民民族主义者定位为前殖民主义的代理人，他们挪用了西方的自治理念。这种全球化在很大程度上因被认为实现了西方现代性的普世抱负而受到赞誉，但也常常引起人们的担忧，即对西方理想的运用要么为时过早，要么不适用于非西方国家。因此，虽然普拉门纳茨和爱默生赞美非殖民化是世界的逐步西方化，但他们也担心，前殖民地人民在制度和社会学方面的缺陷使他们"没有准备好让（民族国家）发挥作用"。[51]

革命之风：殖民地大撤退与非洲的独立之路（1945—1975）

在这里，反殖民民族主义被视为一种"衍生话语"，是一种人为强加给社会的东西，而这些社会的政治现实似乎与民族国家产生的条件相去甚远。[52] 因此，非殖民化世界的民族主义者无法在西方世界再现民主民族国家的原始和规范形式。这种将反殖民民族主义定位为拙劣模仿或不忠实复制品的做法，只能将后殖民政治的不同轨迹视为对欧洲制度和规范的一系列偏离。[53]

与爱默生和普拉门纳茨同时写作的历史学家埃利·凯杜里（Elie Kedourie）对这一批判进行了最清晰的阐述，并将反殖民民族主义的偏差置于民族主义固有病态特征之中。在这一开创性论点中，凯杜里将民族主义视为一种危险的浪漫幻想，这种幻想将民族自然化，并错误地将民族原则的实现等同于政治自由和公正的政府。[54] 考虑到民族主义是人为地输出到非洲和亚洲的方式，后殖民背景使这些民族主义的一般倾向变得尖锐。凯杜里认为，西化的精英们动员民族主义来夺取国家，并以此取代传统的社会组织形式。民族主义反过来又为这个新的政治阶层赋予了"左右和支配"群众的"非凡力量"。[55] 凯杜里总结说，其结果是一种新形式的东方专制主义。[56] 因此，去殖民化鲜明地表明，"民族主义和自由主义远非孪生兄弟，而是真正对立的原则"。[57] 凯杜里批判的要旨——民族主义激发的特殊性与自由主义的普世抱负不相容——在当代政治理论家中依然存在。面对19世纪和20世纪民族主义和民主国家的共同出现，政治理论家经常试图区分好与坏的民族主义。[58] 例如，于尔根·哈贝马斯（Jürgen Habermas）就认为，民族主义是"雅努斯之面（双面）"（Janus-faced），因为它既有公民-共和主义的公民身份

（a civic-republican account of citizenship），又有基于历史、语言和祖先的种族成员身份。这种"平等主义法律共同体的普遍性与因历史命运而团结在一起的共同体的特殊性之间的紧张关系内嵌于民族国家的概念本身"。[59] 在哈贝马斯看来，如果共和主义的公民身份优先于民族主义的公民身份，民族主义的矛盾性就可以得到遏制，但玛格丽特·卡诺（Margaret Canovan）和琼·考克斯（Joan Cocks）则认为，民族主义的两难困境并不容易规避。[60] 民族主义的优点——"强烈的社区情感、文化独特感、对特定景观的热爱、对共同历史成就的自豪、集体政治机构"——无法与对社区内部批评者的怀疑、对社区外部异族的蔑视、剥夺外国人财产和征服新领土的倾向、对过去的自我神秘化和集体政治的好战性等缺点相分离。[61]

本书对反殖民民族主义的重新思考并不寻求解决这一难题，而是旨在重新描述其坐标。这一努力从帕尔塔·查特吉（Partha Chatterjee）的早期干预中得到启发，他拒绝将反殖民民族主义概念化，认为这是一种注定失败的模仿。在查特吉看来，将反殖民民族主义的问题归入民族主义与自由主义之间的关系这一普遍问题之下，或者将其纳入识别好与坏民族主义的努力中，都未能以持续的方式考虑到塑造反殖民民族主义轨迹的动力问题。[62] 查特吉另辟蹊径，呼吁关注"民族主义话语的自主性"。[63] 这种对自主性的转向并不是呼吁找到未受西方理想和实践玷污的真实性，而是努力捕捉反殖民民族主义的特殊性。事实上，在查特吉看来，反殖民民族主义特殊性的一个核心要素是它与西方现代性的强加关系，以及反殖民民族主义者挑战和接受西方现代性的方式。[64]

　　这种方法突出了殖民世界的民族主义者应对特定的政治、经济和文化难题的方式，这些难题需要以他们自己的方式进行重建。此外，这一论述没有将反殖民民族主义的失败、陷阱和逆转追溯到民族主义的特有特征，而是将它们理解为从历史上产生的矛盾和困境中产生的。

　　通过关注国际等级制度问题在反殖民主义思想中扮演的生动角色，并挖掘它启发的世界构建项目，本书重现了反殖民民族主义的普遍愿望。反殖民民族主义既不是单纯的模仿，也不是危险的地区主义，它所设想的世界是一个民主、现代化和再分配的民族国家，被置于旨在实现无支配原则的强大国际机制中。虽然有别于民族主义经常反对的自由普世主义，但我们在这里发现了另一种普世主义，其推动力是将自治的国际条件制度化。在这一世界构建的计划中，对民族独立的诉求不仅没有把民族国家之外的团结排除在外，而且推动了关于国际主义的强烈憧憬。通往普遍的后帝国世界秩序的道路是贯穿在民族之中的，而不是超越民族、反对民族的。

　　但是，民族主义包含一个普世计划的说法，既不是将反殖民民族主义浪漫化，也不是试图将其从批判中拯救出来，使其重回神坛。相反，通过丰富我们对非殖民化构想的多种形式的理解，我们将能更好地评估非殖民化的失败和局限性。[65]首先，正如上文所述，国家建设与世界构建之间的关系在三种世界构建战略中采取了不同的形式，有时甚至是相反的形式。自决权试图动员国际主义来加强和捍卫后殖民国家岌岌可危的主权，而区域联邦和国际经济新秩序项目则要求国际机构能够有意义地超越民族国家。地区联盟尤其需要将主权特权授予新的政治权力机构。在本研究覆盖的整个时期，这两种方法——加强主权和分散主权——仍然是反殖民主义计划的一部分，但前者越来越多地主导着后殖民国家在国际领域的定位。反殖民民族主义者对冷战时期的军事干预（如刚果和越南）耿耿于怀，对国际机制的现有结构不利于反殖民主义世界建设的失望，对国内不满情绪的日益焦虑。他们阐述了一种国际主义，捍卫并热心保护后殖民国家。在这样做的过程中，他们逐渐放弃了对国家与国际关系进行更激进的重新构想。[66]

其次，后殖民困境推动了反殖民主义世界建设的扩张性计划，似乎也缩小了国内异议的可能性。反殖民民族主义者之所以转向世界建设，是因为他们敏锐地意识到，在等级森严的世界秩序中，民族独立是一项岌岌可危的成就。这种对后殖民独立的不稳定性的关注推动了他们的地区联邦和国际经济再分配计划。与此同时，对不稳定性的担忧也加剧了对国内不同政见的怀疑，促使反殖民民族主义者对国内政治反对派采取日益敌视和惩罚性的立场。[67]在国家软弱无力的背景下，不同政见和反对派就代表着不稳定和颠覆，这也是国家采取镇压行动的理由。随着雄心勃勃的"创造世界"计划在国际舞台上日渐式微，民族主义者采用了更为简约的国际主义，即国际秩序只是确保民族国家的权利，以保护这些压制性做法免受国际监督。

在内部矛盾和外部挑战的重压下，反殖民主义的非殖民化愿景在20世纪70年代末陷入危机。一方面，专制主义、分裂

革命之风：殖民地大撤退与非洲的独立之路（1945—1975）

主义和人道主义危机使人们对将反殖民国家建设等同于民主自治、保护人权和更加平等的财富分配的做法提出了疑问。另一方面，后殖民国家负债累累、全球新国家联盟内部分裂以及美国霸权的重新确立，都导致了重新安排世界秩序的反殖民计划衰落。因此，反殖民民族主义的国家建设和建立世界秩序的愿望都受到了动摇。自决这一将非殖民化的国内和国际面向联系在一起的理想也因这些危机而受到破坏。如果说在第二次世界大战结束时，自决激发了人们对平等主义世界的憧憬，保证了国际非殖民地化的条件，让人民可以行使主权，那么四十年后，这种憧憬在道义和政治上都显得空洞无物。批评者因为反殖民主义项目的这些缺陷，而认为整个世界建设的努力在道义上已经破产。在反殖民主义捍卫自决权和要求国际平等的过程中，北大西洋的政治家和知识分子发现了一种虚伪的做法，即利用自由和平等的理想使原本不合法的后殖民国家合法化。

虽然反殖民民族主义的内部局限和危机导致了无支配的国际秩序愿景的衰落和消失，但自决兴衰的故事并非命中注定。此外，将反殖民主义世界构建的崩溃解读为民族主义先天缺陷的标志，忽略了使民族主义成为可能的一系列全球愿景，并放弃了描绘导致这一衰落并构成我们后殖民时代的偶然历史轨迹。这本关于反殖民主义世界构建的专著正是在这方面的贡献。从反殖民民族主义自身的角度重新思考其生成性问题和政治目标，为批判性地评估当代后殖民主权的困境提供了资源。我们评估这些困境并将其概念化的能力取决于我们是否能够撇开将后殖民政治视为对欧洲模式的偏离，转而从理论上分析帝国主义遗产孕育的政治项目的特殊性。

迈向后殖民世界主义

从后殖民地条件的特殊性出发进行理论研究，也为有关主权和国家间秩序的规范性辩论提供了重要资源。在自决衰落的背景下，政治理论家和哲学家从全球视角重新审视了有关正义和合法性的问题。从历史上看，这些学科将国内领域，尤其是主权国家视为"政治经验和政治活动的消费地"，因此将规范理论化局限于国内政治问题。[68] 然而，从20世纪70年代开始，并在冷战结束后，政治理论的全球转向以更持久的方式质疑了这种将国内和国际割裂开的做法，并将国际纳入规范理论化的范畴。民族国家在经验和规范方面的局限性是这一理论研究的动力。作为约翰·罗尔斯《正义论》背景的程式化自足国家，似乎与经济全球化带来的日益增长的相互依存完全脱节。查尔斯·贝茨（Charles Beitz）在其早期对罗尔斯关于自足国家假设的批判中，利用跨国公司和跨国资本流动日益增长的作用，证明"国际经济合作为国际道德创造了新的基础"。[69] 对贝茨和在这一干预之后出现的全球正义领域来说，经济全球化的论述使国家之外的再分配义务理论化成为可能。

冷战结束后，国际法律、政治和经济的相互依存程度日益加深，这也为重新思考国际秩序的政治体制提供了新的可能性。在此背景下，"堡垒式的国家主权概念"（历史上曾赋予国家对国内政治和经济决策的垄断权）正在让位于国际机制，尤其是试图限制和驯服国家行为的国际人权法。[70] 哈贝马斯认为,这些发展标志着"作为与国家有关的法律的国际法正在日益转变为作为与个人有关的法律的世界法"。[71] 在此背景下,哈贝马斯和其他人研究了国际法宪法化的前景,这种宪法化并不以形成世界国家为目标,而是对主权进行分解,将确保和平和保护人权的有限职能置于超国家机构中,而中间机构和区域机构则处理经济和环境政策等日益相互依存的领域[72]。

虽然世界主义政治理论领域包括从全球分配正义到地区和国际组织宪政化等各种辩论,但这一理论的一个核心假设是,我们现在所处的是后威斯特伐利亚世界秩序。根据这一观点,受国家主权、平等和不干涉原则支配的国际秩序可以追溯到1648年的《威斯特伐利亚条约》。该秩序在19世纪和20世纪逐步扩大和延伸。如上所述,非殖民化通常被视为这一进程的顶点。与此同时,其普遍化的时刻据说与经济和政治变革的时刻相吻合,这些变革削弱了"自决主权民族国家"的规范模式。[73] 因此,虽然非殖民化使威斯特伐利亚模式具有普遍性,但它很快就"不合时宜"了。[74]

对"威斯特伐利亚主权"的引用往往被认为是一种概念建构,而非现实。但是,即使认识到了这一点,"威斯特伐利亚主权"和"后威斯特伐利亚主权"的划分也掩盖了帝国过去和现在构成国际社会的方式,从而忽略了国际上过去和现在之间的连续性。将帝国视为一种不平等整合的实践和结构,而不仅是外来统治的广泛观点,突显了威斯特伐利亚和后威斯特伐利亚世界秩序之间的深刻连续性。例如,当代经济全球化现象远非史无前例，而应被置于帝国全球经济的悠久历史之中。15 世纪，在美洲第一次殖民遭遇中出现的"全球流动的密度、速度和影响"已经是全球性的，并重构了大西洋世界内外的政治和经济关系。[75] 这种经济一体化往往采取"非殖民帝国主义"的形式，通过间接的胁迫形式确保经济准入和统治。[76] 当代的情况——如私营公司的超大权力、国际机构在确保资本自由流动中的作用，以及全球化时代产生的不平等——建立在帝国主义基础之上，并再现了不平等融合的逻辑。

与非殖民化之前的情况一样，经济上的互相依附和不平等关系往往与国际社会中不平等的法律和政治模式相伴而生。虽然非殖民化与扩大所有国家的正式权利有关，但写入非殖民化进程的法律障碍限制了后殖民国家的主权。[77] 因此，即使在威斯特伐利亚主权成熟的时刻，司法平等也只是一种愿望，而非现实。最近，国际法学家和国际关系学者甚至放弃了对主权平等的规范性和展望性承诺，主张对被视为非法、失败或无赖的国家恢复有条件和有限制的成员资格模式。[78] 明确捍卫等级制国际秩序的同时，联合国安理会等机构的权力也在不断增强，这与美国奉行的单边主义相一致。[79] 我们不应通过西方式和"后西方式"的二分法来看待国际秩序，而应将其理解为一种受到反殖民主义世界构建计划挑战并被重组的帝国世界秩序。

不平等融合和等级制度的持续存在呼唤一种以帝国问题为中心的后殖民世界主义。这种世界主义模式借鉴了对国际等级制度的批判以及在帝国之后建立一个世界的反殖民努力（下文将对此进行重构），其关注点不是民族国家的局限性，而是等级制度关系如何继续在国际领域创造有区别的主权模式并再现支配。如上所述，等级制度指的不是霸权，而是产生不均匀分配的权利、义务和负担的整合和互动过程。这些不平等融合过程是结构性的，植根于国际秩序的制度安排之中。它们为持续的帝国统治创造了国际条件。

后殖民世界主义的批判性和诊断取向集中在当前的国际等级结构上，其规范性的和乌托邦式的核心仍然是反殖民世界构建的中心——无支配原则。[80] 无支配将当前的国际等级制度重塑为对集体自治计划的侵犯。这种方法与主要关注侵犯个人人权的国际领域不公正的说法形成鲜明对比。虽然国际人权保护为挑战国际等级制度提供了重要资源，而且可与自治的集体诉求相结合，但就其本身而言，它们对所涉及的不公正现象的解释是有限的。[81] 例如，私营公司的扩张性诉求不仅损害了个人人权，而且威胁到自治能力，因为公司的特权侵蚀了国家宪法和国家立法所提供的保障。因此，对无支配的强调扩大了我们对不平等融合和国际等级制度所产生的不公正的解释。此外，正如反殖民世界构建过程所表明的那样，实现自治所必需的国际条件可以超越国家的藩篱，从而包容要求更高的国际主义。

后殖民世界主义对等级制度和无支配化的双重关注，为政治理论中世界主义的反国家主义取向提供了一种更为谨慎的方法。世界主义理论家倡导人与人之间平等的道德价值，反对民族国家在道德上的任意性，主张通过国际法驯服国家，并扩大了我们的政治和道德义务的范围。然而，这种个人道德价值的特权化和优先化与集体主权和自决诉求在规范上的削弱不谋而

第一章　非殖民化的政治理论

合，而集体主权和自决诉求在历史上起到了抑制帝国主义的作用。正如让·科恩（Jean Cohen）所言，通过"过早地放弃主权概念"和"假设一种宪政的世界主义法律秩序，已经或应该取代国际法"，"世界主义者有可能"成为新帝国主义计划的辩护者。[82] 将主权视为个人权利的主要障碍，为以人道主义为借口的帝国主义行径提供了掩护，并且没有足够的规范资源来识别和批判帝国主义和等级制度对主权的限制。

这并不是要退回到防御性主权主义立场的论据，因为这种立场无法为解决当代国际秩序的困境提供足够的批判性和规范性资源，而且应该明确的是，本文所概述的后殖民主义方法并没有为国际秩序提供详尽无遗的理论。但是，在回到帝国问题时，它对我们所认为的国际政治的核心难题和困境进行了重新调整。此外，它还提醒我们，主权和主权平等的主张不仅通过建立一个密闭的封印，在国际正义主张的影响下保住国家制度，而且成为反帝国的国际正义愿景的基础。这些原则为抵制等级制度提供了堡垒，也为在国际领域抵制支配提供了资源，同时还使国际政治和经济权力再分配的宏伟愿景成为可能。

尽管这种后殖民世界主义仍然对国家持开放态度，将其视为一种提供规范和政治资源以对抗国际等级制度的机制，但它并不以《万民法》的国际秩序理想为前提。为了回应因《正义论》而出现的全球司法领域，罗尔斯在《万民法》中转向了国际领域。他对国际领域的论述将国家视为独立的实体，从其国内特征可以推断出其是否自由、体面、有负担或非法。在平等和互不干涉原则的指导下，他的"人民社会"包含了一项最低

革命之风：殖民地大撤退与非洲的独立之路（1945—1975）

限度的义务，即"帮助生活在不利条件下的其他民族，这些条件阻碍了他们拥有公正或体面的政治和社会制度"。[83] 罗尔斯认为国际政治领域是国家在其国内宪法确立之后出现的一个二级问题。后殖民方法的一个核心洞察没有采纳这一论述，它关注的是不平等融合的国际背景如何塑造国内政治条件。对从殖民遭遇中产生并经历过"附属国形成"的后殖民国家而言，这种背景对国内的影响尤为明显。[84] 不法社会的侵略和重负下的社会所经历的不利条件与国际不平等融合进程密不可分。因此，强国及其主导的国际机构"对不法社会和重负下的社会所遭受的专制主义、无序和国家能力的削弱负有部分责任"。[85]

由于没有关注国际等级制度直接或间接影响国内政治的方式，罗尔斯的民族法只包含了有限的不干涉原则，目的是防范外来侵犯。菲利普·佩蒂特（Philip Pettit）从不干涉原则转向无支配原则，从而扩展了罗尔斯的这一模式。根据佩蒂特的观点，外来控制并不限于"主动干涉"，也可以采取"监管和/或恐吓"的形式，可以由其他国家、私人个体和国际公共机构实施。[86] 为了克服这些统治模式，"必须实现权力平等的先决条件"，然后才能完全建立人民的共和法律。对统治的强调以及对国际条件如何影响国内自由的关注，使人民共和法更接近于本文所描述的后殖民世界主义。佩蒂特认为，"无论一个民族在内部有多自由——无论公民个人在多大程度上控制着他们的国家——只有在外部条件也得到满足的情况下，这个民族才是自由的"。[87] 不过，尽管佩蒂特承认国内自由与国际自由之间的这种关系，但他保留了罗尔斯的观点，即重负下的和不法社会的条件——他

第一章　非殖民化的政治理论

称为"无效和无代表性的国家"——在很大程度上有关于国家的内部条件。国际统治如何为国内统治创造条件，这仍然不属于人民共和法的范畴。由于没有说明国际统治与国内统治之间的相互关联性，佩蒂特将非代议制国家排除在无支配原则之外。因此，人民法的这一模式并没有超出罗尔斯关于重负下的社会的援助义务范畴。[88]

把等级制度和不平等融合看作国际秩序结构性特征的后殖民世界主义，需要更广泛地考虑政治责任，而不是有限的援助义务。[89]当代国际秩序在法律、政治和经济结构中都促进了国际支配，并助长了与所谓的负担国家和非法国家有关的国内统治行为。这里并不是说国际结构是助长专制主义或削弱国家能力的唯一或主要因素。相反，本文提出的观点敦促人们重新考虑国际秩序的图景，在这一图景中，已经组成社会的各国人民自由、平等地决定国际原则。此外，它还强调了国家的形成和自治是在等级制度和统治的国际背景下发生的，并认识到通过承诺不称霸来纠正这些国际条件是确保自治的必要条件。

在展望后殖民世界主义时，我们应回顾反帝国主义重塑国际秩序的努力。正如我们将看到的那样，当代关于何种政治形式适合超国家政府以及如何为强烈的跨界再分配要求辩护，与反殖民主义的自决愿景有着历史上的相似之处。但对本研究中的世界缔造者来说，对国际等级制度问题的强调赋予了这些问题独特的定位，并促使他们将确保非殖民化放在首位。反殖民主义世界缔造者的核心教训——等级制度而非主权平等构建了国际秩序，非殖民化必须成为后帝国国际秩序的核心原则，对

革命之风：殖民地大撤退与非洲的独立之路（1945—1975）

非殖民化的承诺会加强而非削弱国际主义——可以为我们自己的世界缔造计划提供借鉴。为了给这一帝国后世界的愿景做好铺垫，我将在下一章谈到反殖民民族主义者试图替换的帝国世界秩序。

第二章

反革命时刻

第二章 反革命时刻

维护国联中的种族等级制度

  1917年4月4日,列宁从瑞士流放地回到彼得格勒,发表了著名的《四月提纲》。他的第一篇论文借鉴了同年出版的《帝国主义是资本主义的最高阶段》(*Imperialism: The Highest Stage of Capitalism*),谴责第一次世界大战是受资本主义利益驱动的"帝国主义战争",并设想了一种将结束帝国和资本主义的和平。其论文继而要求将权力移交给无产阶级和农民,在不兼并的基础上实现和平,并"在事实上与所有资本主义利益彻底决裂"[1]。第十篇论文预见到布尔什维克革命在全球的反响,呼吁成立一个新的革命国际。六个月后,《和平法令》重申并明确了不兼并的和平的要求:被占领国和臣属国必须"有权通过自由投票决定其国家的存在形式,这种投票应在合并国或一般而言的强国的军队完全撤离后进行,且不得被施加任何压力"[2]。
  尽管该法令未提及自决,但其关于不兼并的论述与列宁早先关于"作为一个独立国家存在"的权利的定义产生了共鸣。[3]

革命之风：殖民地大撤退与非洲的独立之路（1945—1975）

列宁 1915 年至 1916 年的著作促成了关于民族主义运动在社会主义中地位的长期争论。

对列宁来说，争取国家独立的民主斗争是阶级斗争不可分割的一部分。首先，民族国家和资产阶级民主是"资本主义的规则和'规范'"。只要通往社会主义的道路是通过资本主义和"商品生产的全面发展"，民族国家的形成就应该得到支持。[4] 其次，从更直接的战略角度来看，列宁认为东欧和亚洲在 20 世纪初处于"一系列资产阶级民主民族运动"的背景下。[5] 在此背景下，社会主义者不能忽视自决的要求，必须支持民族主义运动中的革命因素。[6] 列宁后来呼吁建立一个新的国际，他认为社会主义对自决的支持必须"面向东方，面向亚洲、非洲和殖民地，在那里，这一运动是当前和未来都很重要的事情"。[7]

1918 年年初，布尔什维克政府在关于战争目标的辩论中提出了自决原则。布尔什维克政府与其同盟国在布列斯特-立托夫斯克达成的停战协定中纳入了这一原则。[8] 有了这次胜利，列宁呼吁"在各民族自由自决的基础上，在各民族之间实行民主的和平，没有兼并和赔款"。[9] 对其他国家的观察家来说，俄国革命"似乎具备了一场即将在全欧洲上演的革命戏剧开场戏的所有特质"。[10] 美国国务卿罗伯特·兰辛（Robert Lansing）表示，这场革命威胁到各国的国内稳定和战后稳定的世界秩序。虽然兰辛同意某些"地方自治原则"可能是合理的，但"要想维护世界秩序，应该有一个拥有主权的国家权力机构来保卫和控制国家边界内的社区"。[11]

1917 年至 1919 年，革命的幽灵并不只在欧洲徘徊。殖民地的臣民和帝国的批评者在第一次世界大战中看到了列宁所说的"资产阶级文明的野蛮政策"[12]，杜波依斯撰写了《战争的非洲根源》(*The African Roots of War*)一文，将世界大战的起源追溯到柏林会议后殖民扩张所产生的"绝望火焰"。杜波依斯认为，尽管有各种说法，但"在黑人世界中物质和人的所有权才是真正的战利品，而正是这种战利品让欧洲各国在今天相互掐架"。[13]尽管杜波依斯呼吁非裔美国人团结起来为民主而战，但他将帝国主义描述为民主专制的一种形式，在这种形式下，世界上的民主国家通过帝国剥削来解决国家认同和内部财富分配的危机。在欧洲和整个殖民地世界，帝国的批评者和和平主义者都赞同杜波依斯对民主帝国的分析，并对欧洲宣称的文明优越性提出质疑。[14] 1919年春，在埃及、印度和朝鲜等地爆发了反殖民主义的抗议活动，抗议人民要求获得自决权。[15]

在这种动荡的背景下，以伍德罗·威尔逊为首的同盟国希望遏制革命的威胁，部分原因是希望在关于战争目标的辩论中占据道德制高点。1918年1月，威尔逊发表了著名的战时宣言——"十四点"主张。几乎与此同时，劳合·乔治(Lloyd George)更新了英国的战争目标，纳入了领土解决方案必须基于"自决权或被统治者同意"的原则。[16]1918年2月11日，威尔逊在国会联席会议上发表讲话，首次使用了"自决"一词，指出"自决"不是一个简单的短语，而是一个必要的行动原则，这意味着"民族愿望必须得到尊重；人民现在只能在自己同意的情况下才能被统治和管理"。[17]

尽管由于在战后经济和军事上的主导地位，美国对这一术

革命之风：殖民地大撤退与非洲的独立之路（1945—1975）

语的接受较晚，威尔逊的主动提议仍获得了成功，因为威尔逊主义和自决被视为同义词。[18] 甚至那些对自决在威尔逊思想中的中心地位表示怀疑的历史学家也将他与这一原则联系在一起。[19] 当自决被视为威尔逊战后计划的组成部分时，战争的后果，尤其是国联的成立，似乎是在实践政治理想方面的悲剧性失败。威尔逊时代结束时，欧洲的海外殖民地依然存在，国联本身也通过新的委任统治制度参与殖民监督。[20] 虽然第10条提出保护成员国的"领土完整和现有的政治独立"，但"自决"却未出现在《国际联盟盟约》中。[21]

历史学家在解释原则性承诺未能实现的原因时，指出了外部限制的作用。一方面，威尔逊的理想受限于他在承诺普遍理想与抵御这些理想可能引发的革命之间左右摇摆的态度。另一方面，由于欧洲帝国主义列强拒绝将自决纳入协约，理想在外交谈判的祭坛上被牺牲了。[22] 这种对威尔逊理想的切断假定，自决等原则具有稳定而明确的含义，只需要在实践中加以应用和实现。切断原则并不会破坏原则内容的稳定性或使其脱胎换骨，因此，这些原则在未来仍有实现的可能。在威尔逊时代被切断的普遍性原则将在第二次世界大战后慢慢实现。这种逐步推广自决的观点认为，从威尔逊时代到非殖民化时代，普世理想的内容已经是反帝的和固定的。

本章采取了另一种立场，认为威尔逊和国联的共同缔造者扬·斯穆茨重塑了自决，从而为帝国服务。斯蒂芬·斯考罗内克（Stephen Skowronek）称之为"思想的重新组合"，这些政治家们宣称坚持革命性的自决原则，并以支持不平等融合和维护联盟内部种族等级结构的方式重新利用这一原则。[23] 从切断到重新关联的转变重新构建了原则与实践之间的关系。切断假定自决原则具有稳定的含义，只需将其转化为实践即可，而重新关联则表明，是实践本身赋予了自决等原则以内容和含义。因此，必须通过仔细关注自决原则出现的背景及其用途来理解自决原则。威尔逊和斯穆茨的重新组合有效地将自决原则重新塑造成一个种族差异化原则，与帝国统治完全一致。他们共同的"占有"和"放弃"计划是为反革命目的服务的，并明确借鉴了埃德蒙·伯克对法国革命的批判，以及他们对19世纪解放实验的否定。

因此，最好是将威尔逊时刻描述为一个反革命时刻，而国联的等级制世界秩序带有这些起源的印记。委任统治制度作为国联与帝国之间矛盾的根源一直受到关注，而本章将仅探讨两个非洲成员国——埃塞俄比亚和利比里亚。这两个国家没有受到外来统治，但它们的成员资格说明了不平等融合的影响范围，以及由此产生的成员负担和种族化。埃塞俄比亚和利比里亚的独立非但没有得到保护，反而为帝国对它们的统治创造了条件。1935年，意大利将其对埃塞俄比亚的入侵和占领说成是人道主义干预，这种种族化的国际等级制度的戏剧性最终达到了高潮。

让帝国安全自决

有学者注意到国联的42个创始国，认为新的国际组织标志着国际关系中的一个重大分界，而造成这一分界的部分原因是威尔逊理想的部分实现。在德国法学家卡尔·施密特（Carl

Schmitt）看来，国联的包容性成员资格是一个转变的终点，即从有空间限制的欧洲公法转变为无限制的统一国际法，这一转变始于柏林会议和刚果自由邦（Congo Free State）的成立。[24] 正如赫德利·布尔（Hedley Bull）和亚当·沃森（Adam Watson）关于非殖民化的经典著作所论证的那样，海地和利比里亚等国加入联盟这一事实造成了国际社会前所未有的扩张，并在第二次世界大战后的非殖民化中达到顶峰。[25] 从完全不同的政治观点出发，这两种评估都认为联盟内部受平等原则支配，并受到威尔逊理想的启发。

然而，这种说法忽略了不平等的成员资格是联盟的一个主要特征。《国际联盟盟约》第 1 条指出："任何完全自治的国家、领地或殖民地均可成为联盟成员。"[26] 这就为自治的英国领地和印度（以大英帝国为代表）提供了成员资格，但它们作为大英帝国一部分的地位——因此并非完全自治——在联盟文件中始终有所体现。[27] 此外，在国联成立后，东欧小国寻求加入的问题再次被提出。在最终授予拉脱维亚、爱沙尼亚和立陶宛成员资格之前，国联建议小国采用有限的成员资格形式，包括无投票权的联系国地位、受限制的投票权或通过一个较大国家的代表权。[28]

除了这些成员资格，委任统治制度管理着德国和奥斯曼帝国的前领土，是国联中等级制度最明确的机构。委任统治并未被排除在威尔逊理想之外。相反，新制度承认委任统治国人民潜在的自治能力，只是因其落后而推迟自治的实现。新制度在阐述自决等普遍原则的同时，也阐述了一系列偏差和不足，这些偏差和不足将通过帝国的约束机制被克服。受委任统治的领土处于普遍性和等级制度的交汇点，经历着不平等的政治和经济一体化。它们既不是殖民地，也不是州，具有独特的法律地位。[29] 正如我们将要看到的，埃塞俄比亚和利比里亚——既独立又自治——同样处于一种矛盾的地位，这为帝国的统治提供了便利。

与其说这些不平等和统治的事例是对自决原则的切断，不如说它们实际上反映了伍德罗·威尔逊和扬·斯穆茨对自决原则的重新修正，使之与种族等级制度和帝国相容。威尔逊和斯穆茨姗姗来迟地采纳了自决原则，但拒绝了列宁主义关于独立民族国家和分离的主张。根据他们的解释，自决意味着被统治者的同意以及与臣民的协商。威尔逊在1918年2月11日首次提到这个词时，有效地实现了自决含义的转换。自决意味着"民族愿望必须得到尊重""人民现在只有在自己同意的情况下才能被统治和管理"。自决远非要求解散帝国和建立民族国家，而是等同于威尔逊对"被统治者同意"的长期承诺。如果说"同意"意味着民主决策，那么威尔逊和斯穆茨则认为，落后种族的人民不适合民主，但可以参与最起码形式的"同意"，并应得到一定程度的尊重。

自决的这种重新关联——威尔逊和斯穆茨可以轻而易举地重塑自决原则，使其服务于完全不同的政治目的，同时将自己塑造成自决原则的捍卫者——表明了自决原则的可塑性及其与民族解放的持久联系。因此，即使威尔逊提出了与帝国并行不悖的、受到严格限制的自决愿景，反殖民民族主义者和美国非裔活动家也能从他的诠释中找到对自身斗争的支持。甚至连他的国务卿都担心，随着"爱尔兰人、印度人、埃及人、布尔人中的民族主义者（和）伊斯兰主义者"提出自决要求，总统提出的原则"装满了炸药"，势必会"滋生不满、混乱和叛乱"。[30]

虽然兰辛认为威尔逊对自决的采纳与列宁阐述的革命计划一致，但对威尔逊和斯穆茨来说，对自决的利用和重新定义是一项反革命计划，旨在抵御其激进的影响。两位政治家都借鉴了埃德蒙·伯克对雅各宾派的批判，指出自决等普遍原则的危险性和不稳定性。此外，他们认为第一次世界大战是一场白人文明的危机，他们在19世纪末的美国内战和布尔战争中已经经历过这种危机。因此，威尔逊和斯穆茨重塑自决的目的有两个，一是抵御布尔什维克推动的世界革命，二是维护"白人在这个星球上的'至高无上'地位"。[31]

在威尔逊关于南北战争和重建时期①的早期著作中，革命和白人文明的分裂已经纠缠在一起。威尔逊回避了奴隶制问题，将南北战争描绘成一场无法避免的"兄弟之争"，这场战争目的是克服派别冲突，为新的国家联盟奠定基础。[32] 奴隶的解放是这场战争的意外和令人遗憾的结果。它给美国留下了同化美国非裔的问题，威尔逊将他们形容为"过早离开学校的肤色黝黑的孩子"。[33] 对威尔逊来说，重建是解决"黑人问题"的错误方法。在美国非裔没有资格享有正式成员的权利和义务的情况下，给予他们平等的公民身份将被证明是一场灾难性的政治实验。美国非

---

① 重建时期是美国历史上一个特定时期，指美国内战以后的恢复期，一般认为到1877年结束。美国人民开始集中处理内战带来的一系列问题，如国家存续和废除奴隶制的后果问题。——编者注

裔的选举权为政体引入了一个不稳定的阶层。前奴隶是一个"劳动的、无地的、无家的阶级,曾经是奴隶,现在获得自由;没有自由的实践,没有自我控制的教育,从未因自食其力的纪律而清醒,从未养成任何谨慎的习惯;为他们所不理解的自由所激动"。[34]到重建结束时,"黑人得到了尊崇;这些国家被以他们的名义统治和掠夺;还有一些人,他们人数不多,也不怎么感兴趣,却带着收获离开了。他们背负着耻辱,承受着毁灭的后果,最终,真正的白人公民再次获得了控制权"。[35]只有当南方各州被允许将"不识字的黑人"排除在投票权之外,而"全国其他地区又不加干涉"[36]时,重建的暴政和"恶作剧"才得以消除。

对威尔逊来说,重建与雅各宾派主义相似,因为激进的共和党人在重建过程中可能会"铤而走险"。威尔逊认为,"自由主义者"表现出了对自由和平等不屈不挠的承诺。针对这种革命精神,威尔逊赞同伯克的承诺,即改革、保护和关注现有制度所灌输的必要生活习惯和处置方式。在其学术生涯中,威尔逊撰写了伯克传记、1896年版《与殖民地和解》的导言以及一篇题为《伯克与法国大革命》的文章。在他看来,爱尔兰议员伯克是一个完美的英国人,他摒弃了抽象的思想和投机的政治,转而追求实践和历史。他认为伯克理解"英国(和说英语的民族)的历史是一部反对革命的连续命题"。[37]

威尔逊从伯克的这一视角来解读美国革命史,认为美国革命实际上并不是一场法国式的革命,而是在长期的自治习惯和训练中形成的历史发展。[38]美国"从来就没有必要追随卢梭或与欧洲的革命情绪为伍"。[39]因此,威尔逊将托马斯·杰斐逊的

"投机哲学"及其在《独立宣言》中的表述视为"异国情调"、"虚假"和"矫揉造作",认为其沾染了革命情绪,在美国建国之初没有任何地位。[40]自治与其说是一种被采纳的普遍理想,不如说是建立在稳定的人格基础之上的,这需要"有意识的努力"和"传承的天资"。[41]这些遗传的能力是说英语的民族所特有的。当欧洲大陆被革命狂热所吞噬时,"只有在美国,在其他几个由英国种族产生的政府中,以及在瑞士——在那里古老的日耳曼习惯与英国一样执着,才有成功的现代民主的例子"。[42]

盎格鲁-撒克逊人的演进历史发展受到了革命计划的破坏。在此之后,民族和解为美国成为一个"殖民帝国",并在"国际政治领域占据权力地位"铺平了道路。[43]威尔逊经常用被动语态谈论美国的帝国,就好像它是偶然降临到这个国家头上的,就好像,用J.R.西利(J. R. Seeley)的话说,它是在"一时心不在焉"的情况下获得的。[44]例如,他将菲律宾描述为"我们几乎是偶然拥有的领土""它是在战争的有意安排下落入我们手中的"。[45]在下令入侵海地之前,威尔逊坚称美国不想要"任何人的一英尺①领土"。只有在"形势所迫"的情况下,美国才会夺取"我们自己也不会想到要夺取的"[46]领土。被动语态忽略了帝国扩张的暴力,将帝国统治构建为大都市的负担。[47]威尔逊再次转向伯克,将这种负担理解为一种托管形式。威尔逊认为,"我们有责任管理这片领土,不是为我们自己,而是为生活在这片领土上的人

---

① 长度单位,一英尺约等于0.3048米。——编者注

民……把我们自己看作是这一伟大事业的受托人,为那些真正拥有土地的人"。作为"受托人",美国人应该"准备好在任何时候将(政府事务)移交给受托人,只要该事务似乎使移交成为可能的和可行的"。[48]

但至关重要的是,托管权不能"随时"移交。威尔逊敦促反对普遍独立权,因为这种权利假定所有人的权利和能力都是平等的。当革命者在菲律宾为独立而战时,威尔逊认为自治不是一种被赋予的权利,而是"从艰苦的学校生活中挣取、获得和毕业"。[49] 与他的论文《重建》同一年,"学校"的隐喻在帝国语境中再次出现。他认为,像美国非裔一样,菲律宾人在"政府和司法事务"上也是孩子,因此需要被监护。[50] 那些回顾美国独立以支持菲律宾革命主张的人依赖于对美国自身历史的歪曲,将其与雅各宾派的革命精神联系在一起。与他关于美国民主是有机发展的说法相呼应的是,威尔逊认为,美国人也是在"长期受制于国王和议会"的过程中成长起来的,而"国王和议会"并非由他们选举产生。[51] 通过"在国王手下服役",并在还是英国殖民地时将自己组织成联邦,美国人在获得独立之前就养成了自治所需的习惯和纪律。[52] 鉴于这一历史经验,美国不应急于让菲律宾独立。

威尔逊认识到,自治和平等的这些理想虽然抽象危险,但在民主和反帝国主义日益高涨的时代却越来越受欢迎。为了抵消和规避它们的革命含义,不能全盘否定这些理想,而必须对其进行改造,使其充满作为托词的能力、特征和习惯,而这些正是这些理想的必要借口。正如威尔逊提醒美国人的那样,自治是一个复合词,需要评估"在特定情况下我们应该强调复合词中的哪个词"。[53]针对美国非裔和殖民地臣民的情况，自治需要详细的规范。在威尔逊的思想中，"自我"一方面是指能力和发展，另一方面则仅限于盎格鲁－撒克逊人。这是一种富有成效的模棱两可。它一方面承认了所有民族自治的价值，另一方面却推迟了世界上大部分民族自治的实现。然而，即使殖民地臣民有可能体现自治所需的性格和习惯，它也通过将这些能力归化和种族化而排除了这种可能性。例如，威尔逊在谈到菲律宾人不具备自治能力时写道："没有哪个民族能像菲律宾群岛上的民族那样多样化和异质化，从而形成一个共同体或明智地服从共同的政府形式。"[54]无能力问题不是教育的暂时问题，而是一种无法克服的差异。同样，美国的自治被认为是英国继承的结果，英国提供了"自由的血液"。[55]在这里，盎格鲁美国支配自由的能力取代了早期非选举产生的国王和议会的监护。根据这一论述，威尔逊认为，"一种自治适合于某种社区、某个发展阶段，而另一种则适合于另一个阶段"。就政府而言，"无论是准备还是实践，都没有普遍适用的形式或方法"。[56]

威尔逊重新将自决联系起来的结果是将其从所有人生来就被赋予的权利转变为历史发展的成就和盎格鲁－撒克逊种族的特定遗产。威尔逊在主张这两种可能性的同时，将殖民地自治纳入未来目标中，并通过将帝国作为一个改良计划来证明其合理性，同时又暗示这种目标是不可能实现的。后一种说法意味着帝国将成为国际秩序的永久特征。扬·斯穆茨对自治和自决的意义进行了探讨，通过将永久帝国正常化并为其辩护，完善了威尔逊的重新关联。在斯穆茨看来，即使殖民地臣民永远无法实现欧洲意义上的民主自治,但他们仍然参与了某种形式的自决。如果说威尔逊关注的是"自我",并为能够实现独立的集体自我提供了一个厚重的定义,那么斯穆茨关注的则是"决断"在自决这一新短语中的含义。他的创新之处在于对自决进行了最低限度的解释,使其与威尔逊已经指出的种族化融合相一致。

与威尔逊一样,斯穆茨也在国内黑人问题的背景下发展了他关于种族、革命和自治的思想。1895 年,他认为"目前欧美所理解和实践的民主理论不适用于南非的有色人种"。[57]1834 年解放后,选举权受到财产所有权和性别而非种族的重新限制,其只允许年收入 50 英镑或拥有价值 25 英镑土地的非洲男子投票。斯穆茨认为,这种种族包容的选举权将民主视为普遍适用的原则,而不是政治习惯和发展的实际结果。他认为,非洲人"不可能在一天之内走完'天赋最高的'白人几百年才走完的路程"。[58]

对斯穆茨来说,坚持"善意的种族平等"是为了"抽象理论的乌托邦云境"而放弃政治现实。[59]与威尔逊的伯克取向类似,斯穆茨将这种对普遍性的执着与雅各宾主义联系在一起,尤其是与"卢梭的平等理论(该理论曾使欧洲陷入革命的烈火之中)"[60]联系在一起。那些宣扬平等和同化的人试图将法国大革命的自由、平等和博爱原则应用于殖民地臣民。[61]南非的白人定居者,尤其是早在 18 世纪末和 19 世纪动荡之前就离开欧洲的阿非利加人,并没有屈服于这种革命精神的醉人诱惑。此外,与天真地宣扬平等和博爱的大都市同行不同,生活在欧洲文明前哨的定居者明白,种族差异不可能以民主的名义一扫而光。相反,这需要一种理解并反映这些差异的政治。因此,斯穆茨赞同塞西尔·罗兹试图在开普殖民地①限制非洲人的选举权,并将其与美国兴起的吉姆·克罗法相提并论。[62] 他坚持认为,这些限制是对种族现实的必要调整,而不是南非民主理想的倒退。[63]

虽然斯穆茨反对种族平等,认为这是一种雅各宾主义,但他认为,在呼吁平等权利之前对非洲人的奴役也是一种极端主义。斯穆茨指出,欧洲人对非洲人的看法一直在两种站不住脚的观点之间徘徊:一种认为非洲人是兄弟手足,另一种认为非洲人"本质上是低等人或次等人,没有灵魂,只适合做奴隶"。[64] 这种种族诋毁导致了对南非"道德和社会环境"[65]——无论哪类人群——的暴政和压迫。面对这些极端情况,斯穆茨敦促采取一种谨慎、试探性的方法,这种方法建立在过去失败的教训之上。然而,谨慎的道路并不是将多种族民主推迟到非洲多数人发展出必要能力之时。推迟背后是一种同化政策,最终目标是克服种族差异。而根据斯穆茨的观点,未来不会有消除种族差异的时刻。此外,通过使当地人文明化来实现这一目标的努力对殖民者不利,因为非洲人与欧洲人的接触以及他们对欧洲理想的吸纳导致了当地生活方式的退化。[66]

斯穆茨反对文明使命的同化目标,他认为非洲大陆的殖民政策应旨在维护。维护的语言呼应了在英属印度发展起来的间接统治的帝国意识形态,这种意识形态在《柏林会议总议定书》(General Act of the Berlin Conference)中已经有所体现。[67] 斯穆

---

① 旧英国殖民地,即现南非首都开普敦。——编者注

茨在强调"维护"的同时，认为大英帝国"并不主张将其人民同化为一种共同的类型，也不主张标准化，而是主张所有人民按照自己的特定路线得到最充分、最自由的发展"。[68]这就需要"建立平行的机构——让原住民拥有自己独立的机构，与白人的机构保持平行"。[69]斯穆茨委婉地将这一政策描述为"单独发展"。[70]这一计划承认白人和黑人"不仅在肤色上不同，而且在思想上和政治能力上也不同"。[71]因此，他们需要单独的政治体制，"始终在自治的基础上前进"。[72]1948年，以南非白人为主的南非国民党上台后，独立发展或种族隔离成为南非的官方政策。

对"单独发展"的坚持让人想起威尔逊关于政府"没有普遍的形式或方法"的观点。然而，虽然威尔逊使用的发展性语言有时暗示殖民地臣民可以实现自治，但斯穆茨从未在推迟和否定之间模棱两可。此外，否认欧洲形式的自治并不意味着非洲人被完全排除在自治之外。因为非洲人可以在自己独立的机构中管理自己，所以隔离并没有违反自决原则。这只是对具有不同能力、习惯和做法的民族应用了这一原则。最终，这一政策将导致"大片地区由黑人耕种，由黑人管理，他们将在那里照顾自己的一切生活和发展形式，而在国家的其他地方，将存在白人社区，白人将根据公认的欧洲原则单独管理自己"。[73]斯穆茨并没有阻止平等的公民权，而是认为自治完全可以与以种族等级划分的独立机构兼容并平等地实现。

在开始讨论战后国际秩序时，斯穆茨已经完成了对自决的重新整合，使其在国内政策领域与帝国相容。斯穆茨试图将这种经过种族调整的自治形式投射到国际领域。他一开始就出人意料地声称,第一次世界大战是帝国扩张的结果。斯穆茨认为,如果回到"攫取、贪婪和分裂的旧政策",和平将是虚幻的。[74]在这个主张上斯穆茨与列宁和杜波依斯等人遥相呼应,他们也将战争的起源与帝国主义联系在一起,并认为不解决帝国问题的和平是虚假的。但是,这些反帝国主义者在阐述战争与帝国之间的联系时,提请人们注意由英国主导、金融资本推动的全球殖民地争夺战,而斯穆茨则反驳了这一论点,为大英帝国开脱了导致战争的侵略和贪婪。在斯穆茨看来,奥斯曼帝国和德意志帝国是"旧帝国",它们是在"不平等以及对较小民族单位的束缚和压迫"的基础上建立起来的,以中央集权主权理论为依据,它们才是战争的罪魁祸首。[75]

建立在"民族自由和政治分权原则"基础上的大英帝国没有受到帝国主义的破坏,因此可以成为新国联的典范。斯穆茨认为,这是一个"较小的联盟",是战后国际秩序的缩影。尽管都城、领地和属地之间存在等级制度,但斯穆茨认为大英帝国实现了自由和平等的原则。[76]平等缓和了绝对的和普遍的平等主张,表明政治体制的目的不是确保平等权利和正式成员资格,而是根据不同的能力和发展水平实现适当的平衡。[77]与大英帝国一样,联盟将根据殖民地人民的特殊能力和文化确保他们的发展。这种差异化是实现自由和平等原则的最佳手段。

斯穆茨的委任统治制度体现了自决的差别化应用。根据斯穆茨的说法,新机构将以"不兼并和国家自决"的一般原则为指导。[78]然而,"民族自决"必须适合不同民族的能力。波兰等国可以立即获得国家地位,而奥斯曼帝国统治下的许多国家虽然有能力自治，但需要"某种外部权威的指导"。[79] 在斯穆茨的统治体系中，最底端的是德国在太平洋和非洲的殖民地。斯穆茨对这些殖民地的看法与南非黑人类似，他认为对这些领土上的居民"应用任何欧洲意义上的政治自决思想都是不切实际的"。[80]

尽管被排除在欧洲意义上的自决之外，委任统治仍然受到适合其能力的自决原则的支配。他们的自决意味着同意和协商。斯穆茨认为，必须就原住民是否希望他们的德国"主人"回来的问题与他们进行协商，但他指出，这种协商的结果已经"成为定局"，因此协商是多余的。此外，他赞同威尔逊"十四点"主张中的第五点，即殖民地的主权问题必须考虑到"有关居民的利益"以及"其所有权有待确定的政府公平要求"。[81]

通过最低限度的同意和协商要求，斯穆茨可以有效地宣称联盟是基于"普遍的人类原则"，同时保留等级制度。在他的再联盟中，自决不再是独立的国家地位。对殖民地人民来说，"同意"就足以实现这一原则。但殖民条约的历史表明，"同意"是一种不平等融合机制。就委任统治而言，同意原则——用蒂姆西·米切尔（Timothy Mitchel）的话说——通过"承认（并在实践中帮助建立）地方专制来得到巩固，帝国控制将通过这种形式继续运作"。[82] 达成共识的核心是建立条约，承认原住民主权和他们加入国际协议的能力，同时消除条约中再现的不平等的历史条件。正如斯穆茨对协商的"必然结论"所做的评论，原住民唯一能同意的就是英国或法国的帝国统治。这种协商过程所包含的唯一权利就是"（原住民）处置自己的权利"。[83]

威尔逊的战后愿景同样将平等和自决的统一理想与等级制

度相结合。例如，威尔逊在他的题为《没有胜利的和平》演讲中坚持认为，国家平等是一个权利平等的问题，而不是"权力平等"。[84] 尽管这一观点在非殖民化时代会受到挑战，但在国际领域，形式上的平等与物质上的不平等完全兼容的观点并没有引起争议。威尔逊并不是简单地将司法平等与实质性的政治和经济差异割裂开来。相反，他认为即使是权利平等也会因国家的发展水平而受到削弱和限制。国际平等不是预先给予的，而是"在各国人民正常、和平与合法的发展过程中获得的"。[85]

在威尔逊的"十四点"主张中，平等权利仅限于欧洲的一小部分国家，因为只有比利时、法国、意大利和波兰的国家和领土要求得到承认。[86] 另外，"巴尔干几个国家之间的关系（将）通过友好协商来确定"，而不是根据自决原则。[87] 至于欧洲以外的奥斯曼帝国和德意志帝国的前殖民地，国联不能保证其自治和平等，威尔逊主张"毫无疑问的生活安全和绝对不受干扰的自治发展机会"。[88] 这些保障完全脱离了未来自决的实现，似乎将监护和托管变成了一种永久状态。

因此，种族等级制度构成了斯穆茨和威尔逊创建的国联的一部分。他们在国际联盟中创造了一套独特的制度和话语遗产，通过主张民族自决和平等的理想来维护种族等级制度。一方面，与之前的国际社会相比，国际联盟是一个更具包容性和普遍性的计划。另一方面，包容性是通过不平等的一体化进程来实现的，在这一进程中，自决对世界上大部分国家来说只能意味着同意、协商和"自主发展"。《国际联盟盟约》第1条中提及的国家、领地和殖民地；关于东欧国家有限成员形式的辩论；区分 A、B 和 C 级的分级委任统治制度；以及非洲国家加入联盟的危机，不是对尚未完全实现的原则的删减，而是成功地保留了种族等级制度的反革命结果。

就在斯穆茨和威尔逊努力在和平会议上建立他们版本的国联时，共产国际于 1919 年 3 月召开了成立大会，并呼吁关注当前自决的反革命转变。虽然几乎所有战胜国都在口头上支持自决原则，但每一次都被否定。欧洲的领土解决方案，如法国合并阿尔萨斯·洛林，没有经过公民投票；"爱尔兰、埃及、印度没有民族自决权"；战胜国正在分割德国殖民地。[89] 欧洲帝国以前所未有的规模将殖民地臣民卷入战争，但"印度人、黑人、阿拉伯人和马达加斯加人……在欧洲大陆上……为自己的权利而战。……即继续做英国和法国奴隶的权利"。国际上认为，威尔逊在联盟中的计划"只是为了改变殖民奴隶制的商业标签"。与威尔逊主义联系在一起的理想主义和普世主义只是掩盖了种族等级制度和殖民剥削的幌子。[90] 国联是一个"帝国主义反革命"联盟，只有反帝和无产阶级革命的结合才能战胜它。[91]

"殖民奴隶制"的语言很快成为黑人反殖民主义批评的中心隐喻，但在 1919 年 2 月，杜波依斯在巴黎匆忙组织的第二届泛非大会提出了更温和的要求，并没有与国联断绝关系。57 名代表（其中 12 人代表非洲大陆）呼吁逐步实现非洲人自治，赋予国联监督委任体系之外殖民地原住民的权力，给予"受过教育"的原住民平等权利和信教自由，保障原住民劳工权利，保护土地权利，促进殖民地的大众教育。[92] 杜波依斯在和平会议上会见了一些代表，但总的来说，泛非大会的努力遭到了拒绝。

革命之风：殖民地大撤退与非洲的独立之路（1945—1975）

回到美国后，在红色峰会的种族暴力背景下，杜波依斯在《危机》上发表了一篇文章，抛开了国会的温和要求，回到了1917年开启的革命可能性。他认为，"世界大战中的一个新理念——在未来的岁月中很可能成为使屠杀变得有价值的东西——是一个我们很可能无法了解的理念，因为它今天被隐藏在对布尔什维主义的恶意诽谤之下"。这种"只有劳动者才能投票和统治"的思想预示着一种新的世界秩序。在杜波依斯看来，这一计划的下一阶段将由黑人劳动者来完成，他们"在非洲和南洋，在美洲各地，以及在亚洲"将领导反对"白人统治黑人、棕色人种和黄色人种"的斗争。[93]

黑人主权的不可能性

国联成立后，国际劳工组织、与常设委任统治委员会有关的联盟官员以及非政府组织也开始关注黑人劳工问题。但是，如果说杜波依斯将黑人劳工视为可能终结全球肤色线的革命者，那么在国联内部，黑人劳工问题则主要体现在奴隶制的人道主义危机上——这场危机发生在埃塞俄比亚和利比里亚这两个独立的非洲国家内。事实上，早在埃塞俄比亚成为该联盟成员之前，这个东非国家就已经作为人道主义危机的发生地和国际干预的对象加入了该组织。

1922年，在英国反奴隶制和保护奴隶协会的鼓励下，国联大会的新西兰代表阿瑟·斯蒂尔-梅特兰（Arthur Steel-Maitland）爵士提出了"奴隶制在非洲重新抬头"[94]这一紧迫问题。他特别关注埃塞俄比亚境内的奴隶制和正在进行的奴隶贸易。为了组织国际社会应对这一危机,他在大会上提出了两项决议——第一项决议要求调查埃塞俄比亚的奴隶贸易,第二项决议则更广泛地关注非洲的奴隶制。为了避免出现针对一个国家的过度关注,大会通过了更具普遍性的决议,要求联盟理事会向所有成员国收集有关非洲奴隶制的信息,并向下一年的大会会议提交一份报告。[95]

虽然1922年的决议没有具体提及埃塞俄比亚,但奴隶制的人道主义危机影响了联盟与这个东非国家以及几年后与利比里亚的关系。联盟官员和成员国将废除奴隶制的努力定位于利比里亚和埃塞俄比亚,从而回避了殖民地劳动剥削这一更广泛的问题。从揭露比属刚果的强迫劳动开始,记者、人道主义者和反殖民主义批评家就指出殖民地政府从事类似奴役的行为并寻求帝国改革。[96] 然而,在联盟内部,欧洲帝国在很大程度上被免除了过去和现在与奴役的牵连,奴隶制本身也被与殖民劳动割裂开来,被视为落后社会的顽疾。通过以这种方式阐述奴隶制问题,国联将自己定位为解放的推动者,而利比里亚和埃塞俄比亚要么是造成人道主义伤害的罪魁祸首,要么是无法有效解决危机的国家。

值得注意的是,指控利比里亚和埃塞俄比亚实行奴隶制并不是为了将这些非洲国家排除在国联之外,而是为了证明它们的不平等融合是合理的。按照威尔逊和斯穆茨所阐述的自决与帝国等级制度,埃塞俄比亚和利比里亚在国联中的成员资格大体上与委任统治地的条件相似。事实上,国联曾多次将"委任统治"这两个国家作为解决奴隶制问题的办法。尽管委任制度的建立没有成功,但埃塞俄比亚和利比里亚仍受到国际监督,并且同意使监督合法化。在这种情况下,对非洲主权的承认以及赋予这些国家的国际人格产生了对它们的统治。它们的不平等参与削弱了其法律地位的重要性。

不平等融合为埃塞俄比亚和利比里亚带来了沉重的、种族化的成员身份。我所说的"沉重的成员身份"指的是一种融入国际社会的形式,在这种形式中,责任和义务是繁重的,而权利和应享待遇却是有限的、有条件的。这类似于赛迪娅·哈特曼(Saidiya Hartman)在美国解放背景下所说的"负担沉重的个体性",美国黑人在获得自由和平等的同时,也承担了新形式的责任和债务。哈特曼认为,对以前的被奴役者来说,解放是一种双重束缚,"既要承担自由的沉重责任,又要享受自由的少数权利"。[97] 在国际舞台上,利比里亚和埃塞俄比亚也会发现自己处于类似的境地,因为融入国际大家庭会带来与众不同的负担。

如本章所述,负担型成员制与约翰·罗尔斯在《万民法》中对负担型社会的论述形成鲜明对比。在他的定义中,"负担沉重的社会虽然不具有扩张性或侵略性,但缺乏政治和文化传统、人力资本和专门技能,而且往往缺乏良好秩序所需的物质和技术资源"。[98] 他们负有"协助的责任",旨在帮助负担沉重的社会理性地管理自己,以便最终进入"秩序良好的人民社会"。[99] 罗尔斯将负担理解为与国际环境脱节的国内赤字。此外,与异族统治框架中的殖民地一样,负担沉重的社会仍处于国际秩序的经济和政治关系之外,因为它们仍在等待进入和融入。

国联中的利比里亚和埃塞俄比亚的案例从多个方面重构了负担沉重的社会问题。首先，这些国家的奴隶制危机不仅是政治文化不足或内部混乱的结果，而且与更广泛的殖民劳动条件相关联。利比里亚的情况尤其如此，奴隶制和强迫劳动与地区殖民经济不可分割。虽然奴隶制被视为国内的赤字，但其危机是在国际与国内的纠葛中产生的。而且，将奴隶制视为国内危机符合联盟官员和帝国列强的战略和意识形态目的，因为它转移和分散了对殖民劳工这一更大问题的关注。其次，这里的负担不是指国内捐助不足，而是指伴随国际援助和监督而来的压力。因此，负担是在国际社会履行援助义务的过程中产生的，因为援助伴随着特定的义务和责任。最后，这些国家经历的负担是融入国际社会的条件和结果。埃塞俄比亚和利比里亚没有被排除在国际社会之外，而是不平等地融入了国际社会。

埃塞俄比亚和利比里亚负担沉重的成员身份也被种族化了，因为国联指出在这两个非洲国家没有欧洲人的统治，以此来解释奴隶制的长期存在。这种坚持有时与国联的改革计划背道而驰。与任务规定一样，在埃塞俄比亚和利比里亚进行国际监督的目的是将尚未执行国际准则的国家转变为能够执行国际准则的国家。监督要求这些国家向国联提交报告，履行特殊义务，并开放经济以融入全球市场。由于国际监督的努力似乎难以实施、遭到抵制或没有取得预期效果，联盟官员又将失败的主要原因归结为缺乏殖民统治。在这样做的过程中，他们强调并再现了种族差异，将其视为在实现解放目标的过程中顽固而不可逾越的挑战，并将白人在非洲的统治视为国际秩序的永久特征。

黑人主权似乎越来越自相矛盾，而联盟自身的监督努力似乎注定要失败。正如我们将看到的，在意大利最终于1935年入侵埃塞俄比亚时，其在联盟中的代表将意大利在欧洲扩大统治范围的行动作为联盟废奴努力的必然结果。

在这一不平等融合进程展开之前，联盟的管辖权问题必须得到解决。根据大会1922年的决议，联盟调查了埃塞俄比亚继续实行奴隶制的原因，并讨论了在该国独立的情况下，联盟是否有理由进行监督。英国反奴隶制协会出版了一本小册子，认为埃塞俄比亚的奴隶制问题是缺乏欧洲的监督造成的，并建议联盟承担起这一职责。根据这本小册子，在欧洲控制下的非洲领土，奴隶制已被废除或受到严厉限制；但在埃塞俄比亚，"公开、残酷、凶残、不受欧洲干预、几乎不受欧洲列强外交影响"的奴隶制仍在继续。由于缺乏外部监督、国家软弱无力，少数族裔群体拥有自己的土地，在埃塞俄比亚边境之外掠夺奴隶，与中东的奴隶贸易蓬勃发展。[100]

虽然埃塞俄比亚还不是联盟成员，但国际社会认为，联盟在人道主义问题上具有普遍管辖权。《国际联盟盟约》第22条规定，联盟负责在授权地区"禁止贩卖奴隶等虐待行为"，第24条则将所有现有国际组织置于联盟之下，包括设在布鲁塞尔的反奴隶制局。[101]此外，联盟还负责调查埃塞俄比亚的奴隶制，因为它是"世界警察"。[102]与斯穆茨关于联盟是大英帝国延伸的说法如出一辙，国联坚持认为，它们现在肩负着英国数百年来"为被压迫民族争取更高标准待遇"的责任。作为世界警察，联盟应委任统治埃塞俄比亚消除奴隶制，使该国达到国际人道主义标准。[103]

第二章 反革命时刻

弗雷德里克·卢加德（Frederick Lugard）是联盟永久委任统治委员会的英国代表，他接受了国际社会的关切和建议。他重申，埃塞俄比亚持续存在的奴隶制是政治不稳定和经济不平等的后果，并坚持认为联盟应该进行干预。然而，由于埃塞俄比亚不是《凡尔赛条约》的缔约国，他担心联盟"对该国事务没有任何发言权"。[104] 尽管明显缺乏管辖权，但卢加德认为，将埃塞俄比亚置于托管之下是可能的。如果 1919 年《圣日耳曼昂莱条约》和 1890 年《布鲁塞尔法案》（两者都包含废除奴隶制的承诺）的签署国授权联盟调查埃塞俄比亚的奴隶制并采取"可能的补救措施"，那么联盟将"在其合法范围内行事"。这种补救行动将采取"道义和物质援助"的形式，对埃塞俄比亚实行"B 级委任统治"。[105]

卢加德和反奴隶制协会将"委任统治"理解为扩大联盟监督和实现埃塞俄比亚政治经济一体化的机制。根据他们的分析，埃塞俄比亚的落后和不稳定是其与国际社会隔绝的结果，也表明埃塞俄比亚是一个无法在其全部领土上行使权力的无效国家。由于埃塞俄比亚需要开放的经济政策和外国顾问的行政监督，委任统治是解决这两个问题的办法。经济一体化将克服该国的孤立，并将其引向以自由劳动力为基础的现代经济，而联盟的行政援助将增强国家的能力。卢加德认为，这一计划将导致"政府的彻底改革"，从而"使埃塞俄比亚从混乱中恢复秩序，解放现在被奴役的人民，（并）带来商业繁荣"。[106] 该授权承诺提供监护，最终使这个东非国家实现建国的国际标准。

1923 年，埃塞俄比亚提交了加入联盟的申请，从而结束了委任统治的计划,但成为国联成员国后,联盟的管辖权扩大了。由摄政王海尔·塞拉西(Haile Selassie)领导的入盟申请把埃塞俄比亚的宗教信仰和参与其他国际机构的愿望,当作埃塞俄比亚的入盟理由。[107] 塞拉西希望通过这些呼吁获得平等的成员资格,但他的申请启动了一个不平等融合进程,招致成员资格负担,义务比权利更加明显。埃塞俄比亚的请求再次引发了关于联盟成员资格要求的争论,并将政治不稳定和奴隶制问题推到了风口浪尖。联盟成员质疑埃塞俄比亚的加入是会玷污联盟的形象,还是成为帮助该国达到国际标准的契机。英国代表认为,联盟应该考虑"帮助阿比西尼亚提高文明程度的愿望,如果她成为联盟成员,可能会更有效地实现这一愿望……另外,应考虑阿比西尼亚是否有能力为联盟作出有价值的贡献"。[108] 埃塞俄比亚试图通过加入联盟来确保自己的独立和平等,而联盟的官员和成员国则认为同意埃塞俄比亚加入联盟是扩大对其监督范围的机会。一年前的委任统治建议未能实现的目标,现在通过联盟准入实现。

国际律师在很大程度上忽视了成员资格作为扩大国际监督和通过其他方式实现委任目标的作用。因此,埃塞俄比亚加入联盟常常被视为一个重要的转折点,从一个基于19世纪文明标准的排斥性国际社会成员转变为更具普遍性的成员。[109] 在一些重要方面,这确实是事实。负责审查埃塞俄比亚入盟申请的小组委员会使用了一份一般性调查问卷,调查的重点是埃塞俄比亚是否得到其他国家的承认、是否拥有边界明确的国家政府以及是否完全自治。委员会认为,这是一个得到承认的国家,拥有稳定的政府和边界,但"无法确定中央政府对远离首都的省份的有效控制程度"。[110]

除国家对其领土的有效控制程度存在不确定性之外，委员会审议的最后一个问题也成为提出对奴隶制的具体关切，从而扩大联盟监督的机会："阿比西尼亚在其国际义务方面、在联盟有关军备的规定方面有哪些行为和声明？"[111] 尽管问题很笼统，但有关奴隶制的国际义务成为最重要的关注点。埃塞俄比亚既不是 1890 年布鲁塞尔会议《最后文件》的缔约国，也不是 1919 年《圣日耳曼昂莱条约》的缔约国。作为加入的条件，埃塞俄比亚被要求追溯加入这些法律文书，还被要求向联盟理事会提供有关废除奴隶制进展的信息，并考虑联盟就实现这一目标的最佳途径提出的建议。[112] 委员会承认埃塞俄比亚是一个有条件的成员，并承担着特殊的义务，但考虑到该国的落后状况，委员会坚持认为这是适当的措施。意大利代表认为，要求非洲国家承担的具体义务不会"伤害阿比西尼亚的敏感性，因为其他文明程度较高的国家已经同意承担特殊义务"。[113]

因此，埃塞俄比亚在 1923 年的成员资格清楚地展现了不平等融合的过程。埃塞俄比亚并没有因为没有达到建国标准而被剥夺成员资格，而是融入了国际社会，克服了早先的联盟管辖权问题，并征得同意启动了一项国际监督计划。监督制度旨在约束埃塞俄比亚并使其文明化，从而使其能够有资格加入其他成员国的行列。因此，成员资格变成了其他手段的权威来源。其结果是成员资格不平等且负担沉重。如此一来，国际社会的扩大和国际等级制度的巩固就同时发生了。

随着该联盟将其对奴隶制的关注扩大到利比里亚，并重申

革命之风：殖民地大撤退与非洲的独立之路（1945—1975）

造成奴隶制的主要原因是缺少欧洲人的统治，这种不平等融合进程变得更加种族化。利比里亚是《凡尔赛条约》的签署国，因此自联盟成立以来就是其成员。利比里亚在成为成员之初并没有特别的义务，但对奴隶制的担忧改变了其加入联盟的条件。1925年国际劳工组织给联盟新成立的临时奴隶制委员会的一份备忘录指出，虽然非洲的奴隶制主要存在于埃塞俄比亚境内，但利比里亚也存在奴隶制。根据这份备忘录，埃塞俄比亚和利比里亚是"非洲仅有的两个不受欧洲控制的国家"，"在欧洲列强控制管理的领土上，奴隶贸易和大规模掳掠已经减少，实际上已不可能发生"。[114]

有人一直声称，奴隶制是在对其领土没有有效控制权的非洲独立国家中实行的，这就把人的危机与黑人主权联系在了一起。这种观点意味着非洲人无法以符合现代国家标准的方式统治自己及其领土。欧洲的监督和干预被认为是确保非洲人道主义准则的唯一机制。对奴隶制的指控成为削弱黑人自治的惯语，这应该让我们感到非常反常，不仅因为欧洲在跨大西洋奴隶贸易和美洲奴隶制中的核心作用，而且因为20世纪非洲殖民地的劳动实践。强迫劳动是每个殖民地的核心做法，以至于两个最大的帝国主义强国——英国和法国——成功地游说将其从1926年的《禁奴公约》中豁免。虽然公约签署国同意制止奴隶贸易并尽快废除奴隶制，但公约允许为公共工程进行强迫劳动。[115]此外，殖民国家还将强迫劳动说成是一种传统做法或当地习俗，将现代劳动榨取制度说成是非洲落后的表现。[116]因此，1930年的《强迫劳动公约》将一些"传统习俗"排除在禁止强迫劳动的范围之外，如小型社区服务、集体劳动、义务耕作以及酋长征收个人劳役的权利。殖民国家正是利用这些豁免权来榨取发展项目所需的劳动力。[117]

随着利比里亚和埃塞俄比亚人道主义危机的言论愈演愈烈，这种广泛使用强迫劳动的做法悄然合法化。1929年，美国响应国际劳工组织和临时奴隶制委员会的呼吁，发出了一份"抗议照会"，指控利比里亚普遍存在奴隶制做法，并要求进行国际调查。[118]利比里亚国际调查委员会由美国、利比里亚和联盟选出的三名成员组成，于1930年4月开始工作。他们的报告认为，虽然奴隶市场和奴隶交易已不复存在，但部落间和部落内的家庭奴隶制以及典当行为仍然存在。此外，有证据表明，强迫劳动同时被用于公共和私人目的，利比里亚人向其他殖民地的迁徙类似于奴役行为，而政府官员则积极参与这些做法并从中获利。[119]

为了废除利比里亚的奴隶制，委员会建议彻底改组该国的内部行政机构。报告认为，负责各州的地区专员应因腐败、参与奴役和强迫劳动而被撤职。委员会认为，行政重组的成功取决于选择"诚实、公正、无贪污行为"的地区专员。为了满足这些标准，被选中的委员要么是欧洲人，要么是美国人。[120]联盟官员将这一建议视为在利比里亚成功废除奴隶制的关键。据联盟秘书长称："任何引入的改革都将是纸上谈兵，除非并直到主要改革得到实施……"[121]报告中关于经济融合的建议将对利比里亚劳工实践的审查与该地区的殖民经济分开，从而将黑人主权与人道主义危机联系在一起。报告称，利比里亚的闭关锁国政策"掩盖了其管理不善的事实，阻碍了研究探索，延误了文明和教育，阻碍了竞争，总体上扼杀了商业企业，从而阻碍了发展"，因此应效仿其他"热带非洲属地和殖民地"的模式，以开放政策取而代之。[122]

然而，这项建议削弱了利比里亚参与世界经济的程度。例如，国际委员会调查了利比里亚迁徙劳工被迫满足其他殖民地，特别是西班牙费尔南多波岛的劳动力需求的方式。该报告没有将强迫工人迁徙置于更广泛的殖民经济之中，而是坚持认为利比里亚应为这种贸易的"悲剧性效果"承担全部责任。[123] 联盟官员得出结论，"必须对利比里亚政府而不是西班牙政府提出批评"，因为"利比里亚当局从每名被强迫迁徙的劳工身上获得的报酬是如此之高"。[124] 除了免除西班牙殖民政府对其所雇劳工的一切责任，报告还将得出结论，即该国最大的私营雇主凡士通公司并未故意强迫劳工。[125] 只有在政府负责招募劳工而公司几乎无法控制的情况下，劳工才会被强迫劳动。[126] 在免除凡世通公司和西班牙政府一切责任的同时，委员会的报告再次将国际注意力集中在黑人自治的局限性上。这种对利比里亚主权的批判为改革建议打开了大门，这些建议包括由联盟任命行政长官，以及按照1915年美国干预海地的模式进行军事干预。[127]

在对利比里亚进行调查之后，为了避免对埃塞俄比亚进行干预，当时的海尔·塞拉西皇帝同意接受反奴隶制协会领导的调查。反奴隶制协会1932年的报告认为，皇帝拥有"与欧洲政治伦理相关的心态，这种心态在东方统治者身上是独一无二的，而在一个拥有暴力传统的东方国家统治者身上更是独一无二的，这个国家不仅不团结和无能……而且欧洲意义上的政府并不存在"。¹²⁸ 我重申了 20 世纪 20 年代初关于授权的辩论，建议向埃塞俄比亚派遣欧洲行政顾问。但是，如果说埃塞俄比亚的非会员身份在 1922 年引起了联盟管辖权的问题，那么它现在的会员身份则意味着不能强迫它接受这一建议。该报告的战略再现了埃塞俄比亚的不平等融合条件，试图动员各方同意欧洲监督。埃塞俄比亚将获得用于公共工程的国际贷款，但作为贷款条件的一部分，其必须同意欧洲管理者的要求。¹²⁹ 因此，这些贷款将发挥双重作用——既能最终实现欧洲监督埃塞俄比亚的目标，又能促进埃塞俄比亚的经济一体化。例如，通过联盟贷款修建公路将使埃塞俄比亚与"合法贸易"连接起来，有助于将埃塞发展成一个像巴勒斯坦（英国委任统治地）和叙利亚（法国委任统治地）一样的农业国。¹³⁰

尽管贷款计划没有实施，但它是不平等融合进程的再次体现。与 1922 年的拟议授权、埃塞俄比亚 1923 年的有条件加入，以及国际委员会 1930 年在利比里亚提出的建议一样，贷款计划也是一种战略，通过这种战略，融入国际社会成为国联对这两个非洲国家行使约束和管理职能的一种机制。在每一种情况下，不平等融合都使埃塞俄比亚和利比里亚承担了旨在纠正内部偏差和缺陷的特殊义务。这些进程的结果是扭曲了主权的形式。它们的融入和加入非但没有确保平等和不干涉，反而为其在国际社会中的不平等和统治创造了条件。¹³¹

研究委任统治制度的学者们经常指出，联盟注重政治和经济权力的划分，从而造成了主权的不平等。安东尼·安吉认为，后殖民国家"在获得主权和政治权力的同时，也将经济权力转让给了外部势力",这就形成了一种独特的后殖民主权形式。[132] 苏珊·佩德森（Susan Pedersen）在研究联盟中唯一获得独立的委任统治国伊拉克时证实了这一点。伊拉克于1933年获得正式独立，但条件是必须向前委任统治国英国让渡经济和军事特权。[133] 因此，伊拉克就像更广泛意义上的委任统治国一样，提供了一个后殖民统治形式的早期范例，在这种形式下，正式独立和经济剥削是可以调和的。我们将看到，在非殖民化时代，反殖民民族主义者一直在关注这种后殖民困境。

然而，在埃塞俄比亚和利比里亚，利害攸关的不仅是政治和经济主权的分离。它们的主权不平等产生于法律权利和政治义务的分配。在这两个非洲国家，联盟对政治统治本身提出了一个不同的问题，即这两个非洲国家是否有能力按照国际标准行使政治统治。由于始终将黑人自治与奴隶制做法等同起来，该联盟对这一问题表示了否定，而这一回应的后果是深远的。联盟所产生的负担沉重的和种族化的成员资格增加了对主权的限定条件。如果这两个国家无法满足其成员资格的特殊要求，那么它们也无法获得主权和承认所提供的正式保护。

作为人道主义干预的帝国扩张

1934年4月，弗雷德里克·卢加德对利比里亚改革的缓慢步伐感到沮丧，他发表了一份对利比里亚政府的尖锐批评，并敦促利比里亚政府，如果其不接受联盟任命的内地行政长官，就将利比里亚驱逐出联盟。他在写给英国上议院的信中问道：

"如果美国或其他任何国家拒绝接受利比里亚的挑战,并诉诸武力,是否有任何联盟成员愿意支持利比里亚的不法行为?"[134] 事实证明,卢加德的问题部分是有先见之明的。不是利比里亚,而是埃塞俄比亚将受到武力制裁,正如卢加德所言,没有一个联盟成员会支持一个被指控统治不善的国家。

臭名昭著的意大利-埃塞俄比亚战争始于1934年年末意大利索马里兰和埃塞俄比亚之间的一系列边界争端,次年演变为全面入侵和占领。关于这场战争的标准叙事将意大利的入侵理解为非法侵略行为,并将重点放在联盟集体安全系统的失败上,因为该系统无法充分应对危机。这种观点回到了政治原则被切断的说法,认为虽然集体安全最终失败了,但国际社会对入侵的广泛谴责表明了对主权平等和互不侵犯原则的承诺。例如,阿努尔夫·贝克尔·洛尔卡(Arnulf Becker Lorca)认为,入侵"发生在一个新的国际环境中",因此,它"受到了大量批评,被理解为不合法,并遭到了国联的经济制裁"。[135] 因此,这种观点认为,不是国际法准则,而是它们在实践中的应用导致了联盟的不作为。联合国的设计者们正是从联盟的失败中吸取了这些教训,并在《联合国宪章》中加入了更严格的集体安全机制。[136]

卡尔·施米特认为,入侵并不标志着原则与实践的决裂。相反,他认为这表明支撑联盟的普遍国际准则出现了危机。他认为,意大利的入侵和联盟不愿介入支持埃塞俄比亚的行为,是潜意识中对欧洲和非欧洲空间传统看法的回归。[137] 这是对旧欧洲国际法的复辟,旧欧洲国际法认为"在非欧洲领土上的战争在其秩序之外",并将非洲定位为"殖民地"。[138] 对施密特来说，入侵和缺乏回应进一步表明了联盟的空间混乱，并证明了将主权平等扩展到"线外"的不稳定后果。[139]施米特的论述与关于国联干预失败的标准论点一样，将入侵和占领理解为对联盟普遍原则的背离。

然而，入侵和缺乏适当的应对措施既不是未实现原则的标志，也不是普遍国际法的突然崩溃和回到受空间限制的欧洲公法。如果将入侵与埃塞俄比亚负担沉重、种族分化严重的成员国背景联系起来，那么自联盟成立以来，不平等融合和种族等级制度就一直存在。正如卢加德已经指出的，谁能指责一个国家在面对不妥协时诉诸武力，又有哪个国家会去拯救另一个陷入人道主义危机的国家呢？尽管卢加德本人和联盟中的许多其他官员都反对意大利发动战争，但卢加德一手促成的埃塞俄比亚负担沉重的成员资格，为意大利发动进攻提供了说辞和政治舞台。

意大利发动战争的理由与埃塞俄比亚负担沉重的成员资格条件密不可分。在1935年10月入侵前一个月，意大利政府向联盟提交了一份长达60页的备忘录。该备忘录提醒联盟，1923年埃塞俄比亚申请加入联盟时存在着很大的不确定性。几乎所有人都认为埃塞俄比亚尚未达到加入联盟所需的国家标准。然而，"基于这样一种信念，即通过参与联盟所代表的国际合作体系，可以引导埃塞俄比亚作出必要的努力，逐步接近国际社会其他民族的文明水平"。[140]在回顾埃塞俄比亚加入的理由时，意大利的备忘录重现不平等融合进程，这一进程使埃塞俄比亚承担了比权利更多的繁重责任。同时，备忘录提醒联盟，埃塞俄比亚的主权是以履行这些责任为条件的。

从意大利政府的角度来看，埃塞俄比亚接受的作为其成员资格条件的两项特殊任务——废除奴隶制和管制武器贸易——并没有实现。奴隶制和奴隶贸易有增无减，而且往往得到政府官员的默许。此外，埃塞俄比亚政府还违反了涵盖东非的武器协定，向私人出售弹药。[141] 据称，除违反其成员义务外，埃塞俄比亚还违反了其他国际法和双边条约。例如，埃塞俄比亚蔑视《国联盟约》第23条的开放条款，不遵守给予意大利"最惠国待遇"的意大利-埃塞俄比亚双边协议。[142]

备忘录明确宣布了联盟官员早已暗示的内容。通过加入联盟来提高埃塞俄比亚文明水平的十二年试验已经失败，这说明埃塞俄比亚"不能……通过自愿努力将自己提高到其他文明国家的水平"。[143] 意大利政府从两个方面解释了这一失败。第一种情况是，埃塞俄比亚被描绘成一个"长期处于混乱状态"的失败国家。[144] 由于缺乏有效的政府，埃塞俄比亚臣民得不到应有的保护和权利，而国家的混乱状态有可能蔓延到邻国。特别是在奴隶制问题上，很明显，"除非国家状况发生根本性的变化，否则不可能废除奴隶制"，而只要政府不存在、不成熟、不稳定，这种变化就不可能实现。[145] 意大利政府的结论是，埃塞俄比亚不可能"在没有援助的情况下进行彻底的改组，在这种情况下，它将永远是一个危胁"。[146] 意大利备忘录为其发言做了铺垫，指出国联是"一个义务与权利相互依存的体系。国联的任何成员在没有履行自己的义务时，都不能援引《公约》规定的权利"。[147] 由于埃塞俄比亚没有履行其繁重的成员义务，因此无权享有成员权利。

埃塞俄比亚的非法国家地位进一步证明了干预的合理性。该国不仅没有能力履行对国联的义务，而且有意违反国际法。埃塞俄比亚表现出"对其国际义务和对国联的承诺漠不关心"。[148] 备忘录称，埃塞俄比亚是一个野蛮的国家，在其境内实施阉割、酷刑和食人行为，并对邻国进行侵略和排斥。[149] 根据这种观点，埃塞俄比亚才是国际法上的犯罪国，而不是意大利。这种定性会对战争产生影响。埃塞俄比亚作为一个失败国家被剥夺了对成员权利的要求，而其作为非法国家的地位则取消了意大利或联盟其他成员可能对埃塞俄比亚承担的任何义务。通过"野蛮的习俗和陈旧的法律"，埃塞俄比亚"公然将自己置于联盟公约之外，辜负了在被接纳为成员时，国际社会的信任"。[150] 正如备忘录的最后一段指出的，"如果声称联盟成员在与一个违反承诺并将自己置于公约之外的成员国交往时，必须遵守公约的规则，那就违背了法律和正义的所有原则"。[151]

联盟对意大利备忘录的最初回应并没有质疑埃塞俄比亚的特点，或对监护的需求。相反，在意大利政府提交备忘录后不到两周，一个特别委员会就提出了一项新的国际援助计划。该计划要求派遣一批外国专家，负责组织一支警察和宪兵队，促使埃塞俄比亚向外国公司开放，并重组国家的财政政策。[152] 随着入侵逐渐深入，出席大会的意大利代表认为，与该计划相比，意大利的行动更符合联盟自身的做法。这位代表问道："比起提出一种共同援助的形式，联盟为什么不记得《国际联盟盟约》本身已提供了一种有效的方法，来援助那些由于其目前状况而无法自立的人民呢？"[153] 意大利代表认为，《国际联盟盟约》第22条是为埃塞俄比亚这样的国家设计的，而联盟早在十年前就已经承认了这一点。让意大利成为埃塞俄比亚的委任国可以解决联盟如何向这个落后国家提供援助的问题。为了证实意大利的改革和人道主义意图,东非的意大利将军在入侵开始十天后宣布了一项禁止奴隶制的宣言。1936年,随着意大利逐步扩大其占领范围,意大利政府向联盟报告说,意大利已经释放了占领区的所有奴隶。[154]

意大利一方面以联盟本身的废奴主义术语为其入侵辩护,另一方面却剥夺了埃塞俄比亚所受到的联盟成员国身份和战争法的保护。如果说埃塞俄比亚是野蛮的,那么即将发生的入侵和占领就不是国际社会平等成员之间的战争,必须遵循《海牙公约》和《日内瓦公约》的准则;相反,这是一场"殖民战争"或"小规模战争",包括"纪律严明的士兵对野蛮人和半文明种族的远征"。[155]这些战争与传统的国家间冲突不同,可能涉及非法的战争方式,包括滥杀无辜、摧毁村庄和对被俘战斗人员施以酷刑。[156] 因此,意大利在入侵前一个月强调埃塞俄比亚的野蛮行径,是在为使用压倒性暴力、非法使用芥子气、滥杀非战斗人员、折磨被俘士兵和其他战争罪行做准备。[157]

这些战争罪行通常被理解为意大利非法侵略行为的顶峰。然而,根据埃塞俄比亚负担沉重的种族成员身份重新解读意大利的入侵理由,意大利的行动应被理解为遵循了国际社会不平等融合的进程和论述。通过援引埃塞俄比亚加入联盟的特殊条件,并回顾国际社会经常提出的对埃塞俄比亚进行国际监督的话题,意大利得以将埃塞俄比亚说成是不法国家,同时将自己的行动说成实现了联盟废除奴隶制和发展落后国家的目标。如果说意大利将埃塞俄比亚描绘成一个失败的非法国家,是希望将其帝国野心重新塑造成一个人道主义计划,那么这种说法也使国际社会得以对入侵保持沉默和进行默许。为了维护欧洲和平这一更伟大的事业,可以牺牲埃塞俄比亚的独立,部分原因是埃塞俄比亚的独立已经因其负担沉重的成员国身份和将黑人主权等同于人道主义危机的种族话语而受到质疑。

对殖民地奴隶制的批判

意大利的入侵激起了散居海外的非洲人对帝国主义的批判,标志着黑人反殖民主义政治的一个关键转折点。本研究中的世界缔造者对国联日益失望,并努力接受共产国际的局限性,在此背景下,他们塑造了新的泛非主义。作为这一转变的典范,杜波依斯、詹姆斯和乔治·帕德莫尔在20世纪30年代的作品和政治活动都反映了他们为修正和重申对帝国主义的批判所做的努力。这一努力的结果是泛非主义作为一种独特的国际主义的复兴——其核心是对殖民主义作为奴隶制和种族等级制度双重结构的批判。这种泛非主义借鉴了列宁关于自决的论述,并深受其影响。但其日益将自己塑造成一个自主的世界革命计划。在这个计划中,殖民地主体而不是大都市无产阶级是全球变革的主要推动者。

这些思想和政治上的转变是尖锐的,对大西洋殖民地的反殖民民族主义产生了持久的影响。1919年,杜波依斯在国联未能满足第二次泛非大会的温和要求后,仍坚持认为国联"对拯救黑人种族绝对必要"。作为一个开明的和"有组织的公众舆论"发生的场所,它可以被动员起来促进非裔的目标。[158] 杜波

第二章 反革命时刻

依斯希望国联能采纳大会的建议（这些建议在巴黎和会期间被忽视了），他于1921年将决议转交给了国联秘书长。[159] 在这一时刻，他寻求改革而不是拒绝委任制度的监护模式。例如，20世纪20年代末，当火石橡胶公司进军利比里亚时，杜波伊斯支持该公司的努力，并敦促该公司雇用"受过训练的美国黑人"，领导他们种族的发展。根据杜波依斯的说法，他"当时还没有对资本主义制度失去信心"。[160] 到了1933年，杜波依斯以更彻底的马克思主义批判为武器，反对火石、国务院和联盟之间的勾结，这种勾结导致了1930年对奴隶制的调查，并差点导致美国的军事干预。他认为，虽然利比里亚并非没有过错，但"它的主要罪行是在一个富裕的白人世界里成为黑人和穷人；而且恰恰是在这个世界上，肤色被无情地利用，成为美国和欧洲财富的基础"。他的结论是，利比里亚的从属地位是跨大西洋伙伴努力维护的"整个殖民奴隶劳动体系"的一部分。[161]

杜波依斯在讨论意大利入侵埃塞俄比亚时延伸了这一批判，认为意大利的行动证实了"白人世界的计划是以种族偏见为借口的经济剥削"。[162] 这种剥削的部分理由是埃塞俄比亚持续存在的奴隶制做法，但这只是掩盖了世界上大多数国家所经历的殖民奴隶制。当联盟调查埃塞俄比亚（和利比里亚）的奴隶制时，殖民主义已经奴役了世界上大部分地区。从亚洲到非洲，欧洲的帝国政策都试图"统治当地劳动力，支付低工资，给予他们很少的政治控制权和接受教育甚至工业培训的机会；简而言之，试图从劳工阶层中获取尽可能多的利润"。[163]

詹姆斯在伦敦写作时也经历了类似的转变，在意大利入侵和占领期间对帝国主义进行了更激进的批判。在 1933 年纪念西印度群岛解放一百周年的一篇文章中，詹姆斯敦促大英帝国再次在国际反奴隶制斗争中发挥领导作用。虽然他提到包括大英帝国在内的整个殖民地世界都存在强迫劳动和奴隶制，但他指出阿拉伯、埃塞俄比亚和利比里亚等地的奴隶制根深蒂固。[164] 尽管詹姆斯当时正在研究海地革命，但他认为解放 500 万奴隶的方法在于唤起英国公众和政府的良知，迫使国联采取行动。[165]

到了 1936 年，信奉托洛茨基主义的詹姆斯放弃了对大英帝国和联盟的信仰。他认为，入侵埃塞俄比亚给"非洲人和非裔，特别是那些受到英帝国主义教育毒害的人"上了一课。占领和联盟的失败说明了"推动帝国主义与非洲接触的真正动机，（并）显示了欧洲帝国主义在寻求市场和原材料时令人难以置信的野蛮和两面性"[166]。作为新成立的"国际非洲阿比西尼亚之友"的主席，詹姆斯成功地说服了该组织的其他成员，向国联发出呼吁不会给埃塞俄比亚带来解脱。他呼吁全球"工人制裁"来阻止墨索里尼，而不是国联制裁。詹姆斯认为，这些自下而上的制裁将在欧洲工人和殖民地工人之间建立联盟，为即将到来的世界大战及其必然引发的政治革命做好准备。[167]

詹姆斯呼吁对工人进行制裁，这与他在共产国际内部开展反帝国主义斗争并得到苏联支持的愿景是分不开的。然而，到了 1935 年，共产国际已经软弱无力，而苏联刚刚加入共产国际不久，也只能听命于共产国际。詹姆斯在 1937 年出版的《世界革命》中试图解释共产国际的失败。他认为，共产国际动员工人为爱好和平的民主国家而战，反对制造战争的法西斯，其衰落并不是突然的转变,而是由于1923年德国革命的失败和次年斯大林宣布实行社会主义。

在对共产国际的这一批判中,詹姆斯将埃塞俄比亚危机作为核心,认为共产国际失去了一次重振世界革命的机会。詹姆斯认为,"共产国际从一开始就可以指出,除工人阶级的行动之外,没有任何东西可以拯救阿比西尼亚,随着谎言、贪婪和虚伪的肮脏记录被揭露,共产国际本可以在同盟的棺材上钉下一颗又一颗钉子"。通过"明确表示抵制向意大利或任何其他干涉阿比西尼亚事务的国家提供一切战争物资",苏联和共产国际本可以利用新出现的反帝国主义力量,并将自己定位为运动的先锋。[168] 即将到来的反帝斗争需要一个新的"托洛茨基第四国际",在"将帝国主义战争转变为内战"的旗帜下组织欧洲和殖民地的工人阶级运动。废除资本主义,建设国际社会主义。[169]

曾在共产国际工作过的乔治·帕德莫尔对共产国际的复兴不那么乐观,他将领导共产国际向布伦特·海斯·爱德华兹所说的"黑人国际"转变。与杜波依斯和詹姆斯不同,帕德莫尔在20世纪30年代并没有对国际联盟产生幻灭感,因为他自己的政治发展正是在共产主义和国际主义的轨道上开始的。20世纪20年代末,他在美国加入了共产党,并很快在共产国际中被提升为"黑人问题"的主要理论家。从1929年开始,他在莫斯科主持红色国际工会组织黑人局的工作。1930年至1933年居住在德国期间,帕德莫尔组织了国际黑人工人工会委员会,编辑了该委员会的出版物《黑人工人》,并在《黑人劳苦大众的生活与斗争》小册子中发表了一篇关于黑人工人的全球性研究报告。

1933年，他以共产国际对殖民地问题缺乏投入为由与共产国际决裂，并在纳粹掌权时被从德国驱逐到英国。[170] 1933年至1935年，帕德莫尔在巴黎重新振作，与另一位被驱逐的黑人共产主义者蒂莫科·加兰·库亚特（Tiemoko Garan Kouyaté）合作，策划了一次黑人世界团结大会。[171]

虽然大会"流产"了，但帕德莫尔和库亚特共同制定的计划和宣言为泛非主义的迭代奠定了基础。帕德莫尔版本的宣言将黑人世界团结的新计划指向了黑人被奴役和世界大战迫在眉睫的状况。他宣称："在非洲、美洲、西印度群岛、南美洲和中美洲，黑人就是奴隶。在各行各业，黑人被鄙视、被侮辱、被剥夺正义和人权。"[172] 当帝国强权准备"再次利用（黑人）充当炮灰"时，大会的任务是"（在我们的队伍中建立）团结，并（通过）一个全世界非洲人和非裔的斗争纲领"。[173]

在未实现的大会中想象出的黑人国际，通过帕德莫尔和詹姆斯于1937年成立的国际非洲服务局以及1945年在曼彻斯特召开的第五届泛非大会实现，为黑人激进主义开辟了自主空间。泛非主义"脱胎于共产国际，也反对共产国际"，它将自己塑造成一个反对殖民奴隶制的世界革命新项目的场所。第二次世界大战爆发之初，这一计划的体制轮廓尚未确定。但正如我们将看到的那样，在第二次世界大战之后，不断壮大的泛非主义者队伍将追求民族独立，同时进行反殖民主义的世界建设，力图确保国际秩序中的无支配。其核心是回归和重塑自决权在1917年承诺的革命可能性。

第三章

从原则到权利

第三章　从原则到权利

反殖民主义对自决的重新定义

从反殖民主义批评家和民族主义者的角度来看，1945年令人不禁想起1919年。第二次世界大战的结束重新激发了人们对国际主义的承诺。与威尔逊时代一样，建立一个新的国际组织的呼声也是以普世理想的语言表达的。1941年的《大西洋宪章》阐明了英美的战争目标，期待恢复各国人民的主权和自治。在《联合国宪章》中，人权和各国平等被援引为世界新秩序的基本原则。然而，这些原则的宣示并不意味着殖民统治的终结。在签署《大西洋宪章》后不久，温斯顿·丘吉尔就坚持认为该宪章不适合大英帝国的领土。[1]

这一点在《联合国宪章》中得到了确认，《联合国宪章》扩大了国联的等级制度。作为大国，安全理事会成员发布具有约束力的决议，并拥有否决权。委任统治地更名为托管地，而殖民地则被委婉地称为"非自治领土"。将殖民地纳入《联合国宪章》的管辖范围标志着国联的转变，因为联盟的监督仅限于委任统治地。然而，无论是非自治领土还是新的托管制度，都没有提及自决。自决只在《联合国宪章》第1条和第55条中出现过两次，而且在这两次中，"人民平等权利及自决原则"都从属于确保"国家间和平友好关系"的更大目标。[2]

1945年，联合国组织会议在圣弗朗西斯科召开，最终确定了新组织的计划，尼日利亚民族主义者纳姆迪·阿齐基韦在拉各斯惊愕地看着这一切。1943年，他与其他非洲记者一起要求将《大西洋宪章》的规定扩大到殖民地。他们关于战后重建的备忘录要求殖民地人民享有政治和公民权利，并提出了广泛的社会和经济改革计划，包括可以持续生计的工资、集体谈判权、矿山国有化，以及结束强迫劳动和增加教育、住房和医疗投资。在实施这些改革的同时，殖民地国家还将逐步走向独立——在实现主权之前将有一个"负责任的自治"时期。[3] 阿齐基韦认为，经济和社会改革需要民主自治。只有"在领土内的社会、经济和政治生活中实现民主"，即"由领土上的原住民社区完全控制基本的生产和分配手段"，才能"有效促进社会平等和社区福利"。[4]

如果说阿齐基韦希望战后重建为克服"阻碍这些领土正常发展的资本主义和帝国主义因素"提供了机会，那么联合国似乎是在巩固现状。[5] 阿齐基韦认为，在旧金山，"黑人没有新政……殖民主义和对黑人的经济奴役将继续存在"。[6] 扬·斯穆茨在旧金山的出席体现了帝国世界秩序与联合国之间的深刻连续性。[7] 曾制定委任制度，并设想将种族隔离从南非扩大到肯尼亚的人，现在却呼吁制定一个肯定人权的序言，这让杜波依斯深感讽刺。[8] 他指出："我们征服了德国，但没有征服他们的思想。

我们仍然信奉白人至上主义,把黑人关在自己的地方,谎称民主,而我们的意思是帝国控制殖民地上的 7.5 亿人。"⁹

作为对旧金山会议的部分回应和反击,第五届泛非大会于 10 月在英国曼彻斯特召开,概述了其对战后世界秩序的愿景。在乔治·帕德莫尔和夸梅·恩克鲁玛的领导下,这次会议摆脱了以往大会的改良主义倾向,体现了帕德莫尔等人从 20 世纪 30 年代开始提出的激进黑人国际主义。大会要求"撒哈拉以南非洲实现自治和独立,在这'同一个世界'中,各群体和民族有可能在不可避免的世界统一和联邦的条件下实现自治和独立"。¹⁰大会呼应了共产国际的反帝国主义并借用了《共产党宣言》,呼吁"世界上的殖民地人民和臣民"团结起来,组织者认为这是世界革命的新阶段。¹¹

1960 年 9 月,独立的加纳的总统夸梅·恩克鲁玛在联合国大会上发言,利用他的新平台将联合国重新塑造成非殖民化的国际论坛。恩克鲁玛宣布了一个新时代的到来,他认为联合国应通过保护各国人民的自决权并将顽固的帝国主义列强排除在国际机构成员之外,从而领导反对帝国主义的斗争。¹²似乎是为了证实恩克鲁玛对联合国的愿景,大会在三个月后通过了历史性的第 1514 号决议《给予殖民地国家和人民独立宣言》。第 1514 号决议将自决权视为所有人民的权利,并宣布"人民受异族奴役、统治和剥削是对基本人权的否定"。¹³该决议标志着 1945 年提出的泛非主义取得了重大胜利。加纳驻联合国代表亚历克斯·凯松·萨基(Alex Quaison Sackey)认为,该宣言纠正了《联合国宪章》的局限性。"如果说在《联合国宪章》颁布时，非洲确实是一块被遗忘的大陆……那么呼吁立即结束所有领土上的殖民主义的宣言纠正了这种不平衡。"[14] 加纳驻联合国代表对此表示赞同，并指出1960年的宣言是"对《旧金山宣言》严重遗漏的公正补偿"。[15] 在联合国大厅外，阿米尔卡·卡布拉尔（Amilcar Cabral）正在几内亚比绍领导一场反对葡萄牙统治的游击战，他认为，"联合国关于非殖民化的决议为我们的斗争开创了新局面""殖民主义现在是一种国际罪行"。他认为，在这种情况下，反殖民斗争"已经失去了严格意义上的国家性质，而进入了国际层面"。用他的话说，几内亚比绍和其他地方的游击战士是"联合国的无名战士"。[16]

在十余年内，反殖民民族主义者成功地占领了联合国，并将大会转变为非殖民化国际政治的平台。这一转变的核心是将自决权作为一项人权进行了新的阐述。《联合国宪章》将自决降格为次要原则，1948年联合国《世界人权宣言》的起草者也竭力避免提及自决。在此背景下，反殖民民族主义者将自决重新塑造为一项权利，将其定位为其他人权的先决条件，并认为自决意味着立即结束殖民统治。自决权被理解为对独立和平等的诉求，是无支配自由和后帝国国际秩序的基础。这种对联合国和自决权的重新塑造为反殖民民族主义者挑战殖民统治残余、在国际舞台上使新的后殖民国家合法化创造了条件。

本章探讨了自决权如何成为一项权利的问题，并研究了这一转变的政治和理论影响。我认为，反殖民民族主义者采用了自决原则，但通过以奴隶制和种族等级制度问题为中心对帝国主义进行新的批判，重塑了自决的含义。虽然非殖民化通常被理解为联合国基本原则的实现和威斯特伐利亚主权制度的顶峰，但自决权的出现并不是《联合国宪章》的必然产物，而是面对深刻的怀疑和反对而进行的有争议的和偶然的重塑。反殖民主义的自决权是国际非殖民化的司法组成部分。它创造了外部法律环境，使独立国家内的人民自治得以建立。这一国际秩序愿景的前提是国家的独立与平等，国家应不受统治，但这一愿景并非诞生于《威斯特伐利亚条约》或《联合国宪章》。相反，它应被理解为一个反帝国主义的计划。它超越了纳入新国家的范畴，提出一个平等主义世界秩序的广阔愿景。

尽管自决权为反帝国主义世界奠定了法律基础，但它也并非没有局限性。正如我所指出的那样，将帝国表述为奴役以及对领土完整的承诺并不能完全处理殖民者定居的情况或新的后殖民国家的分离问题，而反殖民主义的观点，即人权应在自治和建国中得到保障，并不能对国家本身侵犯公民权利的情况作出适当的回应。因此，自决权既是反殖民主义世界缔造者的一个重要胜利，也揭示了其张力和矛盾。

反思反殖民主义挪用行为

历史学家倾向于将联合国的反殖民主义政治，尤其是自决权，视为该组织创始文件的延伸和扩展。根据这一观点，《阿特兰宪章》、《联合国宪章》和《世界人权宣言》被视为重塑战后国际秩序的普世理想的承载者，而埃莉诺·罗斯福（Eleanor Roosevelt）、勒内·卡辛（René Cassin）和拉斐尔·莱姆金

（Raphael Lemkin）等人则被视为这一事业的"十字军战士"。[17]从这一角度来看，战后国际秩序标志着与国联的决裂，因为新的规范和机构寻求限制国家权力并在国际法中承认人的尊严。虽然这些规范没有立即实现，但次要行为体（subaltern actors），特别是反殖民民族主义者，作为推动自决和人权普遍化的扩张力量被纳入了这些进步叙事。[18]

这一论述依赖于对联合国成立的理想化描述，忽视了国联与联合国之间的连续性，也忽视了杜波依斯和阿齐基韦等反殖民主义批评家在1945年深感失望的情绪。[19]通过将联合国描述为"世界新政"的化身，反殖民民族主义和非殖民化被同化入战后理想和制度的进步史。这强化了非殖民化的标准历史，在这些历史中，帝国的终结被归结为西方理想的普遍化以及国际社会现有规范和框架的扩展。[20]它只承认反殖民主义政治行动是对现有规范的应用和扩展，而忽视了反殖民民族主义作为概念和政治创新的场所的意义。

与这些较新的叙述不同，20世纪五六十年代的观察家和评论家对反殖民民族主义的态度更为矛盾，有时甚至是批判性的。鲁珀特·爱默生和约翰·普拉门纳茨等人至少在最初将非殖民化视为西方理想的普世化而加以赞美，而其他人则批评反殖民民族主义者的要求不符合自由主义原则，是对新的国际体系的威胁。例如，早在自决权完成从原则到权利的转变之前，美国国际律师克莱德·伊格尔顿（Clyde Eagleton）（他是邓巴顿橡树园和旧金山代表团的成员）就认为，在联合国内援引自决权，将其不可持续地扩展到经济主权和政治主权，并声称它应适用于所有殖民地人民,是对这一原则的滥用。[21] 这种反殖民主义观点与朱塞佩·马志尼(Giuseppe Mazzini)和伍德罗·威尔逊的自由主义传统中的自决并无多大关系。它的灵感来自苏联,并利用了《联合国宪章》第1条中关于自决的内容,伊格尔顿认为该条款"被强加入内……没有相关性或解释"。对伊格尔顿来说,自决需要重新承担责任。他赞同《联合国宪章》中关于托管制度和非自治领土的措辞,认为联合国不应产生"越来越多的新生国家",而应制定给予自治权的适当标准。[22]

以赛亚·伯林(Isaiah Berlin)在其经典文章《自由的两个概念》中将反殖民斗争定位为既不追求消极自由也不追求积极自由的斗争。虽然反殖民民族主义者预先将他们的计划视为对自由的普遍要求,但在伯林看来,他们属于第三类"异教徒的自我主张",其唯一目的是维护群体的"个性"。因此,当务之急是确保本土(而非外来)统治,而不管该群体的代表"治理得好还是坏,是自由的还是压迫性的"。伯林称这是一种"混合形式的自由",它在接受马克思主义和民族主义的同时,也具有积极自由的特征,同样有可能演变为专制主义。[23] 柏林非但没有将这种混合自由视为自由主义理想的延伸,反而将"异教徒的自我主张"视为对他所赞同的消极自由概念的威胁。[24]

反殖民民族主义者则抵制将非殖民化和自决归于苏联主导的做法,并将其归结为对文化或民族认可的诉求。在《泛非主义还是共产主义》一书中,帕德莫尔认为,将"非洲的政治觉醒归功于共产主义的灵感"是虚伪的,是冷战宣传的一部分,目的是疏远非洲民族主义者与西方同情者的关系。[25] 这本书通常被视为帕德莫尔从马克思主义者向民族主义者转变的标志，但帕德莫尔对泛非主义的自主性提出了复杂的看法，并没有完全拒绝共产主义。为此，他将泛非主义的起源追溯到19世纪的"重返非洲"运动。帕德莫尔曾将马库斯·加维斥责为"民族改良主义的误导者"，他赞同加维的观点，认为"泛非主义寻求实现非洲人的政府，由非洲人为非洲人服务"。[26] 为了实现这一目标，帕德莫尔认为泛非主义者赞同《世界人权宣言》，并寻求实现自决权，将其作为"在区域基础上建立自治国家联邦，最终建立非洲合众国的先决条件"。[27] 虽然泛非主义独立于官方共产主义，但它承认"马克思主义对历史的解释中有许多是正确的"，并努力实现"民主社会主义，由国家控制基本的生产和分配手段"。[28]

帕德莫尔用这些术语来证明泛非主义的自主性，并不是在宣称其真实性，也不是要求按照伯林"异教徒自我主张"的模式来承认差异。正如帕德莫尔提到的人权、自决、马克思主义和民主社会主义所表明的那样，自主性并不意味着泛非主义是一种自成一体的思想传统，游离于西方政治思想的话语和术语之外。相反，泛非主义是在对独特的、不断演变的政治困境做出反应的过程中，通过与这些术语的创造性和斗争性的再联系产生的。泛非主义的核心关注点是新世界奴隶制及其遗留问题，它重塑和改造了继承下来的理想和原则。

在20世纪非殖民化的背景下，自决是这种再创造的目标。要勾勒出反殖民主义再创造的轮廓，就必须重新思考政治挪用，将其视为一种对特定政治问题和条件作出回应的创造性干预。反殖民民族主义者在戴维·斯科特（David Scott）所称的"问题空间"背景下挪用了自决权。"问题空间"是一种概念工具，借鉴 R. G. 科林伍德（R. G. Collingwood）的"问答逻辑"和昆廷·斯金纳（Quentin Skinner）的重新表述，用于构想政治思想和实践对具体问题的回应。[29] 根据这种观点，自决权并不是该原则以前版本的延续。相反，它是根据提出帝国问题的特定方式进行改造和重组的。正如以下各节所述，在 20 世纪 30 年代至 60 年代期间，反殖民民族主义者越来越多地将帝国视为奴役，并将自决权视为对这一问题的回应。在这一问一答中，自决的反殖民主义论述应运而生。

然而，问题空间并不只是提出问题和找到答案的思想背景。它还包括体制和政治背景，这些背景使一些答案成为可能，而另一些答案则无法实现。换句话说，问题与答案是相互联系的，但这种联系不是由必然的逻辑支配的，而是在一个历史的偶然阶段被阐明的。自决权之所以成为答案，并不是因为它是唯一合乎逻辑或可用的答案。相反，特定的历史条件促成了这一特殊的回应。一方面，宗主国对非洲劳工运动提出的政治平等和经济权利以及制度融入等要求持不妥协态度，这为民族主义要求自决奠定了基础。[30] 虽然在法属非洲和加勒比法语区，在重组的联邦结构内实现融合的愿景依然存在，但到 20 世纪 40 年代，自决和独立已成为大英帝国内部解决帝国问题的主要答案。[31] 另一方面，联合国、新出现的人权语言以及冷战为将帝国奴役与自决权相提并论创造了制度和话语空间。虽然反殖民民族主义者在联合国成立之前就已经援引过人权，但编写具有约束力的公约的努力为反殖民民族主义者提供了机会，使他们可以明确地调动新生的、仍然具有可塑性的国际人权话语，以服务于对帝国主义和种族主义的批判。

冷战进一步加强了这些开放性，因为新的后殖民国家利用其日益增长的多数地位，绕过了安理会的僵局，将大会转变为联合国内部政治行动的主要场所。分化的国际秩序也对美国和欧洲帝国主义列强产生了一系列制约，它们在很大程度上反对自决权，但至少在一定程度上服从反殖民议程，希望不把帝国的道德制高点完全拱手让给苏联。因此，尽管美国和欧洲列强在整个20世纪50年代一直抵制自决权，但第1514号决议在没有反对票的情况下获得通过。包括美国、英国、法国、南非联盟、葡萄牙和西班牙在内的九个国家以弃权而非否决的方式表示不同意。

尽管这一系列背景有利于自决权的提出，但这一答案似乎也无法完全回应对帝国作为奴役制度的广义批判。反殖民民族主义者总是将自决权作为其建立世界计划的第一步，1945年的泛非大会和1953年的帕德莫尔都认为需要建立世界联邦和非洲合众国。但在联合国范围内，对殖民奴隶制的控诉在很大程度上被限制在人权范围内。反殖民主义批判的缩小意味着，在自决权制度化的过程中，围绕经济自决等更激进的要求将不得不被搁置一边。因此，用弗雷德里克·库珀（Frederick Cooper）的精辟措辞来说，自决权是在"既有可能又有制约"的背景下产生的。[32]

然而，尽管有其局限性，自决从原则到权利的转变让它脱离了第一次世界大战结束时用于动员的理想，被确立为国际秩序中政治合法性的主导原则。在编纂自决权时，反殖民民族主义者回溯了列宁提出的反帝和普世愿望，摒弃了威尔逊式的重新结合。然而，他们也摒弃了列宁对分离的强调，转而阐述了实现现有领土单位无支配的国际条件，人民主权将在这些领土单位中构成。这是对自决的一种独特的反殖民主义解释。反殖民民族主义者将其1960年的决议称为"授予独立宣言"，表明了他们对政治创新和重建国际社会的渴望。根据戴维·阿米蒂奇（David Armitage）关于宣言类型的研究，以及艾腾·贡多杜（Ayten Gündoğdu）关于作为政治创始行为的权利宣言的论述，该宣言可被解读为与建立在种族等级制度基础上并促进帝国奴役的世界秩序的决裂。[33] 第1514号决议在宣布自决权的同时，还宣布了一个反帝国的世界秩序。在这个秩序中，独立和平等的权利构成了国际社会无支配的法律基础。

帝国即奴役

联合国成立后，杜波依斯痛苦地指出"至少有7.5亿有色人种和黑人居住在白人国家拥有的殖民地上，他们没有世界上的白人必须尊重的权利"。[34] 在对殖民主义的这一描述中，杜波依斯含蓄地引用了1857年最高法院具有里程碑意义的"德雷德·斯科特诉桑德福"案中的判决。在该案中，首席法官罗杰·塔尼（Roger Taney）代表多数人撰写判决书，得出结论：黑人"没有白人必须尊重的权利；为了他的利益，黑人可以公正合法地沦为奴隶"。[35] 该判决永久禁止获得自由的黑人要求公

革命之风：殖民地大撤退与非洲的独立之路（1945—1975）

民权，并将奴隶制扩展到西部领土，同时确保奴隶主的权利不受联邦侵犯。[36] 杜波依斯在 1945 年暗中援引塔尼的意见，从而将奴役与殖民化联系起来。这种联系补充了他长期以来的观点，即世界是由全球肤色线构成的。[37] 国际种族等级制度有助于通过异族统治来管理殖民地的黑人和有色人种。杜波依斯认为，这种统治体系应被理解为一种奴役形式。为了"世界白人"的利益，殖民地主体可以"公正合法地沦为奴隶"。

这种对帝国作为一种奴役形式和国际种族等级制度的双重批判，是在黑人知识分子对跨大西洋奴隶贸易和奴隶制历史重新产生兴趣的背景下出现的。威尔逊和斯穆茨将他们所认为的不稳定和危险的雅各宾主义用于解释 19 世纪的解放事业，以抵御和颠覆自决的要求，而杜波依斯、詹姆斯、埃里克·威廉姆斯等人则改写了非洲奴役史，为黑人世界即将爆发的反殖民革命服务。在他们的经典著作《黑人重建》（1935 年）、《黑人雅各宾派》（1938 年）和《资本主义与奴隶制》（1944 年）中，杜波依斯、詹姆斯和威廉姆斯首先试图确立奴隶制在现代世界中的核心地位。他们认为，对非洲人的奴役促进了资产阶级的出现和工业化的兴起。[38] 其次，他们摒弃了废除奴隶制的道德化叙事，而是以被奴役者在实现解放中的作用为中心进行论述。[39] 从杜波依斯对美国内战期间奴隶大罢工的描述到詹姆斯对杜桑·劳维杜尔（Toussaint L'Ouverture）的叙述，黑人革命者，而非宗主国的废奴主义者，都是美洲奴隶制消亡史的主角。最后，他们将 19 世纪的解放斗争与 20 世纪的非殖民化联系起来。特别是在詹姆斯看来，海地革命是第一个克服奴隶制和殖民主义的革命,它预示着非洲争取独立的斗争的开始。[40]

反殖民民族主义者利用这些历史将帝国问题归结为奴役问题。通过强调奴隶制是一种现代形式的劳动力榨取和剥削,反殖民主义批评家确立了新世界奴隶制与19世纪和20世纪殖民主义之间的连续性。恩克鲁玛通过种族将两种统治制度联系起来。他在1963年发表的《非洲必须团结起来》一书的开篇引用了埃里克·威廉姆斯的《资本主义与奴隶制》中的一段话:"奴隶制并非源于种族主义,相反,种族主义是奴隶制的后果。"恩克鲁玛认为,这种"种族扭曲"导致了"肤色劣等的神话"。这一神话助长了奴隶贸易期间"对(非洲)大陆的强暴",以及随后"殖民主义和帝国主义先进形式下的剥削"。[41] 乔治·帕德莫尔认为,对黑人劳动力的经济剥削将奴隶制和殖民主义联系在一起,虽然美洲的解放被认为结束了"非洲人的奴隶地位",但帝国在非洲的扩张"迫使当地人沦为受雇佣的奴隶"。[42]

将新世界的奴隶制和对非洲的争夺联系在一起的是一种种族化的统治和剥削结构。这种奴隶制的概念超越了国联废奴运动的有限定义。正如前一章所述,1926年的《禁奴公约》将奴隶制简化为拥有和买卖人口,忽视了殖民地广泛存在的强迫劳动现象。此外,国联对奴隶制的狭义定义被用来质疑和削弱利比里亚和埃塞俄比亚的黑人主权。与此相反,反殖民主义批判对奴隶制进行了广泛的阐述,将共和主义对专制权力和统治的强调与马克思主义对剥削的批判结合起来。对支配和剥削的批判导致反殖民民族主义者支持自治权和国际自决权中的无支配。

反殖民主义批评家通过揭露殖民统治的自由主义和人道主

义理由的虚伪性，强调了帝国奴役的问题。1885 年《柏林会议总议定书》、《国联盟约》和《联合国宪章》都将殖民统治描述为一种托管形式，殖民国作为"托管人"行使政治权力，为殖民地人民谋福利。阿齐基韦指出了这种将政治统治说成是托管源于伯克。[43]埃德蒙·伯克早期在批判英国对印度的统治时认为，"所有支配人的政治权力……都应该以某种方式最终为人的利益而行使"，并将统治的权利和特权描述为一种托管。[44]虽然伯克援引托管制度来主张对帝国统治的限制，但到了 19 世纪末，这种说法被重新用于扩大帝国权力。正如我们在上一章中看到的，威尔逊和斯穆茨就使用伯克的托管模式，来维护种族等级制度的反革命行为。

对 20 世纪的反殖民主义批评家来说，托管的家长式前提在民主时代没有立足之地。[45]此外，托管只不过是一种旨在掩盖帝国主义真实目的的意识形态修辞。[46]他们认为，帝国的统治不可能符合被统治者的利益，因为其结构不利于确定这些利益，也不利于处理侵犯这些利益的情况。殖民地人民被剥夺了公民自由和政治参与权。没有选举权，言论和新闻自由也受到限制，殖民地人民无法表达自己的利益。[47]殖民地政权既决定这些利益是什么，又裁定如何最好地实现这些利益。这种家长式的权力与宗主国内部的政治权力行使方式形成了鲜明对比，宗主国的政治权力受法律约束，通过民主自治的方式运作。与这一准则相反，帝国统治是通过"武力准则"来运作的。[48]

通过揭露伪装成托管的统治，他们试图揭示帝国主义的根本动机是欧洲列强的经济利益，而不是殖民地人民的福祉。恩克鲁玛认为,"除了自身利益,帝国主义不知道任何规律"。其主要利益在于剥削劳动力、开采原材料和创造新市场。[49]关于帝国主义经济逻辑的这一论点借鉴了 J.A. 霍布森(J.A. Hobson)和列宁关于金融资本在 19 世纪末帝国扩张中的作用的论述。[50]然而,霍布森和列宁强调了新帝国主义前所未有的性质,而反殖民民族主义者则提出了以剥削黑人劳动力为中心的经济剥削的悠久历史。杜波依斯说:"今天,工业不是将劳动力从非洲转移到遥远的奴隶制国家,而是建立在一种新的奴隶制基础上——进入非洲,剥夺当地人的土地,强迫他们劳作,为白人世界获取所有利润。"[51]

剥夺土地和征税是迫使非洲殖民地人民从事出口生产的主要手段。[52]殖民地人民失去了以前用于自给农作的土地,现在又要交税,于是就到欧洲人拥有的矿山和种植园就业。因此,在非洲大陆的大部分地区,基本独立自主的农民变得依赖雇佣劳动。[53]恩克鲁玛说,"他们要么接受低得可怜的工资,要么承受没有工作的后果,在某些制度下,他们可能因此受到各种惩罚"。[54]除了无地和纳税的间接强迫外,英法领土上还使用强迫劳动实施公共工程,如修建公路和铁路。据强迫劳动的倡导者称,强迫劳动不是奴隶制,因为它不涉及对劳动者的所有权,而且它有助于殖民地的发展,而不是使私人利益集团致富。[55]但是,尽管有这种区别,奴隶制所特有的依附性和剥削性在强迫劳动的实践中还是表现得淋漓尽致。正如恩克鲁玛所指出的,"人不是被当作人来对待,而是被当作奴隶来对待。他们就像动产一样,被地方官员随心所欲地从一个地方推到另一个地方"。[56]

革命之风：殖民地大撤退与非洲的独立之路（1945—1975）

杜波依斯和帕德莫尔与恩克鲁玛一样，认为殖民地劳工制度是换了名字的奴隶制。[57] 马克思主义启发了他们对雇佣奴隶制的反思，并使他们对自由劳动力这一类别产生了怀疑，在此之外，他们区分了宗主国劳动力和殖民地劳动力。宗主国的劳工也卷入了雇佣奴隶制的关系，但随着欧洲工业化的兴起，一场强大的工会运动改变了力量的平衡。在殖民地，工会往往是非法的，即使有工会，大多数非洲工人仍然没有被组织起来。[58] 杜波依斯认为，殖民地劳工的工作条件是"没有保护劳工的法律或习俗，没有工会，没有八小时法，没有工厂立法——没有现代为保护人类不沦为畜生而建立的大量立法"。[59]

反殖民民族主义者把帝国说成奴役问题，把他们的革命说成从奴役走向自由的运动。[60] 政治思想史学者把这一叙事以及奴役与自由的并存置于共和主义传统之中。[61] 呼应这一传统及其当代理论复兴，反殖民民族主义者认为，专横的权力和依附性是奴隶制的典型特征。但是，与19世纪共和主义的激进化 [最近在亚历克斯·古雷维奇（Alex Gourevitch）和威廉·罗伯茨（William Roberts）的著作中得到了重构] 一致，反殖民主义关于奴役的论述主要关注劳动剥削，将其视为奴役和被奴役的核心场所。[62] 在劳动领域，殖民地的状况与非洲大陆奴隶制的状况最为相似。对黑人反殖民民族主义者来说，这种现代的种族化动产奴隶制而非古罗马的动产奴隶制是他们将帝国视为奴役的主要参照。

帝国奴役论的核心是对专制独裁权力的批判，但这并不意味着对无支配的否定。它也不像伯林所总结的那样，无论前者的统治"是好是坏,是自由的还是压迫的",都意味着本土统治优于外来统治。首先,反殖民主义批评家认为,自由和仁慈的异族统治从来都不是一种可选方案。由于它的内部性、距离和差异,它本身就包含着专制的种子。但是,仅仅用本土统治者取代外来统治者并不能消除专制独裁政权的威胁。反殖民民族主义者在很大程度上也是基于同样的理由反对本土政府的权力。例如,恩克鲁玛反对在加纳宪法中保留酋长的权力,认为由于没有适用民主原则,酋长代表了一种专断权力的实例。[63] 因此,对帝国作为奴役的批判并不只导致对本土统治本身的要求,还包含了对后殖民国家的一种特殊愿景,即把所有居民都作为公民,并具有民主性、发展性和再分配性。原住民统治必须采取民主自治的形式,以充分克服支配和剥削。

然而,民主自治只是解决帝国问题的部分办法。民主自治本身并没有解决种族等级制度的问题,而种族等级制度构建了国际秩序,并使帝国奴役在殖民地成为可能。对国际种族等级制度和不平等融合的关注,使对帝国即奴役的批判具有了全球性。正如杜波依斯对全球肤色线的表述所表明的,帝国奴役是通过泛欧合作进程在国际层面上组织起来的,通过这一进程,欧洲国家共同行使了对世界其他地区的所有权和征用权。[64]1884年的柏林会议将非洲大陆划分给欧洲国家,它比任何其他事件都更能体现这种"合作精神"。作为国际社会的不平等成员,非洲领土可以在欧洲列强之间分配,以阻止欧洲内部的冲突和竞争。争夺非洲的核心是日益增长的种族优越感。杜波依斯认为,非洲大陆被欧洲国家瓜分的原因是,一旦"某种肤色在世界思想中

成为劣等的同义词,'黑人'就失去了资本,非洲就成了兽性和野蛮的另一个名字"。⁶⁵

国际等级制度不仅构成了殖民奴隶制的条件,而且也是国家间对立、竞争和冲突的根本原因。与霍布森和列宁一样,帕德莫尔将世界大战的起源追溯到帝国扩张。他认为,"以非洲分治为开端的一连串事件"产生了一种扩张性的国家间竞争,这种竞争很快就超越了殖民边界,并在第一次世界大战爆发时出现在欧洲内部。⁶⁶虽然欧洲国家集体合作追求在欧洲以外世界的经济利益,但殖民地周边也是欧洲冲突和竞争的场所。帝国从未完全有能力将其主权投射到自己的殖民地,这往往导致相互竞争的主张和领土争端。此外,大英帝国(其次是法兰西帝国)的统治地位引发了帕德莫尔所说的帝国"富人"和"穷人"之间的竞争。⁶⁷

在凡尔赛达成的和平协议没有解决"战争的(主要)起因,特别是那些潜伏在权力和声望的争夺、种族统治以及因拥有人员、土地和物资而产生的收入中的起因"。⁶⁸因此,国联无法完成其确保国际和平的使命,这为第二次世界大战埋下了伏笔。国际种族等级制度仍然没有改变,它按照种族纵向划分了世界,并在拥有众多殖民地和没有殖民地的国家之间制造了分歧。正是帝国列强——富国和穷国——之间不断扩张的竞争导致了国际战争。⁶⁹被剥夺了殖民地并需要进行赔款的德国、被排除在1915年《伦敦条约》所承诺的领土收益之外的意大利,以及种族平等要求遭到拒绝的日本,组成了轴心国,旨在行使它们在战时被剥夺的帝国主义扩张权。因此,1919年未能解决的帝国扩张和白人至上问题导致了20世纪30年代末的危机。[70] 其结果是纵向上，国际等级的暴力，如意大利1935年对埃塞俄比亚的入侵，以及横向上，德国在欧洲寻求扩张时帝国之间的暴力。[71]

第二次世界大战结束时，杜波依斯担心世界尚未吸取两次世界大战的教训。即使在世界再次准备实现持久和平之时，国际种族等级制度及其所促成的殖民统治仍未受到挑战。如果不挑战这条全球肤色线，战后解决方案就会像之前的国联一样，为新形式的国际冲突留下可能。[72] 因此，国际等级制度在两个方面威胁着反殖民计划。首先，它维持了殖民地奴隶制的背景条件。杜波依斯认为，即使在战后，欧洲仍然认为种族差异标志着某些种族具有"先天的劣根性"，这为"把殖民地人民当作农奴来侍奉自己"提供了理由。[73] 其次，即使这种结构允许一些殖民地获得独立，或允许埃塞俄比亚和利比里亚等国保留其正式主权，但冲突和竞争的可能性也威胁着自治的前景。

因此，"帝国即奴役"理论对殖民统治进行了广泛的批判。这种批判从地方官员和殖民地臣民开始，逐级扩展到国际领域，要求对国内和国际政治进行全面改革。但是，尽管这种反殖民主义强调奴隶制的力量和广度，却忽视了对定居者殖民形式至关重要的剥夺问题。[74] 在"帝国即奴役"的框架中，"剥夺"只是一种原始积累的形式，是殖民地劳动剥削的必要背景。这种说法并没有提到研究殖民定居者的学者们所描述的帝国的独特经历——一种"有组织的剥夺形式"。[75] 这种观点认为，强占不动产（dispossession）本身就是一种不公正，其不公正并不来源于对失去财产者的剥削，而在殖民定居领域，这种先后关系往往没有被充分研究。[76]

就本书所调查的反殖民民族主义者而言，他们未能认识到剥夺财产是帝国不公正的一种独立和自主的形式，这是因为他们将注意力集中在非洲，而非洲殖民主义的典型案例是保护地、委任统治地、属地和王室殖民地，欧洲人在那里的定居受到限制。因此，即使他们对异族统治的批判进行了补充和扩展，将不平等融合和国际种族等级制度纳入其中，异族统治仍是他们对帝国理解的象征。因此，他们对帝国和自决权的批判没有考虑到美洲、澳大利亚、新西兰和南部非洲定居者殖民经历的特殊性。虽然帝国奴役论与对定居者殖民主义的批判之间存在着重要的共鸣，特别是在非洲奴隶制与纳粹剥夺的共同背景下，但对帝国精英手中的统治和剥削的强调对自决权的表述具有重大影响。

自决权在 20 世纪 50 年代和 60 年代被编纂成法律后，开始仅限于外来统治的情况。外来统治有时被称为"蓝水帝国主义"或"咸水帝国主义"①，通过地理距离将原住民与殖民区分开来。美国最初在 20 世纪 50 年代倡导这一标准，以确保新制定的关于非自治领土的国际要求不适用于州内的原住民社区和少数民族。[77] 随着反殖民民族主义者推动自决权并确保第 1514 号决议

---

① "蓝水帝国主义"或"咸水帝国主义"，是 20 世纪 60 年代联合国内部兴起的对去殖民化的讨论。这种主义提出，将殖民者与殖民地的原住民和部落分开，殖民者只统治属于殖民国的部分。殖民者和原住民必须被分开 30 海里以上。——编者注

的通过，他们对领土完整的坚持，无意中强化了"咸水标准"。这种对领土完整的承诺——我还会再谈到——主要是为了防止多元后殖民社会中暴力的分离主义，但它也产生了妨碍原住民自决权主张的效果。在殖民统治顽固不化的非洲南部，这种划界也削弱了自决的影响力。南非、安哥拉和莫桑比克的葡萄牙殖民地国家以及罗得西亚的殖民者提出了"咸水论"，并坚称自决权不适用于他们的情况，因为他们统治的领土是他们自己政治单位的内部领土。无论这些主张多么夸张，它们都利用了反殖民民族主义者阐述自决权时的核心矛盾。

从原则到权利

尽管存在这些重要的局限性，但自决权从原则到权利的转变是在普遍实现独立和平等的基础上，建立反帝国世界秩序的重要一步。自决权是一项极具争议性的主张——大国先是拒绝，后来在大会上面对越来越多的后殖民国家时又默许了。因此，自决权的出现与其说是战后制度和理想的必然发展，不如说是打破种族等级制度和殖民奴役的努力，而种族等级制度和殖民奴役一直是国际领域的结构性问题。它被视为联合国的一个新基础，被那些维护现状的人视为一种威胁。

在第五届泛非大会等场合，反殖民民族主义者首次在联合国大厅之外阐述了自决权。早在 1940 年，西印度群岛国家紧急状态委员会就提出了《加勒比人民自决和自治权宣言》，呼吁承认西印度群岛人民"不可剥夺的自决人权和民主权利"。[78] 这份提交给泛美外交部长会议的文件早于《大西洋宪章》，但已经包含了将自决权作为一项人权进行反殖民主义改造的内容。1945年，西印度群岛国家紧急状态委员会向联合国提交了自治权宣言。[79]曼彻斯特泛非大会响应了这一集体自决权要求，并将其与个人权利联系起来。大会要求非洲和西印度群岛完全独立和自治，并将这一要求与"受教育权、体面生活权、表达思想和情感的权利、使用和创造美的形式的权利"[80]联系起来。在万隆，反殖民民族主义者强化了这一观点，他们宣称："人民和民族的自决权利是享有所有基本人权的先决条件。"[81]在这一声明中，自决本身就是一项权利，"人民和国家"的这一集体权利是个人人权的必要条件。反殖民民族主义者正是在大会和人权委员会的辩论中提出了这一自决观点，当时大会正在起草具有约束力的人权公约。

1950年的人权公约草案没有包括自决，针对这一情况，日益壮大的后殖民国家联盟通过了大会决议，要求人权委员会和经济及社会理事会研究"保证自决权的方式和方法，因为侵犯这一权利在过去曾导致流血和战争，并被认为是对和平的持续威胁"。[82]这些早期决议还坚持认为，自决不仅是一项人权，也是其他人权的先决条件。[83]当辩论从大会转移到人权委员会时，帝国主义列强从三个方面对反殖民主义立场提出了挑战。首先，自决权的反对者认为，权利属于个人而非集体。因此，人民的自决权是自相矛盾的。其次，自决权混淆了政治和法律领域。权利是一个普遍适用的法律概念，但确定哪些群体构成人民以及他们是否能够自治则是政治问题，应根据具体情况作出不同判断。[84] 最后，批评者坚持认为，自决是一项原则，而不是一项权利。英国代表援引《联合国宪章》，来提醒委员会，自决是一项次要原则，将被用于支持维护国际和平这一更为核心的目标。将自决视为一项优先于其他要求的权利，是对拥有殖民地的国家的苛刻，这破坏了对维护国际和平至关重要的主权平等和不干涉原则。[85]

在回到《联合国宪章》的过程中，批评家们认识到了当前的反殖民主义重塑，并希望通过援引先前的自决实例来阻止这股新潮流——自决需要循序渐进，并且没有解决更广泛的国际等级制度问题。反殖民民族主义者并没有作出与联合国的创始文件相悖的解释，而是自觉地将他们的干预视为对国际社会的重塑。他们回到帝国问题上，坚持认为自决权是解决殖民统治和剥削问题的唯一办法。在联合国大会上，自决权的支持者认为，从"附属国人民的角度来看，臣服于另一个强权的状态比奴役好不了多少"。[86] 被殖民者与被奴役者一样，经历了公民权和人格权的侵犯，这剥夺了他们个人的人格尊严。[87] 这一论点表明，将个人权利与自决的集体权利相分离，并没有认识到臣服于外国统治将使臣民失去权利。

除了将自决与实现个人国内权利联系起来，反殖民民族主义者还认为，自决权是国际和平的更好的基础。普遍的自决权将超越国际等级制度，而等级制度使殖民统治成为可能，并引发帝国竞争和战争。只要等级制度仍然是国际社会的一个特征，平等就仅限于现有的国家。这种对平等的部分承认为暴力征服殖民地人民和帝国间竞争创造了条件。[88] 根据这一观点，如果联合国承认并保护普遍的自决权，主权平等原则和国际和平的目标将更容易被实现。

到 1956 年，反殖民主义立场在人权委员会中占了上风。《政治和公民权利公约》以及《经济、社会、文化权利公约》（下文统称为人权公约）的草案都包含自决权。这些草案随后被提交给大会第三委员会，其中自决权引起的分歧最大。有 26 次会议专门讨论了这一权利。[89] 为避免陷入僵局，导致公约无法通过，联合国秘书长建议第三委员会将自决权排除在公约之外，并成立一个特设委员会，单独起草一份关于自决权的宣言。后殖民国家拒绝了这一建议。一项单独的宣言将切断自决与人权之间的联系，使自决沦为一项宣言，而宣言与公约不同，不具有法律约束力。[90]

委员会修改了自决条款的措辞，并删除了一个有争议的条款，即赋予人民对自然资源的永久主权，之后委员会以 33 票赞成、12 票反对和 13 票弃权通过了该条款。[91] 自决作为第 1 条的主要内容，其措辞如下：

1. 所有民族都有自决权。根据这项权利，他们可以自由决定自己的政治地位，自由追求自己的经济、社会和文化发展。

2. 各国人民可以根据他们自己的目的，自由处置他们的天然财富和资源，而不损害基于互利原则和国际法的国际经济合作的任何义务。在任何情况下都不得剥夺一个民族自己的生存手段。

3. 本公约缔约各国，包括负责管理非自治领土和托管领土的国家，应促进实现自决权，并应按照《联合国宪章》的规定

第三章 从原则到权利

尊重这一权利。[92]

随着参加联合国大会的非洲国家越来越多,1960 年通过的第 1514 号决议扩大并加强了新出现的自决权。第 1514 号决议以压倒性多数获得通过,它再现了反殖民主义自决权的问答模式。首先,殖民主义被视为一种奴役形式,殖民者是无权的臣民。在决议通过前的辩论中,臣服于外国统治被宣布为"殖民奴役",剥夺了臣民的人权和尊严。[93] 只有承认自决权(现在重申为"完全自由、行使主权和国家领土完整的不可剥夺的权利"),才能克服殖民主义的奴役。[94] 其次,外国统治被认定为"世界和平的障碍"。殖民统治所依据的国际等级制度不仅使暴力侵害臣民成为可能,而且还煽动了国家间的帝国竞争。为了解决等级问题,决议坚持平等。根据该宣言,"政治、经济、社会或教育准备不足绝不应成为推迟独立的借口"。殖民地没有自治能力一直是拒绝或拖延殖民地人民自治的主要理由,从而巩固了等级森严的世界秩序。决议呼吁立即"无条件、无保留地"向托管地和殖民地人民移交权力。[95]

立即结束一切形式外国统治的要求超出了人权公约第 1 条的范围。第 1 条呼吁各国"按照《联合国宪章》的规定,促进自决权的实现……"。该宪章第 11 章和第 12 章呼吁逐步而非立即向附属国人民移交权力。要求拥有殖民地和托管地的国家以适合每块领土的方式促进自治的发展。人权公约第 1 条通过遵守该宪章,再现了这一循序渐进的方法。相比之下,第 1514 号决议摒弃了渐进主义。政治独立和主权平等不是通过殖民统治下的发展实现的,而是后帝国世界秩序的基础,在这个秩序中,人民"自由发

展自己的政治、经济、社会和文化机构"。⁹⁶

第 1514 号决议将自决权定位为"获得完全自由的不可侵犯的权利",并摒弃了第 1 条中隐含的渐进主义,这标志着自决的重建达到了顶峰。自决不再是发展自治能力后达到的最终状态。此外,自决也不再满足于最起码的"同意和协商"定义。取而代之的是,自决权现在意味着通过在国际社会中的平等成员地位来确保不受外国统治和干预。对致力于推动自决宣言的非洲代表来说,1945 年与 1960 年之间存在着深远的鸿沟。⁹⁷

然而,这也是一次有限的胜利。例如,当"帝国即奴役"的批判进入联合国空间时,它主要体现在侵犯人权方面。无权利是反殖民主义奴役批判的一部分,在杜波依斯对首席大法官塔尼的引用以及《潘登公报》中已经出现。虽然无权利只是更广泛的统治经验的一部分。但是在联合国内部,这已成为理解殖民主义错误的主要术语。因此,在第 1514 号决议中,"人民受异族奴役、统治和剥削"被等同于"剥夺基本人权"。⁹⁸通过无权利来定义奴役意味着,新的自决权与作为帝国即奴役框架核心的经济批判只有微不足道的联系。例如,为了将自决权纳入人权公约,后殖民国家的代表被迫放弃对自然资源的永久主权这一更为激进的要求。取而代之的是一种较弱的主张,即人民有生存权,同时还有一个条款,根据国家在国际法律下的义务来界定人民对其资源的支配权。因此,自决权的这一表述在很大程度上忽略了关于更加平等的全球经济的论点,而这些论点不久将在联合国贸易和发展会议上得到讨论,并将构成国际经济新秩序的基础。

建立反帝国的世界秩序

对反殖民民族主义者来说，自决权从来都不是他们建立世界的最终目标。它只是国内和国际政治经济变革的第一步。例如，在他们努力争取自决权在联合国得到承认的时候，同时已经在组建地区联盟，并将很快在自决权争夺战胜利之后开展要求更高的国际经济新秩序项目。就这些项目而言，自决权旨在构成帝国后世界新秩序的正式基础。通过对独立和平等的保障，自决权确保了在前殖民地行使人民主权和自治所需的国际非殖民化的法律组成部分。

为了理解自决权的意义，我们必须更广泛地考虑它与人权的关系。在过去几年中，历史学家就反殖民民族主义与人权之间的关系展开了一场重要辩论。塞缪尔·莫因（Samuel Moyn）认为，反殖民主义的民族自决要求优先考虑集体权利，而不是《世界人权宣言》中列举的个人权利。莫恩认为，反殖民民族主义并不是一场人权运动，人权作为超越国家的诉求，只是在非殖民化达到高潮之后，以及在应对后殖民国家的失败时才得到重视。[99] 然而，罗兰·伯克（Roland Burke）和史蒂文·詹森（Steven Jensen）等历史学家认为，人权是反殖民民族主义早期阶段的核心，而反殖民民族主义者反过来又帮助塑造了战后人权工具的性质。[100] 根据这一观点，后殖民国家利用其多数优势克服了阻碍联合国编纂人权法的瘫痪状态，并动员了宣传和优先讨论种族歧视和宗教迫害的辩论。[101]

这里所持的立场是，人权是反殖民民族主义的重要组成部分,但不是批判的核心或主要方式。在第二次世界大战结束和《世界人权宣言》撰写之前,"谈论权利"已经成为非洲殖民地政治争论的一个重要话题,促进了对帝国主义的批判。殖民地臣民利用条约和官方言论中提及的权利和自由,挑战殖民者不受法律约束的霸道统治,并要求对殖民权力的过度使用所造成的后果进行补救。[102] 随着反殖民主义批评的关注点转向独立,这种既有的讨论为他们批判殖民统治提供了依据,并得到了新兴国际人权话语的补充。例如,1943 年,阿齐基韦在《尼日利亚政治蓝图》中列举了政治权利、公民权利和自决权,恩克鲁玛将非洲争取独立的斗争置于更广泛的"人权追求"之中。[103]

这些对人权的提及并非史无前例或新颖别致,而是"标志着不断演变的权利对话传统中的新篇章"。[104] 此外,对人权话语的调动始终是在对帝国即奴役的更广泛描述中进行的。这种形式的奴役包括剥夺"基本人权"以及"政治奴役……和经济农奴制"。[105] 正如我在上文中指出的,在联合国的范围内,侵犯人权成为对帝国奴役的更广泛批判的代名词。后殖民国家的代表们利用人权语言所带来的制度和话语开放,将殖民地侵犯人权的行为提升到更高的层次,并针对殖民地的无权利状态,提出了自决权,将其视为其他人权的先决条件。

因此,自决与人权之间的关系取决于我们如何理解先决条件的措词。反殖民族主义者利用先决条件来表明独立和自治在政治和战略上的优先地位。恩克鲁玛曾说,民族主义同胞应该"首先寻求政治王国",阿齐基韦则认为政治自治是"政治存在的最高境界",他们将自决权排在个人人权以及经济发展等其他项目之前,而经济发展则是后殖民转型这一更广阔愿景的一部分。[106] 恩克鲁玛认为,"不受任何外国政府控制的完全和绝对独立"能够"建立民主制度,将主权赋予广大人民群众",从而使他们"能够找到更好的谋生手段,维护自己的生命"。[107] 朱利叶斯·尼雷尔反对《世界人权宣言》中对自决权的忽略,他认为宣言中列举的权利要求建立新的后殖民社会。他指出,宣言是"我们对外和对内政策的基础"。它"代表了(后殖民国家的目标),而不是已经实现的东西"。[108] 根据这一观点,后殖民国家的独立为在新国家内逐步落实作为公民权利的人权奠定了基础。

自决和人权的这种词语排序产生于这样一种观点,即只有在自我统治的框架内才能确保权利。恩克鲁玛认为,议会民主"为国家中的每一个人提供了最多的机会,使他们能够最充分地表达自己的个性,享受所有基本人权"。[109] 只有当公民拥有充足的决定权时,他们的人权才能得到保护,他们的需求才能得到满足。如果没有民主自治,"无论政府多么仁慈",人的权利都不会得到保护。恩克鲁玛将自决视为保护和实现权利的必要框架,反对帝国统治下的家长制。[110] 没有自治,权利就不是权利,而是由不可计算的政府随心所欲授予的特权。

这种对帝国家长制的批判质疑了《世界人权宣言》的普遍性。第2条宣布,"一个人所属的国家或领土的政治、司法或国际地位,不论是独立的、托管的、非自治的或受任何其他主权限制的",都不应对个人享有权利产生影响。[111] 反殖民主义批判的力量在于质疑将权利与"(个人)国家或领土的政治、司法或国际地位"相分离的做法。民族主义者把殖民主义本身说成对人权的侵犯,他们认为,殖民地主体的无权利正是国家或领土的殖民地地位造成的。要确保殖民地人民的权利,一方面需要实现民主自治,另一方面需要"对其领土拥有完全和独立的主权"。[112]

从这个角度看,反殖民民族主义者与人权的关系并不仅仅是一种工具性和策略性的权利援引,但也不反映他们对人权的承诺,即人权是受到国际保障的个人权利,其目的是限制国家权力。人权——人的权利——在反殖民主义中只能作为公民权利来实现。虽然后殖民国家赞同国际人权公约并确保其通过,但民族主义者大多将人权视为"国家应体现的原则,而不是国家必须服从的上位规则"。[113] 对自由主义人权倡导者来说,这种将人权纳入国家和自治范围的努力表明,反殖民主义对人权的援引在政治上是机会主义的。伊格尔顿认为,自决权的表述没有"考虑到某些一贯的原则",而是"符合当时的政治机会主义"。[114] 国际律师路易斯·亨金(Louis Henkin)对此表示赞同,他认为:"结束殖民主义的斗争……吞噬了合作促进人权的最初目的。"[115] 在自决与人权的反殖民主义融合中,亨金(Henkin)担心"人权被用作反对殖民主义或经济帝国主义的政治武器,而不是用来加强所有人反对所有政府的权利"。[116] 在亨金看来,集体自治并不意味着保护个人权利,即使是具有多数主义倾向的民主自治也可能侵犯公民的权利,尤其是那些在政治上、宗教上或种族上属于少数群体的公民。

这些问题很快就会成为后殖民讨论的主要内容。但是,通过自治来保障权利的观点并不仅仅是为了集体自决权而伺机调动人权。对关注极权主义和遏制国家主权过度的亨金等人来说，个人需要被保护从而不受国家侵害。与此相反，反殖民民族主义者认为，正是由于缺乏国家和民主政府，殖民地人民的权利才容易受到侵犯。这一论点是19世纪和20世纪初黑人民族主义思想的核心内容。例如，帕德莫尔认为马库斯·加维是泛非主义的鼻祖，恩克鲁玛认为加维是对其政治思想影响最大的人，他认为解决无权利问题的办法就是黑人自治。他认为，在整个大西洋世界，黑人"被剥夺了人类应有的共同权利"，[117] 他们被当作奴隶，被视为"人种中的弃儿和麻风病患者"。[118]

由于在世界上没有一席之地，也没有一个能够保护他们权利的政府，黑人会被"用火烧、绞刑或任何其他手段处以私刑"，或遭受"鞭笞和过度劳役"。加维认为，英国人、德国人、法国人和日本人没有被私刑处死，"因为这些人被伟大的政府、强大和组织严密的国家和帝国所代表"。如果黑人无法实现"民族独立"，他们就没有希望保障自己的人权，他们的未来，尤其是在西半球，必然会"是毁灭和灾难的"。[119] 就像争取"自由爱尔兰"的运动和"犹太人收复巴勒斯坦的决心一样，世界上的黑人应该下定决心收复非洲，并在那里建立一个政府，这样，如果世界上任何地方的任何黑人受到虐待，我们就可以号召非洲的强大力量来帮助我们"。[120]

加维的黑人政府并没有对黑人自治政府如何管理和保护散居各地的黑人作出充分的制度性说明。然而，其核心观点是，黑人所面临的不公正和权利受到侵犯的问题不能与他们作为无国籍人民的集体地位割裂开来。虽然反殖民民族主义者放弃了加维的跨国愿景,转而支持以民族国家和地区联盟为形式、以领土为基础的政治体制,但他们认同这一思想传统,即承认个人自由与实现个人自由的集体条件之间的相互联系。尼雷尔认为,反殖民斗争是"在个人自由和平等的基础上进行的,是在各民族必须有权自行决定其治理条件的基础上进行的"。民族主义者的任务是制定"适合国家最基本职能——即保障居民的生命和自由——的宪法和其他安排"。[121]对尼雷尔和恩克鲁玛来说,后殖民国家的公民身份是为保障个人权利和自由提供制度环境和条件。

尽管汉娜·阿伦特(Hannah Arendt)对她所处时代的反殖民主义革命基本保持沉默,有时甚至持批评态度,但她对人的权利的批判与这种反殖民主义的观点有相似之处,即人权是通过政治成员身份而实现的权利。在阿伦特看来,《世界人权宣言》与以往列举人类权利的努力一样,都受到"缺乏现实性"的困扰。[122]虽然《世界人权宣言》提供了"性质和起源在最大程度上不同的混合权利",但她担心这会导致忽视"一种权利——属于一个政治共同体的权利,没有这种权利,任何其他权利都无法具体化"。[123]阿伦特所谓的"拥有权利的权利",即"属于某种有组织的社会"的权利,来自她对欧洲无国籍状态的分析。阿伦特将欧洲无国籍的经历与非洲殖民地的状况进行了类比,认为"欧洲中部突然出现了越来越多的人民和民族,他们的基本权利没有得到民族国家正常的保障,就像在非洲中心地带一样"。[124]

阿伦特认为,"无权利"表明"当人类没有自己的政府而不得不依靠其最起码的权利时,就没有权力来保护这些权利,也没有机构愿意保障这些权利"。[125] 鉴于无国籍和无权利同时存在，阿伦特认为，只有当个人拥有"在世界上的位置"，拥有"属于某种有组织的社区"的权利时，人权才能得到保障。[126] 在她看来，权利"是约定俗成的，是人类协议产生的承认形式，是人类共同生活的脆弱人工制品"。[127] 阿伦特认为"权利只有在特定的政治社会中才能实现……它们依赖于我们的同胞，依赖于共同体成员给予彼此的默示保证"。[128]

反殖民主义的自决权和阿伦特的观点一致，即个人权利应置于政治共同体之中，但成员权只能是解决无殖民地权利问题的一部分。除了将人权建立在政治成员权的基础上，还必须解决个人享有成员权的政治社区与国际社会之间的关系。如果前殖民地臣民的个人自由和平等取决于后殖民国家的宪法和其他安排，那么国家就必须被嵌入维护其存在的国际社会。

自决权的对外和国际定位超越了拥有权利的范畴。它旨在通过国际上对不依附和平等的保障，摆脱外来统治和等级制度。第1514号决议反对"人民受异族奴役、统治和剥削"，坚持"所有人民都有自决权"，试图使帝国统治非法化，并将自决确立为国际社会政治合法性的新原则。[129] 关于国际合法性的新论述保证了所有国家不受异族统治，并确保了它们的独立。外部独立是确保政治空间边界的核心，在这一政治空间中，殖民地臣民变为公民，可以行使人民主权和进行自治。

然而，摆脱外国统治的独立本身并不能充分防范国际等级制度。虽然独立可能会战胜外国统治和干涉，但它并不能完全解决国际社会中的等级制度和成员不平等问题。因此，独立需要在国家共同体之间建立平等的制度。反殖民民族主义者拒绝了和发展和能力挂钩的等级制度,将主权平等原则扩展到所有政治共同体,从而实现了这一目标。[130]尽管每个国家在政治、军事和经济禀赋方面存在巨大的不平等,但主权平等确保了所有政治共同体在国际社会中的平等法律地位。国际秩序中的平等维护了每个政治共同体的独立性。它确保世界上的强国不会支配国际社会中的弱小成员,剥夺后者内部自治所需的外部自由。通过划定政治团体之间的界限并确保所有政治团体在国际社会中的平等地位,主权平等将保护和维护国际范围内政治团体的多元化。

虽然我在前面论证过帝国即奴役的批判指向殖民地内部自治的积极自由,但从其外在表现来看,自决权对独立和平等的保障可以被解读为在国际社会中确保非殖民化的努力。在这种情况下,自决权通过限制国家间权力的行使,减轻了构成国际社会的实质性等级制度的影响。因此,自决为"通过建立国内管辖权和区分不同的法律和政治制度,在一个政体内建立政治和法律关系"创造了外部条件。[131]在这个意义上,自决权为国际领域的统治设定了司法限制,旨在建立一个"无统治"的国际社会。[132]如果没有维护这一权利的国际机构,国内的自治努力始终可能会受到更强大的国家和非国家行为者的干预和侵犯。在普及自决权的过程中,民族主义者试图防范这种支配。

对独立、平等和不干涉的反殖民承诺通常被视为非殖民化一般化威斯特伐利亚主权制度和扩展《联合国宪章》的方式。[133]但这是对威斯特伐利亚和《联合国宪章》的错误描述,同时也贬低了反殖民主义重塑自决的意义。正如我在第一章中指出的，认为《威斯特伐利亚条约》开创了一个主权平等的国际社会，忽视了主权不平等和等级制度的帝国历史。此外，由主权平等国家组成世界的理想是对《威斯特伐利亚条约》的一种迟来的归因——实际上可以追溯到 20 世纪的非殖民化时刻。尽管《联合国宪章》与之前的《国联盟约》一样，确实包含了主权平等的保障，但它将主权平等与主权不平等结合在一起，并包含了法律地位的等级。这些等级标志体现在宪章中关于托管领土和非自治领土的条款，以及安全理事会的超大权力中。

正如我所论证的那样，现代国际社会的历史是由不平等融合而不仅仅是对非欧洲民族的排斥所构建的，因此一个统一的国际社会的理想是反帝国的，而不是源自欧洲的。第 1514 号决议，以及更广泛地说，重塑自决的反殖民主义政治，都是为建立反帝世界秩序的基础而作出的努力——在这个秩序中，殖民统治在现代国际社会中首次变得不合法，种族等级制度被废除，主权平等扩展到所有成员。独立和平等的普遍化远非威斯特伐利亚的实现和发展，而是随着欧洲的衰落才成为可能，并以修正和重塑以欧洲为中心的国际社会为前提。[134]

特别是在主权平等方面，反殖民民族主义者的观点远远超出了现有国际社会的范围。[135] 民族主义者以自决权为武器，认为反帝国主义的世界秩序不仅需要平等的法律地位，还需要平等的决策权。因此，他们拒绝接受安全理事会五个常任理事国的否决权，以及安理会相对于议会而言过大的决策权和执行权，认为这是等级世界秩序的残余。一方面，恩克鲁玛和加纳的联

革命之风：殖民地大撤退与非洲的独立之路（1945—1975）

合国代表凯松·萨基（Quaison Sackey）呼吁建立一个更具代表性的安理会，让世界每个区域都能在安理会拥有一个常任理事国席位。[136] 这一解决安理会组成"不公平、不平衡"问题的努力并没有导致常任理事国席位的变化，但在 1963 年确实导致了安理会非常任理事国席位的增加。[137] 另一方面，民族主义者试图将决策权转向具有代表性和平等性的大会。这种主权平等的广阔愿景将在国际经济新秩序中达到顶峰，因为后殖民国家利用他们所理解的大会立法权来创建平等的全球经济。

尽管其作为反殖民世界建立的形式条件具有新颖性和重要意义，但应该指出的是，这里所描述的对自决的重塑转向了国际领域，以确保后殖民国家的地位条件。在这里，"世界构建"在很大程度上被设想为通过保障一系列限制在国际领域行使权力的法律权利来维护国家的努力。在普及自决权的过程中，反殖民民族主义者采取了这种防御和消极的姿态，而在组建地区联盟和创建全国独立选举组织的过程中，反殖民民族主义者则设想建立政治和经济体制，承诺取代、超越或至少制约国家。在这些项目中，国际社会不仅是保护独立国家的场所，也是区域和国际机构在面对持续的依附和统治时需要解决民族国家局限性的舞台。

反殖民主义自决的局限性

虽然第 1514 号决议为这些更具扩展性的项目奠定了正式基础，并标志着反殖民主义重塑自决权的顶峰，但在该决议通过的 1960 年，其局限性也得到展现。就在刚果共和国于 6 月获得独立几周后，南部的加丹加省宣布独立，使这个新国家陷入了政治危机。几天后，联合国维和部队抵达刚果——这是殖民后非洲的首次维和行动，也是 20 世纪 90 年代之前规模最大的一次维和行动——由此引发了长达五年的刚果危机，这场危机导致了反殖民民族主义者及其批评者对非殖民化局限性的讨论。危机结束时，刚果领导人帕特里斯·卢蒙巴已被暗杀，联合国首任秘书长达格·哈马舍尔德（Dag Hammarskjöld）因飞机可疑坠毁而遇难，约瑟夫·蒙博托（Joseph Mobutu）因其反共立场而得到美国的支持，巩固了自己的政治权力。

1960 年 9 月，恩克鲁玛在联合国大会发表讲话，庆祝非殖民化迄今为止取得的胜利。他还就刚果危机敲响了警钟。他认为，割让刚果是"傀儡主权或虚假独立后果的一个例子，即宗主国给予某种形式的独立，是为了使被解放的国家成为一个傀儡国家，并通过政治手段以外的手段对其进行有效控制"。[138] 恩克鲁玛在其他场合将这一现象称为新殖民主义，"帝国主义的最后阶段"。[139] 对恩克鲁玛来说，联合国必须保护来之不易的自决权，反对这种虚幻的独立。因此，虽然他支持维和特派团，但他拒绝接受秘书长坚持联合国部队在割让主义者与中央政府之间的冲突中保持中立的主张。他认为"联合国不可能同时维护法律和秩序，也不可能在合法当局和违法者之间保持中立"。他敦促大会让秘书长和维和部队认识到，维护法律和秩序需要"支持、保障和维护国家的法律和现有议会框架"。[140]

恩克鲁玛在他的长篇著作《刚果的挑战》中对刚果危机进

行了分析，其核心内容强调了新的后殖民国家的软弱性与持续存在的国家间等级制度相结合，再次使非洲成为帝国对抗、竞争和作战的场所。他回到了反殖民主义对国际等级制度与两次世界大战的因果关系的批判，在国际关于"刚果战略重要性"的讨论中，他看到了国际对非洲的争夺势头，这种争夺有可能引发更广泛的冲突。此外，记者和评论家将刚果的混乱描绘成非洲国家虚伪性的证明，并指出非洲的自治能力很低，需要再次回到托管模式。恩克鲁玛从中看到了"西方思想"对非洲的"不变态度"——"种族蔑视"、"经济贪婪"和"完全不考虑（人民）的福祉"。[141]

种族等级制度的持续存在及其对自决的威胁，为后殖民国家重新确立不干涉原则提供了依据。尽管第1514号决议已经表明了对不干涉和领土完整的忠诚，但1965年联大第2131号决议将这些原则扩大到不仅包括禁止武装干涉（如《联合国宪章》），还包括禁止非正式干涉和任何"胁迫一国服从……其主权权利或从其中获得利益的措施"。[142]与恩克鲁玛对刚果危机的论述一致，第2131号决议将保护国家的独立和主权与维护国际和平联系在一起，认为如果没有更高的干预壁垒，冷战时期的国际对立和竞争将再次导致国家间冲突。[143]

恩克鲁玛赞同将联合国视为一个确保和扩大权利的机构，以保障国际非殖民化。但是，他抵御新帝国主义威胁的努力并不局限于在国际舞台上对不干涉原则进行防御性动员。相反，正如我们将在下一章看到的那样，他认为为了防止刚果和其他非洲国家沦为虚假独立的牺牲品，需要建立一个非洲合众国。自20世纪 40 年代以来，大陆联盟一直是恩克鲁玛泛非理念的核心要素，但在刚果危机的背景下，建立联邦的呼声变得更加迫切。从这个角度看，新殖民主义不仅是抵御干涉不力的结果，也可归因于后殖民国家经济上的薄弱，进而是政治上的薄弱。要直接解决后殖民国家的脆弱性问题，就需要超越后殖民国家的思维方式。

然而，尽管恩克鲁玛对种族等级制度的顽固性、新国家的不稳定性以及采取协调一致的集体行动对抗帝国势力的必要性有着深刻的见解，但他并没有完全抓住刚果面临的挑战。刚果危机不仅是外国干涉和冷战代理战争的结果，还引发了反殖民主义自决权的内部不稳定问题。正如瑞安·欧文（Ryan Irwin）最近所言，在非殖民化的高潮时期，加丹加的分离将"一个典型的后殖民问题：边界与人民的关系"[144]推到了前台。虽然反殖民民族主义者声称所有人民都有自决权，但他们将自决权的适用范围限制在受异族统治的人民身上，接受继承的殖民边界，并坚持领土完整。反殖民民族主义者清楚地意识到，殖民时期的边界跨越了种族和民族群体，但他们希望通过将公民权扩展到所有人，减少种族、民族和宗教多样性可能引发的冲突，来阻止分裂。[145]但是，正如加丹加分离事件所表明的那样，自决是否需要更小的单位，更紧密地与亲属关系、语言和地域联系相吻合，仍然是一个悬而未决的问题。[146]即使种族冲突没有升级为要求分离，公民权政治似乎也无法超越作为后殖民社会特征的深刻分歧。[147]

如果说加丹加的分离似乎过于深陷冷战政治的泥潭，那么比夫兰争取独立以及随后在 1967 年至 1970 年在尼日利亚爆发的战争则会放大这些问题的紧迫性。分离运动源于尼日利亚联邦结构内政治权力和资源分配的冲突，由 1966 年一系列导致伊博人①遭到屠杀的政变和反政变引发，其目的是在东部省建立一个新的国家，该地区被认为是伊博人的历史故乡。非洲统一组织坚定地致力于维护殖民地后的主权，将冲突视为内部事务来处理，正如我们将看到的那样，该组织是恩克鲁玛的大陆联盟的一个非常有限的版本。尽管非洲统一组织在尼日利亚联邦政府和比夫兰领导人之间进行了调解，但它认为比夫兰的独立事业，与它在异族统治持续存在的南部非洲所倡导的那种自决不同。

尼雷尔的坦桑尼亚政府打破了这一共识，于 1968 年承认了比夫兰国，尼雷尔反思了比夫兰战争如何表明反殖民主义自决论的局限性。他认为，反殖民民族主义者接受殖民主义遗留下来的边界的前提是，他们可以将前殖民地转变为保护所有公民生命和自由的政治共同体。虽然 1960 年尼日利亚联邦宪法体现了这一承诺，但 1966 年的政变和大屠杀打破了这一承诺，也"打破了恢复宪法的所有希望"。尼雷尔认为，尼日利亚的边界没有任何神圣不可侵犯的东西；联邦政府声称它在"捍卫国家的完整"，但在国家"未能保证尼日利亚东部一千二百万人民最基本的安全"的情况下，这种说法是不可接受的。[148]

---

① 居住在尼日利亚东南部的民族。由于和统治中央政府和军队的豪萨族出现矛盾，1966 年一群伊博军官策划了政变，谋杀了豪萨族的政府官员和军官。作为报复手段，同年，大量伊博平民被屠杀。——编者注

在捍卫独立事业的过程中,尼雷尔呼吁修改而不是否定反殖民自决的条件。在此过程中,他使用了"奴役和统治"的语言,这种语言在反殖民主义对帝国的批判中占据核心地位,他将比夫兰的经历类比为殖民臣服,并重新将自决权作为适当的回应。然而,除了这一古老的反殖民论点,尼雷尔还提出了对种族灭绝的指控。尼雷尔将伊博人称为"非洲的犹太人",并将比夫兰国比作以色列。[149] 尽管尼雷尔的结论是基于不同的谱系和经历,但他对奴隶制的隐喻和对种族灭绝的引用加强了自决和单独建国的主张。

同样,比夫兰官员将他们的要求视为非洲非殖民化的延伸和扩展。与联合国在制定自决权之前的辩论相呼应,他们及其盟友认为,将自决权扩展到比夫兰将证明尼日利亚国家侵犯了人权。[150] 从这些角度来理解,比夫兰需要的是对后殖民时期的定居点进行调整,使边界与人民之间的关系确保"国家是为人民服务的,政府是为保护公民而建立的"。[151] 虽然非殖民化没有挑战殖民边界,但比夫兰人认为"自我界定的语言和'部落'是组织和治理的非洲合理单位"。[152]

然而,尽管作为自决权的道德支点减弱的标志,这一论点保留了反殖民主义重塑的基本条件,却未能在国际舞台上赢得盟友的支持。尼日利亚政府通过封锁加剧了战争,导致大范围饥荒,与此同时,比夫兰寻求自立的努力引发了有关人权与后殖民主权之间关系的更多根本性问题。随着比夫兰战争开启了"电视灾难时代",种族灭绝的语言主导了对危机的描述,对奴隶制的反殖民呼吁显得格格不入。[153] 到1970年战争结束时,比夫兰已成为"衰竭的后殖民乐观主义、恐怖的内战、挨饿的非洲儿童"的象征。[154] 1971年，在比夫兰工作过的医生成立了"无国界医生组织"（Médecins Sans Frontières）。这场危机开启了人道主义政治的新时代，它强调个人救助的经验，并将非政府组织塑造成国家暴力受害者权利的非政治性倡导者。[155]

这种新的人道主义重申了克莱德·伊格尔顿、路易斯·亨金等人在反殖民主义重塑过程中对自决的早期批判。人权最好被视为需要超国家机构和非政府保障的个人权利。国家，尤其是后殖民国家，并不像尼雷尔、恩克鲁玛等人所主张的那样，是公民权利和自由制度的保障者，而是侵犯公民权利和自由的主要代理人。"大赦国际"等新的非政府组织对发展中国家侵犯人权行为的批判性关注，与对后殖民主权和反殖民民族主义的广泛失望有关。[156] 曾在1960年乐观地庆祝非殖民化，认为它是西方自治传统延伸的鲁珀特·爱默生，到1975年，开始担心"当新成立的国家对其领土上大规模侵犯人权和尊严的行为毫不关心时，即使是完全合法的反对殖民主义和种族隔离的运动，也在某种程度上出现了问题"。[157] 在爱默生看来，问题不仅在于独立不能保障人权，还在于自决"可能有助于把主权之门关得更紧，以排除任何形式的干预，包括旨在保护和促进个人权利的干预"。[158]

虽然爱默生本人并没有将这一论点上升到逻辑高度，但国家主权使国家免受批评和干预的观点导致后来的批评者提出，在严重侵犯人权的情况下，不干预和主权平等原则也许需要被削弱。这种观点认为，非殖民化过快地将自我决定权扩展到国家,这些国家现在被赋予了形式上的主权,但不具备国家地位的必要经验条件。为了应对形式上的主权与国家失败或治理不善之间的差距,有人提出了国际托管和有限主权的安排形式,作为自决的替代方案,并经常与人道主义干预相结合。[159]

迪迪埃·法辛(Didier Fassin)所称的"人道主义政府"将人权与人道主义混为一谈,并将其与军事干预相结合,这有赖于反殖民民族主义的危机和崩溃、与帝国脱离关系的自由主义的出现以及冷战的结束。[160]但是,在这种新的政治成为主流之前,反殖民主义的世界观仍然提供了一种替代和竞争的愿景。反殖民民族主义者承认,自决权是国家和国际转型道路上的一个重要但有限的胜利。批评者认为,后殖民危机和国家失败是过于仓促的非殖民化进程造成的,而反殖民民族主义者则回到了形式主权的局限性,回到了恩克鲁玛所说的"假独立",并寻求建立新的政治和经济体制来解决这一问题。

与当代的国际法批判相似,他们认为后殖民国家的问题不是主权过度,而是主权被扭曲,政治、经济甚至法律障碍限制了国家的独立。[161]问题不在于形式上的主权与国家能力不符,而在于主权的残缺形式,即前殖民国家和国际机构仍在新独立国家中发挥主导作用。无法与国内的专制、暴力和国家机构薄弱等问题这种国际背景下的等级和统治制度截然分开,而这些问题正是人道主义政治的场域,也是对后殖民国家进行批判的基础。后殖民危机产生于国内和国际的联系,基于这一观点,反殖民民族主义者将国家建设和世界建设结合起来。虽然自决权为国内的政治和经济重建项目提供了法律条件,但国际等级制度的实质层面——经济依附和由此产生的政治统治形式——要求以更高的形式建立世界。以下两章将追溯这方面的两项努力——地区联盟的组建和国际经济新秩序的建立。

第四章

再评"黑色大西洋"联邦主义者

第四章 再评"黑色大西洋"联邦主义者

1960年的《给予殖民地国家和人民独立宣言》是非殖民化历史上的一个分水岭，标志着反殖民主义自决论的兴起。反殖民民族主义者摒弃了帝国时期国际社会的不平等成员资格和等级制度，将自决权重新构建为所有人民都享有的普遍权利，从而确保了国际非殖民化的正式地位。自决权使外国统治在法律上和道义上受到反对，确立了独立和平等作为反帝国世界秩序的基础，并使所有国家都成为国际社会的正式成员。在普及了自决权之后，反殖民民族主义者利用这一新的国际合法性基础，要求在联合国拥有平等的决策权。

虽然这一反殖民成就在很大程度上与民族国家形式的单一化有关，但自决权的出现与非洲和西印度群岛的区域联邦计划不谋而合。1960年加纳成为共和国时，恩克鲁玛成功地在新宪法中加入一项条款，规定一旦非洲国家联盟成立，议会"有权要求加纳的全部或部分主权"。[1]几内亚和马里独立后的早期宪法也包含类似条款。同年，十个讲英语的加勒比岛屿——安提瓜、巴巴多斯、多米尼克、格林纳达、牙买加、圣基茨、尼维斯和安圭拉、圣卢西亚、圣文森特以及特立尼达和多巴哥——庆祝成为西印度联邦成员的两周年，并期待在这个新的区域组织中实现独立。

大西洋两岸的反殖民民族主义者将区域联邦制视为确保国际非殖民化的核心战略。正如刚果危机所揭示的那样，国际政治和经济等级限制了自决权，并确保了后殖民主权难以实现。恩克鲁玛对非殖民化被理解为摆脱外来统治的自由表示遗憾，他认为非殖民化已经成为"一个被频繁使用的词……用来描述政治控制权从殖民主义向非洲主权的转移"。[2] 帝国主义展示了其体制上的灵活性，"迅速对（这种）直接政治控制权的丧失做出了反应，（并）保留和扩大了其经济控制权"。[3] 在帝国主义的新殖民主义阶段，帝国主义列强利用其经济控制力间接进行政治强制。其结果是扭曲了后殖民主权的形式。虽然新独立国家试图通过人民主权和代议制政府将自决权在国内层面制度化，但"新殖民国家的统治者不是从人民的意愿中，而是从他们的新殖民主子的支持中获得统治权"。[4]

恩克鲁玛把新殖民主义描述为帝国主义的最后阶段，并分析了新殖民主义给反殖民民族主义者带来的困境，他借鉴了列宁对帝国主义和资本主义关联的分析。早在1915—1916年关于自决的著作中，列宁就指出："金融资本在其扩张的驱动力下，可以'自由地'收买或贿赂任何国家，甚至是'独立'国家最自由的民主或共和政府以及选举产生的官员。"[5] 对列宁和恩克鲁玛来说，摆脱直接干预和控制并不一定意味着民族独立。国家名义上是自由的，但它们在经济上对特定国家的依附，或它们在

第四章 再评"黑色大西洋"联邦主义者

国际贸易和金融方面的脆弱性，为通过其他手段实施政治统治创造了条件。在这种"后殖民困境"——形式上的独立与事实上的依附之间的脱节——的背景下，民族国家似乎将前殖民地束缚在新的非正式统治关系中，而不是确保自决的制度条件。[6]

恩克鲁玛和埃里克·威廉姆斯等大西洋黑人联邦主义者将联邦制视为解决后殖民困境的空间和制度方案。在对这一困境的阐述中，他们都关注规模和尺度如何成为后殖民国家局限性的核心。作为与宗主国和全球市场紧密相连的小型经济体，后殖民国家无法实现自力更生的经济。联邦将管理更大的政治空间，并在地区而非国家范围内运作，它将创造一个更大、更多样化的地区经济，慢慢地削弱依附关系，并汇集资源促进地区经济发展。拥有区域组织的后殖民国家不再是被前帝国主义列强、新兴的欧洲经济共同体和美国拴住的外围经济体，而是在彼此之间建立起贸易、经济规划和再分配方面的联系。打破经济依附的枷锁后，西印度群岛联邦和非洲国家联盟也将能够防范可能出现的政治和军事干预，并要求在联合国安理会等场合拥有更大的代表性。

这种后殖民联邦模式是反殖民主义世界构建的核心要素。虽然这种模式是在地区范围内制定的，但恩克鲁玛和威廉姆斯并没有忽视更广泛的国际领域。他们将建立地区联盟视为在国际范围内实现非同一化的一种机制。如果说将自决权制度化和建立国际经济新秩序的努力直接涉及国际等级制度，那么地区联盟则间接地解决了这一问题。恩克鲁玛和威廉姆斯希望逐步消除使后殖民国家在国际领域处于从属地位的依附和统治关

革命之风：殖民地大撤退与非洲的独立之路（1945—1975）

系。这样，非洲国家联盟和西印度群岛联邦就能更好地确保自决。因此，尽管在这种情况下，反殖民主义的世界建设仅限于非洲地区，但它仍然是为创建一个不受统治的国际领域而作的努力。

本章探讨了恩克鲁玛和威廉姆斯的政治思想以及他们的两个短命的联邦计划——非洲国家联盟和西印度联邦。西印度群岛联邦是独立前殖民政府与加勒比民族主义者合作建立的，在1958年至1962年期间维持了四年。在此期间，一个联邦议会和行政机构管理着十个讲英语的加勒比岛屿。1961年在牙买加举行的全民公决中，反联邦主义立场占了上风，导致联邦瓦解。次年，联邦的两个最大成员牙买加和特立尼达和多巴哥成为独立国家。[7]在大西洋彼岸，恩克鲁玛和几内亚的塞古·杜尔（Sékou Touré）于1958年发起了加纳-几内亚联盟，两年后马里也加入了该联盟。[8]这个联盟将成为更大的大陆联邦的核心。然而，1963至1965年，大多数非洲国家拒绝接受联邦制，转而支持结构更为松散的非洲统一组织。[9]

我重构了导致恩克鲁玛和威廉姆斯提出联邦制作为世界建设项目的政治难题和论点，考察了这两种背景下地区辩论的相同之处，并重新思考了这些后殖民联邦制的失败。我利用新的档案资源，通过说明恩克鲁玛和威廉姆斯如何将美国重塑为后殖民联邦制的典范，强调了联邦制思想在大西洋殖民地的惊人起源。这为我们重新考虑反殖民主义挪用问题提供了契机。美国的例子使恩克鲁玛和威廉姆斯得以将后殖民困境描述为一种反复出现的困境，并对美国的霸权进行了批判，同时也掩盖了美国联邦主义的目标和背景与非洲项目之间的重要差异。然而，大西洋黑人联邦的失败并不直接源于美国作为榜样的局限性。它们的崩溃也不是"狭隘和相互竞争的民族主义"的结果，这种论点将民族主义与国际主义对立起来。[10]

相反，我将西印度群岛联邦和非洲国家联盟的消亡归因于在联邦联合与成员独立之间的微妙平衡上存在的深刻分歧。恩克鲁玛和威廉姆斯试图建立一个能够指导经济发展和再分配的联邦，这导致两位政治家都赞同建立类似联邦制国家而非联邦机构。以纳姆迪·阿齐基韦和诺曼·曼利为代表的批评者也支持联邦制，但仍然担心恩克鲁玛和威廉姆斯建议的中央集权联邦制会抑制而非加强后殖民自治。我认为，联邦计划在功能一体化中达到顶峰，说明了反殖民主义世界构建中日益明显的转变，即从通过国际机构分散和委托主权的计划转变为通过地区组织加强民族国家的计划。

重塑1776年精神

在正式的非殖民化达到顶峰之前，当反殖民民族主义者还在阐述他们对自决权的早期要求时，埃里克·威廉姆斯就对未来政治权力移交可能存在的不足发表了看法。

威廉姆斯在牛津大学完成博士学业后，于1939年加入霍华德大学政治科学系。他与拉尔夫·邦奇和雷福德·洛根等同事一起，沉浸在关于殖民主义的政治和经济影响的辩论中。1943年，威廉姆斯组织了一次题为"加勒比地区的经济未来"的会议，他在会上发表了一篇论文，探讨了殖民主义对政治独立和经济发展的影响。他认为，西印度群岛是英国经济的附属品。因此，他们的贸易完全被大都市所控制；他们的经济以经济作物为中心，出口资源和基本必需品，特别是粮食。这种经济上的依附性威胁着未来独立的实现。威廉姆斯虽然还没有从新殖民主义的角度来阐述这一观点，但他认为，如果将权力移交给民族主义者，而不改变这些经济结构，那么宗主国的势力就可以操纵岛国的政策。[11]

在威廉姆斯看来，加勒比地区的经济前景与过去和现在的其他非殖民化国家并无不同，他认为可以从早期的非殖民化进程中吸取经验教训。威廉姆斯在同年撰写的一篇未公开发表的文章中，特别谈到了美国独立的困境。他认为，当时和现在的殖民主义都是以通过政治统治进行经济剥削为前提的。"殖民地注定只能从事农业专业化生产，就像今天世界上许多地方的情况一样，除非现代生产的需要要求提炼石油和开采黄金。"威廉姆斯通过强调殖民主义的经济层面，重塑了他所谓的"1776年精神"。托马斯·杰斐逊在《独立宣言》中强调需要"解除连接（一个国家）与另一个国家的政治纽带"，而威廉姆斯则坚持经济纽带的首要地位。在威廉姆斯看来，"政治自由的前提是经济安全，以及在1943年消除那些限制（殖民地）充分发展和阻碍其地位的经济枷锁，就像在1776年那样"。[12]因此，反殖民斗争必须对自决的政治和经济条件保持同等关注。

恩克鲁玛同样将殖民地20世纪的状况与美国18世纪的经历类比。与威廉姆斯一样，他在每种情况下都强调殖民统治的经济维度，并在 1963 年出版的《非洲必须团结起来》一书中指出："我不明白，为什么英国有那么多人仍然拒绝承认，许多殖民地的当地工业受到了蓄意的打击。毕竟他们在学校的历史课本中了解到，美国人在 18 世纪也抱怨过同样的事情。他们也不被允许生产任何可能与本土工业竞争的商品。"[13]

在恩克鲁玛看来，殖民主义主要是一种经济剥削战略，殖民地为生产原材料，消费的制成品。这种经济剥削要求政治从属地位，因此独立和自治是战胜殖民剥削的核心。然而，尽管恩克鲁玛敦促他的民族主义同胞"首先追求政治王国"，但他仍然担心，仅政治独立并不能改变经济上的依附性。[14] 要结束殖民主义，就必须建立一个既能确保政治独立又能改变殖民地经济关系的政治王国。[15]

恩克鲁玛和威廉姆斯通过对美国独立的援引，将自己和全世界的反殖民族主义同胞塑造成"1776 传统的继承者"。[16] 在最近的论述中，1776 年的案例和精神往往被理解为对国家主权的优先考虑。威斯特伐利亚国家体系在 20 世纪非殖民化中的扩展和普遍化被视为 1776 年精神的最终阶段。例如，戴维·阿米蒂奇认为，美国独立标志着"主权传染病"的开始，这种传染病在 19 世纪感染了美洲，并在第二次世界大战后达到顶峰。作为这种传染的标志，反帝国主义者和民族主义者以美国为榜样，"宣称国家地位是对帝国的背离，(并)宣布独立是主权的标志"。[17] 然而，威廉姆斯和恩克鲁玛从 1776 年吸取了不同的教训。他们认为，美国的独立并没有预示着后殖民主权的胜利。相反，它说明了在国际等级制度条件下主权的不稳定性。

革命之风:殖民地大撤退与非洲的独立之路(1945—1975)

在非殖民化与民族国家的普遍化如此紧密联系的时代,这种普遍化的所谓推动者——反殖民民族主义者——也是对国家主权最有先见之明的批判者。但必须注意到这种反殖民批判的特殊性。同时代建立欧洲合众国的计划也转向联邦制,并援引美国的例子,这些努力都是为了遏制第二次世界大战破坏后民族主义和主权的过度膨胀。[18] 同样,最近关于后威斯特伐利亚世界秩序的争论往往从这样一种观点出发,即国家的正式权利使国家在国内语境中不受惩罚。[19] 威斯特伐利亚主权的过度,以及最近经济全球化对国家经济调控能力的挑战,激发了人们对区域联邦的新兴趣。这种观点认为,地区一体化是缓和国家间冲突、对内部主权行使设定制度限制以及补充国家指导职能的一种手段。[20]

另外,恩克鲁玛和威廉姆斯对国家主权的批判并非源于对主权过度的解释,而是源于对主权的扭曲和削弱。国家在国际体系中的权利问题不在于过多的主权,而在于在国际等级制度和经济依附的背景下,主权毫无意义。对主权平等和不干涉的保证所提供的保护分布不均,使得新的和弱小的后殖民国家容易受到更大、更强的国家以及私人行为者的任意干涉和侵犯。同样,他们将后殖民国家的经济困境视为帝国主义全球经济的残余。根据这种观点,经济全球化并不是20世纪的新现象。相反,它起源于帝国与殖民地的不平等融合,这种一体化既连接了全球,又产生了依赖关系。通过这种不平等融合进程,后殖民国家沦为初级产品的生产和出口国,它们没有能力引导和控制随后受到限制的国民经济。[21] 事实上后殖民国家甚至不存在国民经济。[22] 因此,无论是帝国形式还是后殖民形式的经济全球化,

第四章 再评"黑色大西洋"联邦主义者

其后果都是不均衡和独特的。

恩克鲁玛和威廉姆斯对后殖民主权进行了批判,并以美国联邦为例,提出了联邦制作为解决后殖民困境的制度方案。他们认为,即使在 1776 年之后,殖民关系所特有的经济束缚和欧洲帝国的政治统治也削弱了美国邦联各州的独立性。直到 1787 年制定联邦宪法,美国才真正摆脱了后殖民困境。在抗英战争中,美国各州认识到了一致行动的力量,"他们看到,各自为政、独立管理自己的事务是无法生存的。(他们知道)美国必须团结"。[23] 联邦政府在这种冲动下合并,为确保政治和经济独立提供了必要条件,使美国成为"也许是世界上最富强的国家"。[24] 这一论点的影响是显而易见的:如果说通过联邦安排实现的联合确保了美国十三个州的经济和政治独立,那么在非洲和加勒比地区建立联邦国家则是实现自决的必要条件。

在这一论点中,恩克鲁玛和威廉姆斯没有将"1776 年精神"与《独立宣言》联系起来,而是将其与联邦制联系起来。这种将美国构建为后殖民联邦的做法涉及对《联邦党人文集》的引用,其中强调了约翰·杰伊(John Jay)和亚历山大·汉密尔顿(Alexander Hamilton)的文章。杰伊和汉密尔顿对联邦主义事业的贡献强调了联邦制的外部原因。[25] 在《联邦党人文集》第 2—5 篇论文中,杰伊反思了美国各州之间的不团结如何被外国势力利用,而汉密尔顿则在《联邦党人文集》第 11—13 篇论文中将这种对外国干预和统治的普遍担忧置于美国与欧洲之间经济关系的性质中。通过阅读这些论文和政治学家肯尼斯·惠尔(Kenneth Wheare)1946 年出版的《联邦政府》一书,威廉姆斯得出结论,美国联邦政府的动机是"希望独立于外国势力,意识到只有通过联合才能确保独立;(以及)希望获得经济利益"。他认为,西印度群岛联邦计划的核心也是类似的动机。[26]

在要求建立非洲国家联盟的过程中,对杰伊和汉密尔顿的解读也发挥了核心作用。1965 年,非洲统一组织在阿克拉召开会议,恩克鲁玛再次提出建立联邦的主张,《加纳时报》敦促非洲各国代表"建立政治联盟"。社论援引杰伊的《联邦党人》第 4 篇和汉密尔顿的《联邦党人》第 11 篇,认为美国的例子说明了未能组建后殖民联邦的危险所在。根据这一说法,杰伊和汉密尔顿提供的核心教训是,如果不建立联邦,美国就会成为欧洲新帝国图谋的牺牲品。新独立的非洲国家也处于类似的境地。虽然"有 36 个国家获得了独立,但我们对欧洲和现在的美国的依附程度并没有减少,随之而来的是外国对我们的统治和傲慢"。只有在非洲建立汉密尔顿所称的"严格和不可分割的联盟"才能扭转依附和统治的趋势,实现殖民后自决。[27]

这种与美国联邦主义者的类比要求我们反其道而行之地阅读《联邦党人文集》。例如,在讨论联邦制的先决条件时,威廉姆斯认为,杰伊在《联邦党人文集》第 2 篇中声称,"上帝乐于将这个相连的国家赐给一个团结的民族",这种说法必须被"慎重对待"。[28]18 世纪末,美利坚合众国并不是一个"统一的民族",因为它是由不同民族的后裔组成的。此外,"1787 年的美国,在 19 世纪的铁路、20 世纪初的汽车和今天的飞机出现之前,距离和分散程度比约翰·杰伊所承认的要大得多"。[29]威廉姆斯在否认统一民族的必要性时,试图平息反对西印度群岛联邦的论点,

第四章 再评"黑色大西洋"联邦主义者

这些论点强调岛屿的多样性和岛屿之间的距离。他认为,如果美国人能在没有现代通信和交通的情况下成功地建立联邦,那么西印度洋的人就更有能力组建一个州联盟。

针对"联合的人民"这一先决条件,威廉姆斯强调了美国宪法的国际性。联邦不是一个基于血统和宗教的民族联盟,而是一个由主权国家组成的复合体,这些主权国家团结一致,以实现独立为目标。与美国一样,西印度群岛也是由许多民族组成的,但如果他们想不再是"18世纪殖民主义的过时产物",而是成为国际社会的一员,他们的希望就在于通过在联邦中联合来确保自己的独立。[30]这种观点认为,联邦不是一个扩大了的民族国家,而是一个国家间的国际政治结构。它承诺将联合与自治相结合,允许每个组成国保留管辖权,同时建立一个新的政治机构来应对集体问题。威廉姆斯认为,这种独特的政治结构非常适合在独立政府下组织起来的不同政治社区,如美国和未来的西印度群岛联邦。[31]联邦允许在新的联邦机构中保留政治多元化,同时也建立了一个能够确保各州独立的联盟政府。

恩克鲁玛同样被联邦将联合与独立相结合的能力所吸引。美国的经验既说明了独立需要联合,也说明了联邦制的联合并非建立在国家统一的基础上。1959年,当加纳和几内亚结成联盟,作为未来非洲国家联邦的核心时,恩克鲁玛和威廉姆斯在联合公报中宣布,他们从"20世纪30年代的美洲殖民地获得了灵感"。[32]恩克鲁玛在1963年非洲统一组织首脑会议上发表讲话时,将非洲独立国家的会议比作费城大会。他认为,1787年的代表们尚未将自己视为美国人。这种身份"是一种全新而陌生的体验"，但他们仍然设法采取了集体行动。在呼吁关注"美国人"一词的新颖性时，恩克鲁玛与威廉姆斯一样，强调了1787年美国各州之间的差异。正如美国人将自己理解为宾夕法尼亚州人和弗吉尼亚州人一样，1963年，代表们代表的是非洲各州。通过联合，非洲各州可以采取集体行动确保独立，而无须将自己理解为一个国家。[33]

恩克鲁玛将美国成功建立联邦以克服后殖民困境的正面例子与拉丁美洲和东欧的情况并列。拉丁美洲在19世纪赢得独立后却未能组建联邦，这使该大陆"在经历了一个半世纪的政治独立后，心不甘情不愿地成为帝国主义的牺牲品"。[34] 作为不团结的小国，拉丁美洲与其北方邻国不同，无法克服经济依附性，政治上也不安全。同样，在东欧，第一次世界大战结束后出现的小国过于弱小和不稳定，无法抵御外来干涉。在这两种情况下，未能结成联盟导致了"巴尔干化"。通过这种比较视角，美国被定位为第一个也是唯一一个克服后殖民困境的成功范例。恩克鲁玛认为，如果非洲国家不能按照这种模式组成联邦，那么它们就会像拉丁美洲和东欧的后殖民国家一样，成为新殖民主义的受害者。[35]

恩克鲁玛和威廉姆斯将后殖民联邦视为团结新近独立国家的体制结构，这与法语国家的同行们不同，他们设想的联邦将包括法国及其前殖民地。马提尼克岛的艾梅·塞泽尔和塞内加尔的莱奥波尔德·桑戈尔等反殖民民族主义者也认为，后殖民主权并不能确保真正摆脱统治。他们呼吁成立一个联邦制的法兰西联盟，以抵御独立国家的缺陷，并要求平等分享殖民地创

第四章 再评"黑色大西洋"联邦主义者

造的财富。[36] 与法国的跨国联邦计划不同，恩克鲁玛和威廉姆斯以美国为蓝本的后殖民联邦是由地位平等的国家组成的，这些国家都经历过后殖民困境。恩克鲁玛明确地反对法非联盟和欧非联盟，认为与欧洲国家的融合将保持并加深非洲在经济上的依附性。[37] 他仍然怀疑等级和依附关系能否转变为平等的相互依存关系。正如我们将要看到的，这种怀疑态度也使他对国际经济新秩序提出的福利世界保持警惕。他认为，后殖民国家的最佳发展道路是横向一体化，这种一体化将独立、逐步地调整这些依附关系。

反殖民侵占再现

反帝国主义者曾批判帝国的奴役和国际种族等级制度，但他们却以美国为蓝本来构想一个平等的后殖民联邦，这令人不安。这就需要回到反殖民主义占有的问题上来。我在第三章中指出，我们应将挪用行为理解为对历史上特定问题空间中的政治问题的回应。将美国塑造为典范是因为将后殖民困境归结为一个反复出现的政治问题，而联邦理念则是一个可复制的答案。反殖民主义批评家在将自决权重新塑造为一项人权时，强调了以奴隶制和种族等级制度为中心的帝国主义的独特论述。但是，威廉姆斯和恩克鲁玛将自己定位为习惯性后殖民困境的继承者，他们认为美国形式的联邦制可以在 20 世纪复制。

威廉姆斯和恩克鲁玛在特定的历史和思想背景下，将美国的例子作为对后殖民主义困境的回应，使这个例子看起来比其他例子更合适。想要理解他们对美国范例的使用，两个背景尤为重要。首先，尽管他们具有国际主义思想和全球视野，但他们的政治思想是在英美范围内产生的。他们在美国和英国的游历塑造了他们所认为的典范政治体制，并为其提供了参考，同时也排除了其他模式。例如，重要的是，作为帝国主义强国的美国成为地区主义的典范，而不是那些有着相同后殖民困境的拉美思想家提出的美洲反帝国主义方案。[38] 恩克鲁玛和威廉姆斯未能在英美传统之外采用其他模式，这表明政治思想的采用是在受限制的背景下进行的，并受到遗存的帝国空间影响。[39]

除了他们在英美政治思想领域中的地位，他们对美国式联邦的呼吁也发生在美国将自己宣传为反帝国强国并积极输出其宪政模式的时刻。在美国的自我表述中，美国治下的和平是一种在以自由民主和联合国为基础的国际主义下，反对压迫的力量。美国宪法是这一论述的核心，它同时确立了美国的特殊性，并为新独立国家所效仿。[40] 此外，美国的非殖民化观察家们借用1776年的精神，要么赞许反殖民民族主义者是这一独特的美国计划的延伸和普遍化，要么抨击反殖民民族主义者的革命热情有可能破坏国际秩序的稳定。[41] 虽然恩克鲁玛和威廉姆斯对美国范例的借鉴采取了不同的方向，但他们似乎被新出现的美国国际霸权所征召。

因此，美国的榜样并非没有局限性或矛盾之处。恩克鲁玛和威廉姆斯对美国榜样的忠诚使他们忽视了18世纪的美国与他们自己的计划之间的重要差异。将美国塑造成一个后殖民联邦，掩盖了美国联邦主义项目中明显的帝国主义野心和后果。1787

第四章 再评"黑色大西洋"联邦主义者

年成立的联邦政府将通过提供平定殖民地周边动乱所需的体制结构和资源，来确保美国的自由和独立。[42]后殖民独立和帝国扩张的目标交织在一起，并在《门罗宣言》中达到顶峰，该主义既防止欧洲人入侵西半球，又支持美国的殖民和扩张。[43]美国联邦政府的帝国主义不仅对外扩张，而且对内征服美洲原住民、统治非洲奴隶并遏制民粹主义政治。[44]

虽然恩克鲁玛和威廉姆斯承认美国是一个帝国主义强国，但他们并不理解蕴藏在美国联邦制结构中的帝国主义。恩克鲁玛和威廉姆斯没有考虑到美国的帝国制与联邦制的共同性，从而将18世纪末的联邦实验与他们自己的联邦实验之间的差异降到了最低。例如，由于忽视了美国联邦主义者的帝国冲动，恩克鲁玛和威廉姆斯误解了美国成功组建联邦并克服后殖民前期困境的原因。首先，帝国扩张促成了一种统一的意识形态和计划，使联邦制美国成为可能。[45]虽然威廉姆斯拒绝接受前美洲殖民地构成一个统一民族的说法，但杰伊坚持认为美国人是"一个祖先相同、语言相同、信奉相同宗教、遵循相同政府原则的民族"，这是指盎格鲁-撒克逊殖民者，他们将成为后殖民帝国联邦的公民。[46]其次，帝国计划不仅为定居者提供了组建联邦的共同事业，也为恩克鲁玛和威廉姆斯所钦佩的政治和经济成就作出了贡献。也就是说，美国是唯一一个在后殖民困境中取得胜利的前殖民地，不是因为它建立了联邦，而是因为它是一个帝国联邦。

如果说美国的联邦制在其帝国色彩被淡化后可以成为反殖民民族主义者的典范，那么将后殖民困境归结为法律上独立与事实上独立的外部调和问题，则掩盖了民族、种族和宗教多元化的内部条件，而这正是20世纪后殖民国家的特点。恩克鲁玛和威廉姆斯承认联邦制是解决州际法律多元化问题的理想体制，但他们并没有深入研究州内多元化问题，因此也没有考虑从体制上解决由此引发的冲突。例如，恩克鲁玛明确拒绝为独立后的加纳制定联邦宪法，这令希望从新的后殖民国家中保留一定自治权的阿散蒂王国等次国家团体感到愕然。[47]他认为，保留原住民统治者的权威无异于用非洲暴政取代英国暴政。[48]虽然非洲国家可以追求超国家的联邦制，但他坚持在国内实行单一制国家。在西印度群岛，少数群体对一个由非洲裔西印度人主导的联邦感到焦虑，尤其是占联邦人口12%，占特立尼达人口40%，和圭亚那人口50%的东印度后裔①。圭亚那将拒绝西印度群岛联邦，部分原因是它似乎没有为少数民族提供足够的保护。[49]虽然威廉姆斯承认西印度群岛的种族和宗教多元性，但他的联邦计划并未详细阐述制衡多数主义的制度。在他自己的政党中，这些问题仍然是印裔特立尼达人最关心的问题。[50]

尽管存在这些重要的局限性，但恩克鲁玛和威廉姆斯并没有完全服从美国范例——他们的模仿是有选择性的、战略性的。他们略过了《邦联条款》，强调了1787年达成的强有力的联邦形式，并回溯了经济依附的问题，而对美国联邦主义者的核心

---

① 此处的东印度后裔指的是在19世纪上半叶，通过英国政府的印度契约项目（Indian Indentureship Program）来到加勒比群岛的南亚次大陆移民后裔。——编者注

关切——军事安全问题却轻描淡写。在这一回溯过程中，这些大西洋黑人联邦主义者还批判了美国的帝国野心。恩克鲁玛和威廉姆斯都没有对美国放弃称霸全球的野心抱有幻想。恩克鲁玛将美国描述为新殖民主义强国的典范，美国在19世纪和20世纪初已经在拉丁美洲实践了新殖民主义统治的艺术，并正在向越南和刚果输出这些（统治）技术。[51] 威廉姆斯当时正处于与美国和英国殖民办公室的政治斗争之中，目的是重新谈判关于在租借计划中被给予美国的查瓜拉马斯军事基地①的条款。他有时会在这个美国统治和拥有霸权的地方呼吁以美国为榜样；与此同时，他撰写了大量关于美国干预拉丁美洲和加勒比地区的文章。[52]

威廉姆斯和恩克鲁玛都援引了美国反帝国主义的历史，强调美国的虚伪，以争取超级大国的支持。如果正如约书亚·西蒙（Joshua Simon）最近指出的那样：美国联邦主义者体现了一种独特的反帝国主义意识形态，那么他们希望能够说服美国铭记其反帝国主义的过去，抑制其帝国主义的野心。[53]

恩克鲁玛和威廉姆斯将自己塑造成1776年的继承者，也动摇了美国例外论的主张。通过将非殖民化的局限性描述为美国也曾面临的政治问题，他们反驳了那些将后殖民国家的弱点归

---

① 1941—1945年，美国政府制定租借政策，有偿为同盟国提供军事援助。在特立尼达岛上的查瓜拉马斯在二战中被建成英军的驱逐舰基地，为了换取50艘驱逐舰，英军向美国政府交出了部分基地使用权。——编者注

结为文化和社会学方面的缺陷的观点。后殖民国家的经历并不构成对西方民族国家模式的偏离,相反,它们被归结为在等级制度背景下后殖民独立的局限性。这种说法更广泛且反复出现。美国同时也被相对化,其政治和经济上的成功并不是因为其人民被特别赋予了自由。美国的成功与伍德·威尔逊所说的英美人的自由能力关系不大。相反,美国在后殖民时期的成功源于其成功克服后殖民困境的制度形式。使美国有别于拉丁美洲的是联邦联盟,而不是种族禀赋。恩克鲁玛和威廉姆斯希望,在追求联邦制的过程中,他们也能走上这条后殖民成功之路。

因此,对美国范例的利用使独立需要联合的论点成立,并为反对美国的例外论和霸权主义提供了重要的修辞资源。与此同时,对18世纪的类比只能通过无视殖民主义和美国联邦制共同体制的建立过程,并忽略20世纪后殖民社会的独特动态来实现。我之所以提出这些转向美国的局限性和盲点,并不是因为它们揭示了导致恩克鲁玛和威廉姆斯联邦主义计划消亡的致命错误。相反,它们揭示了恩克鲁玛和威廉姆斯联邦主义愿景的特殊拐点,并突出了他们的批评者关注的主要问题。恩克鲁玛和威廉姆斯预先考虑到了后殖民时期的外部困境,而很少关注内部多元化。以美国为榜样,他们将后殖民时期的联邦制塑造成了一种导致政治权力扩张和集中的结构。我们将在下一节中看到,随着恩克鲁玛和威廉姆斯将18世纪联邦模式调整至适应20世纪政治经济形势的状态,他们的集权冲动将变得更加明显。

第四章 再评"黑色大西洋"联邦主义者

适合 20 世纪的联邦制

虽然恩克鲁玛和威廉姆斯回避了国内民族、种族和宗教多元化的问题，但他们认为联邦制是一种法律上的多元政治形式，将各州的自治与联盟结合在一起。对这两位政治家来说，各州之间的多样性和差异是最重要的，他们赞成联邦制，因为联邦制最适合维护这些差异。威廉姆斯认为"种族、宗教、语言或国籍的差异非但不会助长对联邦制的敌意，而且会增强对联邦制的支持，因为这是既保证联合优势又保留各自效忠的唯一手段"。[54]恩克鲁玛认为，联邦之所以能够实现自治与联合的结合，是因为每个政治单位都享有"宪法所赋予的法律平等"。联邦成员之间的平等预先阻止了新政治机构内部等级制度和从属关系的发展。[55]

威廉姆斯借鉴了政治学家肯尼斯·惠尔的研究成果，为联邦制提出了自己的观点。惠尔是牛津大学的政府学教授，他是英联邦宪法史专家、前英国殖民地制宪会议顾问，也是联邦联盟的积极成员，该联盟是 20 世纪 30 年代和 40 年代倡导欧洲一体化的英国组织。他在 1946 年出版的《联邦治理》一书中指出，联邦制在 19 世纪随着民族国家的兴起而黯然失色之后，"……作为解决或缓和已独立或即将独立的国家的政府问题的手段，联邦制（重新）流行"，从而证明了对联邦制进行理论和历史阐述的必要性。[56]惠尔将联邦定义为一种具有"协调分工的权力"的政府形式，其中政府的两个分支（联邦和地区）在不同的领域行使权力。地区政府不从属于联邦政府，联邦政府必须独立于地区政府行使权力。[57]为了界定和划分权力范围，联邦制需要一部最高宪法。根据宪法，地区政府和联邦政府是平等的，任何一方都不能任意推翻宪法规定的条款。[58]除了宪法明确规定的地区政府和联邦政府的权力，每个政府部门还必须独立控制执行其权力所需的财政资源。[59]

当代政治学家同样将联邦制视为一种独特的政府形式，它摒弃了等级制而采用了异等级制①（heterarchy），并通过宪法规定的权力分工在保持自治的同时实现联合。[60]联邦被认为是一种政治结构，它同时包含条约联盟和国家的要素，同时又有别于这些形式。[61]与国家间的条约联盟一样，它涉及对组成国平等的承认，但与联盟不同的是，它要求组建一个永久性的、集体的政治机构，该机构拥有独立的权威和权力。虽然一个独立权力机构的形成类似于一个国家，但联盟并不吞并和同化其组成成员。由此产生的机构允许"联邦的集体存在和联邦成员的个体存在"。[62]

然而，惠尔的论述并不是要将联邦制孤立为一种独特的政府形式，而是要追溯改变联邦制实践的历史进程。惠尔认为，联邦检验需要询问："一种政府制度是否主要体现了一般权力机构和地区权力机构之间的权力划分，而每个权力机构在其各自的领域内既与其他权力机构协调，又独立于其他权力机构？"惠

---

① 异等级制指的是一种行动者网络。其中，任意单元都可能由其它单元管理或管理其他单元。因此，异等级制中存在多个等级制网络。——编者注

第四章 再评"黑色大西洋"联邦主义者

尔认为,在现代,只有四个联邦符合这一模式——美国、澳大利亚、加拿大和瑞士。然而在20世纪,即使是这些联邦也经历了迅速的变革,改变了联邦的实践。从世纪之交开始,交通和工业革命、经济危机、福利主义的兴起以及两次世界大战导致联邦政府的权力不断扩大。首次引入的联邦所得税,使联邦政府在提供社会服务方面承担了更大的责任。[63] 联邦政府的发展对联邦核心权力的协调分工提出了挑战。例如,在澳大利亚和加拿大,由于联邦政府声称有权征收直接税,所以阻止各州单独征税。各州因此失去了独立的收入来源,在财政上开始依赖联邦政府。[64] 在美国,各州并未失去征税权,但越来越依赖联邦政府的补助金。[65]

从20世纪30年代到70年代,许多学者和评论家都对联邦政府相对于其成员日益增长的权力进行过辩论和讨论。对一些人来说,如多元化理论家哈罗德·拉斯基(一些反殖民民族主义者曾在伦敦经济学院师从于他)认为,一个更有活力的联邦政府对于挑战垄断和实现经济平等是必要的。[66] 对其他人来说,联邦制理论需要根据变革而更新。拉斯基的学生、比较政治学家安东尼·伯奇(Anthony Birch)认为,在以经济发展为中心的前殖民地,联邦主义者不能再遵循联邦制在"18世纪和19世纪的指导原则(以及)州政府与联邦政府互不干涉地行使权力的方式"。20世纪的联邦制度要求权力被共同行使或并行行使,而不是独立行使。[67]

恩克鲁玛和威廉姆斯将他们对后殖民联邦制的构想融入了这场关于是否需要强有力的中央政府的日益激烈的辩论中。因此，他们支持联邦制的论点往往将呼吁联合与要求联邦政府拥有更大权力混为一谈。在1955年的一次演讲中，威廉姆斯提到了惠尔对联邦制的定义，并问道："鉴于现代的压力，（包括）全球战争、经济萧条以及20世纪各阶级和既得利益者之间的斗争，协调政府理论是否能够实现其理论承诺？"[68]威廉姆斯认为，这些压力扩大了联邦政府的权力，特别是在税收领域。虽然这导致联邦政府侵占了以前由州政府保留的领域，但威廉姆斯并没有对这一发展感到遗憾，而是认为一个膨胀的和充满活力的联邦政府使美国和其他地方的经济重新分配成为可能。西印度群岛宪法会议定于次年召开，威廉姆斯在演讲的最后呼吁建立西印度群岛联邦政府，授权其为该地区制订综合发展计划并征收所得税。[69]

六年后，恩克鲁玛在加纳议会发表讲话，也表达了威廉姆斯的担忧。恩克鲁玛认为，对非洲政治的思考被两种相互竞争的倾向所主导。一方面，学者和政治家们呼吁建立强大的中央政府，以确保外国投资的稳定、指导发展项目并提供社会服务。另一方面，那些主张在非洲各州实行分权联邦制的人仍在按照"18世纪的政治和历史理念"行事。历史背景而非联邦制的逻辑要求美国限制联邦政府的权力。恩克鲁玛认为，在18世纪，人们并不指望国家承担经济规划的任务，只有这种有限的联盟才能获得人民的同意。然而，鉴于20世纪的政治和经济挑战，这种联邦制模式已成为一种负担："（它）给国家机器带来了瘫痪的因素，减缓了政府行动的进程"。美国必须调整其政府模式以适应这些新的现实。加纳希望完全避免这种瘫痪，因此在1957年

第四章 再评"黑色大西洋"联邦主义者

决定不采用联邦制。同样,如果非洲联盟政府要行使必要的权力以实现一体化的经济和政治优势,就必须加强中央集权。[70]

在这些对中央集权的呼吁中,威廉姆斯和恩克鲁玛越来越多地主张一体化模式,这种模式似乎更接近于联邦国家,而不是国家的联邦。恩克鲁玛和威廉姆斯以18世纪的美国为例,阐述了后殖民的困境,并将联邦制视为一种国家间结构,适合于希望联合以维护其自治权的自主主权国家。这种观点认为,联邦将建立一个对各州权力有限的联盟政府。然而,随着他们主张中央集权,并援引美国自身在19世纪末和20世纪初的变革,他们所要求的更接近于联邦制国家。联邦制国家通常被视为一种州内治理机制,而不是组织州际关系的机制。它允许下放一些权力,但联邦政府仍凌驾于各州之上。

在他们看来,国家的联邦和联邦制国家是同义词,因为只有拥有强大中央政府的联邦形式才能实现经济发展并克服后殖民困境。恩克鲁玛和威廉姆斯很少考虑这种中央集权会给地区联邦内各成员的独立带来什么后果。在他们看来,重要的是建立一种能确保国际无支配自由的体制形式。而强大的中央政府是实现这一目标的唯一可能。而他们的批评者指出,中央集权有可能使成员受制于新的地区等级制度。尼日利亚的阿齐基韦和牙买加的曼利支持联合的目标,但主张成立邦联。在他们的表述中,松散的邦联是兼顾独立与联合的最佳体制机制。

大西洋两岸就联邦与联邦制国家之间的区别以及联盟与自治该如何正确结合展开了辩论。在大西洋两岸,关于这两种可供选择的制度形式的辩论呈现出不同的形式。在西印度群岛,争论涉及经济层面，威廉姆斯主张集中发展和工业化，曼利则越来越多地采取保护主义立场，一体化至少在初期仅限于国际关系。在非洲，恩克鲁玛的反对者对出现一种新的大陆霸权感到政治焦虑，他们主张建立一个类似于国家协约的联盟。

联邦与联邦国家之间：西印度辩论

1955 年威廉姆斯进入国家和地区政治时，西印度的政治家和殖民地官员已经在制定西印度联邦的细节。宪法于 1956 年完成，两年后联邦成立，联邦政府拥有有限的权力。与惠尔的联邦理论所建议的财政独立不同，西印度联邦政府没有独立的收入来源。相反，它的资金来自对每个岛屿的强制征税，征税总额不得超过 910 万美元。此外，殖民办公室和各国代表也没有就关税同盟、自由贸易和行动自由达成协议。因此，他们决定，虽然宪法原则上会确认这些目标，但联邦议会只有在五年后才能就这些事项进行立法。

尽管直到 1962 年才暂停修宪，但在 1958 年联邦议会成立后不久，关于联邦政府权力的讨论就再次出现，支持加强联邦政府的人和反联邦主义者都呼吁重新审查宪法。就像 1787 年的联邦主义者希望摆脱最初的《邦联条款》的限制一样，威廉姆斯也将重新开始的宪法辩论视为一个机会，为建立一个更强大的联邦中心提出论据，他在 1956 年制定宪法之前也曾提出这一论点。威廉姆斯在审查宪法的政府间会议上发言时指出，1956 年的协议与 20 世纪的政治和经济发展完全脱节。当老联邦正在实行中央集权，而欧洲的地区一体化努力正试图使地区经济政策合理化时，西印度群岛似乎正在采用一种无法在20世纪确保后殖民独立的政治制度。他对以下事实表示惊讶："我们（西印度群岛人）虽然弱小，但我们在世界上有自己的路要走，我们今天的行为似乎在考虑扭转世界经济和政治的整个趋势。"[71]

威廉姆斯在提案中概述了一系列改革政策，旨在加强联邦政府的权力，使西印度联邦与他对全球经济和政治趋势的看法保持一致。这些政策包括通过纳入《世界人权宣言》中规定的人权保障来加强联邦权利法案，以及限制总督的权力。不过，他的许多建议都集中在联邦政府的经济权力上。威廉姆斯推动立即实施自由贸易、行动自由、关税同盟和共同对外关税等政策。威廉姆斯认为，这些措施将创建一个"联邦市场"，供所有成员使用，并能吸引发展所需的资本。此外，以关税和所得税形式征收的税款将为联邦所支配，各州主要以补助金的形式获得收入。据威廉姆斯称，联邦的总收入将达到3.72亿美元，其中2.42亿美元上交各州，1.29亿美元留给联邦政府。[72]这相当于联邦预算增加了10倍多。

在该地区经济学家的帮助下——包括曾担任恩克鲁玛第一任经济顾问并获得1979年诺贝尔经济学奖的圣卢西亚人 W. 阿瑟·刘易斯（W. Arthur Lewis）在内，威廉姆斯领导的特立尼达政府发布了《国家经济学报告》，向该地区阐述了他的观点。该报告与惠尔的权力协调理论相呼应，认为联邦制要求"每一层政府都要有足够的财政资源来履行宪法的分配职能"。然而，报告继续指出，"中央与各州之间的职能分工在不断变化"，工业化、经济发展和社会服务等问题已被包含进联邦政府的职权范围。这就证明联邦政府拥有征收所得税的权力是合理的，从更广泛的意义上讲，这要求联邦中央政府垄断财政、货币和贸易政策。报告指出，虽然各州失去了独立的收入来源，但拨款可以确保各州和联邦政府都有足够的资源。[73]

《国家经济学报告》突出了联邦与联邦国家的概念混合。在引用美国 1787 年的例子时，威廉姆斯曾提出（与杰伊相反），人民团结并不是联邦制的必要前提，联邦制安排可以在保持自治的同时实现联合。然而，该报告用"联邦"置换了"国家"，其权力分配的设想更接近于联邦国家，而非联邦。各成员不是作为独立的政治共同体参与自治和共治的，而是完全依赖于联邦中心。然而，这种向联邦制国家靠拢的举动并不是将中央集权本身作为目的。相反，威廉姆斯认为，联邦制无法引导经济发展，也无法有效分配地区贸易的收益。例如，如果经济一体化允许自由贸易，但没有联邦税收和再分配，那么区域贸易只会再现成员之间的不平等，并有利于更强大的经济体。在缺乏再分配机制的情况下，较小的岛屿将沦为特立尼达和多巴哥工业的受保护的消费市场。[74] 牙买加政治家对中央集权的联邦政府提出了最强烈的批评。几十年来，地区联邦一直是东加勒比海地区反殖民主义政治的支柱，但在牙买加圈子里，地区联邦却是最近才出现的想法。此外，作为人口最多、工业化程度较高的国家，牙买加的批评者担心联邦的经济负担会主要落在他们的岛屿上。例如，一旦西印度群岛联邦独立，英国政府将不再提供构成较小岛屿预算主要部分的赠款。殖民地官员拒绝提供一揽子经济援助，来弥补其预算不足，并拒绝在联邦成立初期为其提供支持。[75]

1956年，诺曼·曼利支持自由贸易。然而，迫于国内反对派的压力，他后来坚持认为至少需要提供初步保护，以保障牙买加工业的发展。经济上的依附性使得后殖民时期的经济相互竞争而非互补，曼利对保护新的炼油厂免受特立尼达岛基础较好的石油工业的影响尤为关注。[76]此外，在重新开始的宪法辩论中，他对威廉姆斯坚持中央集权，同时支持建立西印度群岛联邦的总体承诺提出了质疑。曼利在1960年的一次电台广播中指出："我们每个人在当今世界上都是渺小的。正因为我们渺小，所以对我们来说，团结就是力量，团结就是独立的唯一希望，这是一个简单的道理。"站在"通往独立殿堂的门口"，团结对于决定西印度群岛能否进入独立国家的世界至关重要。[77]在1961年牙买加全民公决结束西印度群岛联邦的前夕，曼利重申了这一点，认为通往自由和独立的正确道路在于西印度群岛联邦，并错误地预测牙买加人会在定于当年晚些时候举行的全民公决中投票支持联邦。[78]

曼利认为，联邦宪法的关键在于确定联邦政府与成员政府之间的关系。威廉姆斯希望授予联邦政府的经济和财政权力过于宽泛，有可能"对牙买加发展本国经济并使之现代化的努力造成严重而深远的破坏"。[79]他认为，在现阶段，联邦政府只需获得"最低限度的权力和能力……以满足有效主权的要求，并成为（英）联邦的成员"。联邦将负责国防和代表外交，并监督职能协调。[80]在各组成州同意的情况下，从最低限度的权力开始并不妨碍联邦政府在未来行使更广泛的权力。曼利建议慢慢引入关税同盟和行动自由。但在他看来,《国家经济学报告》中倡导的改革是"思维混乱"的结果,模糊了联邦与联邦国家之间的区别。例如,不清楚为什么为了确保独立,初等教育和中等教育应该是联邦中央政府的"专有特权"。与威廉姆斯主张的自动向联邦政府移交权力相反,曼利所代表的牙买加的立场是,只有在对联邦整体和每个成员都有利的情况下,才应向联邦政府移交权力。[81]

为了确保这一点,曼利的建议侧重于联邦的代表权和经济权力。首先,众议院(联邦立法机构的下院)的代表权将完全基于人口。在 1956 年的宪法中,众议院席位是根据人口和对联邦的货币贡献进行复杂计算后分配的,以避免牙买加和特立尼达这两个人口最多的州支配较小的州。每个州在参议院都有平等的代表权。曼利的提案保留了参议院的平等代表权,但将众议院的多数席位给予了牙买加。其次,曼利建议,征收所得税和参与经济发展规划的权力需要众议院的批准,而牙买加将在众议院中占多数。最后,关税同盟将在九年内逐步建立。

鉴于曼利的建议与《国家经济学报告》之间的僵局,负责宪法审查的政府间会议请来了外部专家对这两项建议进行评估。专家之一、尼日利亚法学家、尼日利亚联邦宪法起草过程中的关键人物塔斯林·奥拉瓦莱·埃利亚斯(Taslim Olawale Elias)指出"宪法争论似乎主要集中在联邦与邦联之间的古老区别上"。埃利亚斯认为,联邦意味着"一个强大的中央政府,具有完全的国际人格",而邦联则是一个州的联合体,旨在"确保每个组成单位实现某些有限的目标，同时在其他方面保持各自的法律人格不变"。[82]埃利亚斯借鉴了尼日利亚的经验，并指出了国际趋势，赞同威廉姆斯关于建立一个强有力的联邦政府的建议。根据埃利亚斯的报告，"19世纪的经济自由放任思想已经让位于国家对国民经济公共部门和私营部门的某种程度的控制和规划。这种新的国家概念的效果是加强了中央政府在组织和分配国家财富方面的权力。尽可能公平地在各阶层人民之间分配国家财富"。[83]埃利亚斯重申了《国民经济学》中的观点，并由此得出结论，20世纪对国家的要求是联邦政府在财政和金融事务中行使"宪法垄断权"。[84]

由于担心牙买加退出，威廉姆斯不顾埃利亚斯的报告和政府间委员会大多数成员的支持，在1961年的政府间会议上同意了曼利的所有要求。因此，1961年妥协产生的联邦结构比1956年建立的结构更加薄弱。它赋予联邦政府在国防和国际关系领域的权力，但在税收和经济规划领域却没有任何权力。此外，新的安排使未来扩大联邦权力变得更加困难，因为它赋予了牙买加对未来任何变化的否决权。同年，在国内反对党——反联邦制的牙买加工党——的授意下，曼利同意举行全民公决，牙买加人在公决中投票反对联邦制。曼利因以为会在投票中取得胜利而同意了公投，但公投的结果却出乎他的意料，这促使西印度群岛联邦解体，并为牙买加在1962年获得独立铺平了道路。[85]

在威廉姆斯看来，1961年的协议已经标志着西印度群岛联邦的终结，而无须等到全民公决。他认为，1961年达成的不完善的联邦结构"违反了联邦的所有概念""会使西印度群岛联邦成为全世界的笑柄"。[86]他坚持认为，即使牙买加在全民公决中投了赞成票，他也不打算支持对 1958 年启动的联邦结构作出任何改变，"除非改变的方向是建立一个强大的联邦中心，并在时机方面对任何面临困难或对建立一个强大联邦政府感到担忧的地区做出适当让步"。[87] 如果像威廉姆斯所说的那样，1961 年的妥协是联邦原则的"堕落"，那么他自己的观点则暴露了对联邦和联邦国家的糅合。

随着牙买加的退出以及包括其余九个岛国在内的东加勒比联邦提案的出现，这种糅合就更加明显了。威廉姆斯起初抵制重组联邦项目的努力，他曾臭名昭著地宣称："十分之一即等于零。"但他随后建议，较小的岛国可以加入特立尼达，组成一个统一的国家。威廉姆斯并不是唯一一个从联邦主义转向国家主义的人。W. 阿瑟·刘易斯是东加勒比地区联邦制的主要支持者之一，他认为联邦制与单一制国家之间的区别只是程度上的不同，而不是种类上的不同。刘易斯认为，每种体制安排"都有中央机关和外围机关"，并涉及不同的"中央和外围权力划分"。然而，虽然差异很小，但刘易斯认为，"一部宪法如果被称为联邦制，那么所有人都会接受，但如果被称为单一制，那么所有人就都会拒绝"。[88]

东加勒比联邦从未成立，但这一事件有助于说明亚特兰大黑人联邦主义者所面临的更广泛的困境。虽然他们认为联邦保证了一个由不同且多样的政治实体组成的联盟的存在，但他们也寻求能够解决经济欠发达和再分配问题的政治体制，这促使他们拥护中央集权。他们支持强大联邦中心的经济论点有两种形式。首先，威廉姆斯和恩克鲁玛都认为，自由贸易和关税同盟无法解决经济依附和欠发达问题。后殖民国家与宗主国之间的联系要好于彼此之间的联系。[89] 因此，建立区域国内市场需要一个干预性的联邦国家，通过建立必要的基础设施和经济多样化来逐步改变这些状况。其次，即使建立了多样化和一体化的地区经济体系，联邦税收也是必要的，这样才能确保收益得到均衡和公平的分配。[90]

非洲辩论

虽然恩克鲁玛和其他泛非主义者早在20世纪40年代就提出了联合的主张，但全非联盟应采取何种形式的问题在20世纪50年代末和60年代初，随着越来越多的非洲国家获得独立，才成为反殖民民族主义者的核心问题。1962年，西印度群岛联邦解体，三十多个非洲国家独立，成立非洲国家联盟的工作随着外交部长筹备会议的召开而正式开始。这次会议提出了两种不同的一体化设想，并决定了未来几年辩论的轮廓。埃塞俄比亚提出的第一份提案草案完全回避了政治联盟的问题，呼吁建立一个有宪章和常设秘书处的非洲国家组织。这个新组织将成为建立集体防御体系、组建地区和非洲大陆经济发展以及反对种族隔离、殖民主义和种族主义的渠道。[91] 加纳代表团反驳了这一建议，提出了一个联邦形式的政治联盟，并建议明年任命一个制宪委员会，为新机构规划适当的结构。

在外交部长科乔·博西奥（Kojo Botsio）的领导下，加纳代表团认为，只有一个非洲大陆政府才能确保非洲在世界事务中的地位。首先，政治联盟是实现经济一体化目标的必要条件。自由贸易区和关税同盟的建立以及工业化和发展，都有赖于一个能够在地区层面指导规划的集体机构。其次，联邦制使非洲国家能够"一致表达共同的外交政策"。这种集体表达比独立小国的集合更具影响力。最后，一支拥有中央指挥机构的全非洲防卫部队，可以更好地帮助非洲抵御外来侵略和干涉。[92] 西印度群岛的分歧集中在联邦政府应多大程度在经济规划和发展中发挥作用上；而非洲的辩论则关于非洲国家的共同目标是需要政治联盟，还是可以通过要求较低的一体化形式来实现。自由贸易和关税同盟问题一直是牙买加的症结所在，关于这两个问题，各方一致认为，要克服非洲大陆的经济依附性，就必须实现这种功能和经济上的一体化。

然而，加纳计划的批评者坚持认为，经济一体化、集体防御和共同外交政策可以在没有政治联盟的情况下实现。[93] 在1963年举行的国家元首和政府首脑会议上，当大多数国家投票支持埃塞俄比亚的提议而非加纳的政治联盟呼吁时，海尔·塞拉西皇帝试图平息两个提议之间的分歧[94]。他坚持认为"虽然我们同意非洲大陆的最终命运在于政治联盟，但我们必须同时认识到，实现这一目标所要克服的困难又多又艰巨"。建立非洲国家联盟首先要通过新成立的非洲统一组织开展合作，并在联合国开展协作，从而"缓慢但不可阻挡地"促成政治联盟。[95]

政治联盟将从功能性更强的一体化形式中发展出来，这一想法掩盖了埃塞俄比亚和加纳提案之间的重大分歧，既引起了人们对共同体的共同关切和对共同目标的关注，又最大限度地缩小了条约组织与地区国家联盟之间的区别。塞拉西赞同恩克鲁玛对后殖民地困境的诊断，也认为联合是实现独立的必要条件。他认为，在国际等级制度和经济依附持续存在的背景下，"摆脱殖民主义只是一种幻想，使用'独立'一词不仅是对非洲自由事业的歪曲，也是对非洲自由事业的亵渎"。[96] 鉴于非洲的独立岌岌可危，塞拉西指出，"团结是公认的目标"，分歧只存在于手段和策略层面。[97]

然而，战术并不是唯一的关键问题。相反，两个提案对非洲联盟的含义提出了截然不同的看法。恩克鲁玛关于建立非洲国家联盟的提案旨在建立一个联邦政府，并赋予其独立行事的权力。正如他在1960年《加纳宪法》中的承诺所表明的那样，组建联邦机构需要委托和分散主权。埃塞俄比亚和尼日利亚主张成立非洲统一组织，其秘书处和秘书长没有任何独立的政治权力，仅对各州政府进行有限代表，而且不包含今后加强该联盟的渐进计划。[98] 因此，非洲统一组织是一个由独立的主权国家组成的条约组织，通过区域性的主权平等和不干涉保证来维护国家主权。不给新组织分配任何政治权力意味着各国对非洲统一组织的行动拥有永久否决权。

分歧的焦点在于，一体化是否要求联邦政府拥有独立的政治权力。根据加纳的提议，如果没有政治联盟，即使是所有国家都同意的一体化和协作形式，如经济一体化和集体防御，也会出现问题。在一份分发给非洲统一组织代表的报告中，恩克鲁玛政府认为，没有政治协调，建立非洲共同市场将带来有限且分配不均的利益。该报告以拉丁美洲自由贸易区为例，得出结论：在不发达国家之间建立共同市场，"存在现有城市和原始工业部门攫取所有收益的真正危险，其运作'就像相互连接的肥皂泡——最大的吸收其余的'"。联邦将建立一个政治结构和行政机构，以分配自由贸易的利益，并在必要时补偿损失。[99] 这种关于政治和经济一体化之间必要关系的论点重申了特立尼达的《国家经济学报告》。核心问题是，在缺乏地区政治机构和再分配税收的情况下，地区贸易自由化只会复制和加剧自由贸易区国家之间的不平等。半工业化国家的商品将受益于更大的受保护市场，而这对以农业为主的国家来说成本更高。因此，旨在克服国际依附性的后殖民经济一体化计划将在该地区内有意识地复制类似的依附性和不平等结构。

恩克鲁玛关心的是建立一个地区平等、国际独立的联邦结构，而时任尼日利亚总督的纳姆迪·阿齐基韦则担心一个强大的、可能是霸权的联邦国家会对内部多元化的非洲国家造成影响。阿齐基韦认为，加纳的计划加剧了"某些非洲领导人心中根深蒂固的恐惧"，即泛非组织会破坏反独裁民族主义者所寻求的独立。[100] 问题不仅在于主权的丧失，还在于非洲独立国家的法律、民族和文化多元化。塞拉西在非洲统一组织第一次会议上指出："非洲人民并不是在统一的条件下获得自由的。非洲人维持着不同的政治制度；我们的经济多种多样；我们的社会秩序植根于不同的文化和传统。"[101] 由于这种多元化，阿齐基韦认为，"非洲国家不论规模大小和人口多少，都享有主权平等的权利；每个非洲国家都享有自决权和生存权……以及不干涉原则"，这些都必须在非洲统一组织内得到保障。[102]

第四章 再评"黑色大西洋"联邦主义者

阿齐基韦对加纳计划的批判借鉴了对后殖民困境的另一种构思，即非洲国家不仅面临经济依附和政治统治的外部问题，还面临种族和宗教异质性的内部问题，这些问题同样构成了紧迫的挑战。对尼日利亚和埃塞俄比亚这样的多元化大国来说，努力建立兼顾种族和宗教多元化的国家机构是一种不稳定的平衡，随时都有可能崩溃。在这种情况下，内部政治冲突也威胁着后殖民独立的实现。因此，后殖民主权的不稳定性也是阿齐基韦的出发点，但他以不同的方式理解了这种不稳定性的核心所在，重点关注其内部层面而非外部表现。

恩克鲁玛专注于外部统治环境，他的愿景几乎没有提供可以缓解内部挑战的制度资源。正如我在前一章中论述的那样，恩克鲁玛坚信后殖民市民政治足以超越内部的宗教和种族分歧。因此，他对加丹加分裂等国内冲突的解读倾向于强调新殖民主义的国际条件，而不是关于次国家自治的争论。当被要求在地区范围内解决对国家分裂的焦虑时，恩克鲁玛有时会提出，非洲国家联盟内部的行动自由将减少边界冲突，将"我们目前的边界"转变为"纽带而不是障碍"。[103] 然而，总体而言，他的联邦愿景仍旧只关注国际上的等级问题，而不是国内的多元化和多样性问题。

在阿齐基韦看来，一个捍卫国家自主、平等和不干涉主张的地区组织更适合后殖民时代的内部困境。他引用了反殖民民族主义者在联合国要求自决权时提出的论点，将他对非洲联盟的设想描绘成一个"微型联合国"，"力图将指导该国际组织成员行为的久经考验的原则适用于非洲"。[104] 根据这一观点，联盟需要组成一个每个成员拥有平等投票权的议会，需要组建一个秘书处，还需要建立一个非洲法院、一个经济合作公约、一个人权公约和一个非洲大陆安全机构。阿齐基韦认为，这样的结构可以实现非洲国家的集体目标，裁决可能发生的冲突，同时仍然保持国家的独立和平等。[105]

恩克鲁玛的联邦制国家需要国家主权的授权，而阿齐基韦的微型联合国将强化国家主权，从这一转变可以看出，反殖民主义世界的缔造者在处理民族主义与国际主义之间的关系时采取了两种不同的方法。第一种，国际主义重组了国家主权，建立了超越国家的政治权威。第二种，国际机构强化了国家。阿齐基韦承认，他的愿景只是一个最低限度的联盟计划，只相当于建立一个非洲"国家联盟"。然而，他认为，通过为经济问题、外交政策和国防方面的合作与协调创造条件，这一国际机构将促进非洲国家之间更紧密的政治联系。随着时间的推移，这些联系将使联盟获得独立的权力。阿齐基韦将这一渐进过程与新成立的欧洲经济共同体相提并论，在这一过程中，经济和职能一体化将启动政治一体化进程。阿齐基韦认为，"尽管《罗马条约》（涉及）经济事务，但它有一个重要的政治目标——即促进欧洲的统一与稳定"。以欧洲为鉴，阿齐基韦认为，非洲联邦的支持者也应从经济和国防入手，因为非洲国家之间已达成共识。在欧洲和非洲，功能一体化的渐进过程最终将导致政治联盟。[106]

恩克鲁玛反驳了这种循序渐进的立场，他认为如果没有一个中央政府可以指导这些政策的联邦结构，生态和功能一体化就不会成功。没有"有效的政治机制"，非洲统一组织的决议和公约"不过是纸上谈兵"。[107] 此外，软弱无力的非洲统一组织完全从属于各成员国，无法完全解决后殖民困境。经济上的长期依附和政治上的不安全导致"在非洲的每一个地方，我们的经济都在崩溃，我们的国库空空如也，（而且）我们正在成为受赡养的国家"。要确保非洲国家的独立和安全，就必须按照1787年美国宪法的模式建立一个联邦，而不是一个软弱无力的国家联盟。[108]

恩克鲁玛认识到人们对丧失自治权的担忧，但他认为自己提出的联邦制可以让国家在联盟内保持独立。虽然加纳、几内亚和马里的宪法允许向未来的非洲国家联盟全部或部分交出主权，但恩克鲁玛坚持认为，要建立一个强大而有效的联盟，完全交出主权并非必要，联盟内部可以保持平等。[109] 联邦的建立保护了所有成员的"法律平等"，无论其大小或人口如何，都基于"一部所有人都同意的宪法"。虽然必须将一些政治权力让渡给联邦政府，使其能够在特定领域有效履行职责，但恩克鲁玛认为，由于联邦政府代表所有成员，因此不应将其理解为大陆霸权。[110]

加纳于1964年向非洲统一组织提交的非洲国家联盟宪法草案保障了平等，并将中央政府的作用限定在宪法明确规定的管辖范围内。与阿齐基韦的建议相呼应，宪法序言的解释性说明宣布："不论每个成员的领土范围、人口数量、人民的经济或文化发展状况如何，都享有《宪法》规定的平等权利。"[111] 联盟的立法机构通过确保所有成员在参众两院拥有平等的代表权来维护主权平等。此外，第116条指出："根据联邦宪法，不属于联邦管辖范围的所有问题仍由各成员管辖。"[112] 尽管有这些平等保障，但宪法与威廉姆斯在西印度群岛主张的能动联邦政府非常相似。宪法草案列出了联邦政府的广泛权力清单，其中包括国防、国际关系和国际贸易方面的专有权力，以及税收、经济规划、社会保障、医疗服务和教育等一系列经济和社会政策方面的并行权力。[113] 它还列举了联邦政府将保障的一系列人权（公民权、政治权、经济权和社会权）。[114]

阿齐基韦的非洲联盟愿景是建立一个小型联合国，明确反对可能的干涉。阿齐基韦认为，要成功解决后殖民时代国家的国际不安全问题，就必须建立联盟，但联盟必须维护非洲国家的主权。[115] 联合国模式允许这样一种联盟："非洲国家在其国内事务上可以像手指一样分开，但在对外和普遍关切的事务上可以像拳头一样团结。"[116] 这一未被承认的典故出自布克·T. 华盛顿（Booker T. Washington）著名的关于种族隔离的妥协，他坚持认为"在所有社会事务上，我们可以像手指一样分开，但在对共同进步至关重要的所有事务上，我们可以像手一样团结"，这表明了保持非洲国家之间政治、法律和文化差异的重要性。按照阿齐基韦的用法，这一短语旨在维护非洲国家的独立和领土完整，同时允许建立联盟，以便就共同目标进行有效合作。自治与联合的结合正是吸引 20 世纪众多政治人物的联邦理念。然而，在阿齐基韦和其他许多人看来，拟议中的联邦制未能取得适当的平衡。恩克鲁玛关于建立一个中央集权联邦政府的非洲国家联盟的构想似乎将"僵化的统一"强加给了其组成邦。[117]

阿齐基韦反对被视为霸权主义的联邦，转而求助于联合国，以替代恩克鲁玛挪用的美国榜样。因此，反殖民民族主义者在联合国倡导的独立和平等权利在地区范围内得到了复兴，以阻止非洲国家的政治联盟。正如前一章所述，自决的反殖民主义重塑确立了国际非殖民化的法律条件，以作为帝国奴役问题的初步和部分答案。在关于非洲国家联盟的辩论中，这些法律原则被用来反对一个被视为霸权的联盟政府。非洲国家联盟可能对独立造成的损害，及其加剧内部不稳定和分裂的可能，与后殖民困境所带来的外部威胁同样令人担忧。结果是形成了一个条约组织而非联邦。在非洲、加勒比和其他地方，20世纪中期的联邦想象让位于功能一体化。[118]

后殖民联邦制的希望与失败

然而，在"联邦时刻"崩溃之前，大西洋殖民地的联邦主义者对后殖民世界表达了独特的看法。[119]通过对新殖民主义统治的批判，他们重新构想了后殖民国家之间的关系，并努力通过新的形式超越民族国家的限制。他们的联邦想象融合了政治和经济方面的关切，将联邦制作为摆脱国际依附的战略，同时建立平等的地区机构。如果说自决权将政治和法律置于经济之上，而国际经济新秩序则将经济置于政治之上，那么这一反殖民主义的联邦制世界构建阶段则标志着设计国际政治体制的最持久的努力，而这些体制与对位于新殖民主义依附性核心的经济关系的改造直接相关。

在历史学家和政治理论家对联邦制重新产生兴趣的背景下，

革命之风：殖民地大撤退与非洲的独立之路（1945—1975）

恢复后殖民联邦制的观点对当代的讨论进行了拓展。研究法兰西帝国的历史学家最近指出，法属安的列斯群岛和法属非洲倡导的不独立的非殖民化模式是后殖民联邦制的典范。加里·怀尔德（Gary Wilder）认为，桑戈尔和塞泽尔对法属联邦的愿景"值得那些试图超越民族主义方法论的局限，重新思考民主、独裁和多元化的左翼人士关注"。[120] 与此相反，本章所探讨的联盟是在没有独立的非殖民化既不存在也无人追求的情况下出现的——无论好坏，威廉姆斯和恩克鲁玛与20世纪大多数反殖民民族主义者的立场是一致的。因此，他们的联邦计划关注的是另一个问题——面对新形式的国际统治，独立变得遥不可及。在他们手中，联邦制提供了一种体制结构，后殖民国家可以通过这种结构在国际领域确保不被殖民统治，同时在国内实现自治。

与历史上同时代的欧洲一体化相比，西印度群岛联邦和非洲国家联盟采取了与众不同的形式。虽然大衰退以及最近的英国脱欧使人们对欧洲一体化的乐观情绪有所缓和，但欧盟仍是一个典范，理论家们通过它来探讨超国家治理的承诺和危险。然而，将欧盟描绘成典范不仅忽略了同时进行的后殖民一体化项目，而且将欧洲一体化的特殊难题视为可普遍化的。对后殖民联邦制特殊性的关注，凸显了反殖民主义对经济依附性的关注如何赋予后殖民联邦制一种独特的定位。在恩克鲁玛和威廉姆斯的联邦愿景中，社会问题是最重要的，而不是缓和国家间的冲突。由于这种定位，他们先知先觉地指出了没有政治联盟的经济一体化的局限性。在将地区自由贸易从联邦政治问题中剥离出来的努力中，他们看到了地区主义产生新形式的不平等和依附的可能。他们的担

第四章 再评"黑色大西洋"联邦主义者

心不仅在非洲和加勒比地区后续出现的区域一体化形式中得到了证实,而且在欧洲联盟中也得到了证实,在那里,功能一体化的速度超过了政治联盟,并继续引起人们对区域主义所加剧的不平等现象的质疑。

尽管后殖民时期的联邦制充满希望,但大西洋殖民地的联邦制时刻却昙花一现。西印度群岛联邦和非洲国家联盟的消亡既不能被理解为民族主义与国际主义必然不相容的例证,也不能被理解为注定要失败的乌托邦计划的实例。相反,它重新揭示了恩克鲁玛和威廉姆斯等联邦主义者是如何误判主权所产生的附属物的,因为他们深信后殖民时期的主权是有限和不稳定的。因此,他们很少对批评者作出回应。例如,虽然威廉姆斯口口声声说有必要在一体化进程中兼顾各国,但他几乎没有提出任何具体建议。此外,他支持在东加勒比地区建立一个统一的国家,这表明他对找到一种既能保持成员的独立性,又能克服后殖民困境的联邦结构的前景缺乏信心。

同样,恩克鲁玛非但没有寻求解决批评者担忧的方法,反而对以下事实表示惊讶:拥有数百年历史的欧洲国家可以抛开"民族排他性",放弃一些主权特权以获得一体化的优势,而拥有"新发现的"不稳定主权的非洲国家却不愿意接受政治联盟。[121]朱利叶斯·尼雷尔更关注主权产生的依附感,他认为一旦实现独立,非洲民族主义者就会"受宠若惊,充满虚假的民族主义自豪感",并开始享受主权的"声望和象征"。[122]然而,对阿齐基韦和其他批评恩克鲁玛的人来说,利害关系比这些对主权的情感依恋更重要。面对后殖民国家的内部挑战,主权是防止后殖民国家分裂的重要形式保障。虽然形式上的主权在更广泛的国际等级背景下意义不大，但它名义上赋予的权利——如不干涉和领土完整——可以被有效地调动起来，以对抗要求修改其既定边界的国家内部批评者。为响应恩克鲁玛的联邦呼吁而成立的非洲统一组织加强了这些权利，以抵御外部侵犯和防止内部纷争。非洲统一组织宪章要求成员国遵守主权平等、"不干涉各国内政、尊重各国主权和领土完整及其不可剥夺的生存权"等原则。[123] 虽然宪章坚持"所有人民都有掌握自己命运的不可让渡的权利"，但它将维护非洲国家的目标置于优先地位并赋予其特权。[124]

因此，对后殖民国家不稳定性的关注是双向的。它启发了恩克鲁玛将主权委托给一个地区权力机构的设想，也为阿齐基韦关于建立一个微型联合国的呼吁奠定了基础。维护和加强国家主权的地区主义为联邦辩论提供了答案，这种历史偶然性将产生直接影响。1963年，非洲统一组织成立四年后，比夫兰宣布独立，随后爆发内战。这是对这一新地区机构的首批考验。非洲统一组织致力于维护尼日利亚的主权，坚持认为"尼日利亚危机的任何解决方案都必须以维护尼日利亚的领土完整为前提"。[125] 此外，恩克鲁玛为激励联邦目标而提出的新殖民主义指控，在非洲统一组织大会和其他场合被用来减少比夫兰独立的合法性。[126] 在这些用法中，新殖民主义不仅将外部主权的不稳定性置于内部不稳定性之上，还将内部异议等同于外部干预，从而排除了对后殖民建国条件提出异议的可能性。

后殖民时期对主权限制的批判激发了联邦的想象，而这种批判却以热衷于保护这种有限主权的制度而告终。重新审视殖民后联邦制被禁锢的政治视野及其引发的争论，可以发现即使在非殖民化的高潮时期，帝国式联邦在民族国家中的顶峰地位仍然受到挑战。在这个短暂的联邦时期，联邦制提供了一种制度形式，可以实现再分配，解决新殖民主义统治的政治和经济问题。在新的地区经济中，民族主义者得以摆脱作为主要商品出口国的束缚，并能在更大的市场中实现自给自足。联邦解体后，经济依附及其政治后果的问题再次摆上桌面。面对后殖民时代的困境，反殖民民族主义者重返全球舞台，提出了实现国际非殖民化的新战略——国际经济新秩序。

第五章

国际经济新秩序的福利世界

第五章 国际经济新秩序的福利世界

1964年,西印度群岛联邦解体,特立尼达和多巴哥获得独立的两年后,时任总理埃里克·威廉姆斯出访非洲国家。在横跨大西洋的旅途中,他以"大世界中的小国"为题记下了一些笔记,并在副标题"特立尼达和多巴哥自1962年8月31日以来的国际地位"之后,列出了这个新国家面临的经济和政治挑战:"对偏好的攻击——柑橘类、纺织品、咖啡和可可的困难;寻找新市场;日内瓦贸易和发展会议;经济援助;外交代表的费用。"[1]威廉姆斯在塞内加尔的达喀尔对学生发表演讲时指出,塞内加尔和许多其他非洲国家都是大世界中的小国,面临着类似的经济和政治挑战。威廉姆斯认为,非洲和加勒比国家"今天面临着所有发展中国家都面临的问题——既有内部问题,即满足我们人民的要求,纠正殖民政权留下的缺陷,(也有)外部问题,即保护我们发展中的经济不受发达国家更强大经济的影响,实现不会危及我们的政治独立或使我们的经济依附永久化的贸易条件和关系。"[2]

威廉姆斯对政治与经济、国内与国际的相互关联性进行了阐述,重述了二十年来一直困扰他的后殖民困境。当他在达喀尔发言时，这种困境正以一种新的形式加剧。由于通过区域联邦制来克服依附性的可能性已不复存在，加勒比和非洲国家发现自己很容易受到日益不利的全球经济的影响。从 20 世纪 60 年代中期开始，到 70 年代，可可、咖啡、剑麻、茶叶和棉花等产品的价格急剧下降。后殖民国家的初级产品出口在其总出口中占很大比例，它们突然发现自己的外汇严重短缺，购买力受到限制。朱利叶斯·尼雷尔精辟地描述了商品价格下跌的影响，他指出，坦桑尼亚 1965 年以 5.3 吨剑麻的价格进口的拖拉机，到了 1972 年则需要 17.3 吨。[3]

贸易条件的恶化使后殖民国家对全球经济的依赖程度变得更高，也使人们对非殖民化头二十年中与反殖民自决计划相伴而生的政治经济愿景产生了疑问。在历史学家弗雷德里克·库珀所称的"发展时代"，晚期殖民政权及其后殖民继承者都设想利用国家权力来提高生产力，并使以农业经济为主的国家实现现代化和工业化。[4] 因此，反殖民自决权的前提是认为民族国家能够制定"合理的、以国家为中心的发展计划"。[5] 之所以能够做到这一点，部分原因是民族国家与其前身殖民国家不同，是建立在民主代表制基础上的。[6] 夸梅·恩克鲁玛认为，"我们的独立赋予我们的主要优势是，我们可以根据本国人民的利益自由安排国家生活，同时，我们也可以与其他国家一起，自由干预世界商品市场的力量博弈"。[7] 这种发展观不仅支撑着后殖民国家，也支撑着上一章所述的地区联盟。对恩克鲁玛和威廉姆斯来说，联邦制是民族主义发展模式的升级。更大的地区市场加上自信的联邦国家，创造了空间和规模环境以及制度条件，使后殖民国家能够更好地实现殖民地经济的现代化。虽然这种发展模式没有以地区联盟的形式实现，但它在独立后的第一个十年中为后殖民国家带来了重要的经济收益。在非洲，经济保持正增长，而对卫生和教育等社会服务的投资则带来了死亡率的下降、预期寿命的延长和识字率的提高。[8]

然而，具有讽刺意味的是，这些成功是以进一步加深经济依附性为代价的。虽然发展模式的目标是逐步克服对出口初级产品的依赖，建立更加自主的后殖民经济，但后殖民国家却在无意中"强化了殖民时代对外依附的经济"。[9] 面对不断恶化的贸易条件（1973年的石油危机只会加剧这一后果），后殖民国家似乎完全无法实现经济独立的目标。为了弥补预算缺口，后殖民国家越来越依赖援助和外债。然而，援助非常有限，而且附带条件，规定了资金的使用方式，而偿还债务很快就会占用国家预算的很大一部分，并与苛刻的条件挂钩。在一个贸易关系不平衡的大世界中，作为一个后殖民小国，很快就会陷入债务循环。后殖民困境的这种演变加剧了对强权国家和国际机构的依附，说明新殖民主义已深深扎根于全球经济结构之中。

随着部分退出联邦制不再可能，反殖民民族主义者重返国际舞台，提出了一个确保非殖民地化的新计划。国际经济新秩序①

---

① 国际经济新秩序是发展中国家主张的国际经济关系。目的是建立一个新的国际经济体系，以促进和加快发展中国家的经济发展和社会进步。1974年，联合国大会第六届特别会议通过了《建立新的国际经济秩序宣言》和《建立新的国际经济秩序的行动纲领》。——编者注

革命之风：殖民地大撤退与非洲的独立之路（1945—1975）

于1964年被首次提出，并于十年后通过宪章和宣言。这是最雄心勃勃的反殖民主义世界建设计划。国际经济新秩序试图解决一系列广泛的全球经济问题，包括陆地和海洋自然资源的所有权、跨国公司与国家权力的关系以及贸易产品的运输和分销方式等问题。但该项目的核心是解决发展中国家与发达国家之间不平等的贸易关系。

本章认为，国际经济新秩序将国际非殖民化设想为国家间经济和政治平等的一种激进形式，它将最终克服有可能破坏后殖民自治的经济依附性。在国际经济新秩序的支持者看来，依附性问题不仅是因为外部行为者利用不平等的经济关系间接强迫后殖民国家。相反，后殖民国家受制于变幻莫测的国际市场，这持续限制了后殖民国家的建设。针对这种结构性依赖，民族主义者设想了一种平等的全球经济，这种经济需要福利主义的国际化。因此，我借鉴贡纳尔·米达尔（Gunnar Myrdal）的研究成果，将国际经济新秩序定性为一个福利世界，它将增强后殖民国家讨价还价的能力，开展国际规划和协调以实现公平的再分配，并确保民主决策。

通过迈克尔·曼利和朱利叶斯·尼雷尔的政治思想，我说明了这种新的自决政治经济学如何将经济政治化，将经济不平等置于国际和帝国分工之中。根据这种观点，20世纪的全球经济是几个世纪帝国统治的产物，帝国统治以等级制和不平等的关系将世界融为一体。在这种全球经济观的指导下，反殖民民族主义者将后殖民世界视为世界工人阶级，将发展中国家的团结塑造成一种国际阶级政治，并以后殖民国家事实上创造了西

第五章 国际经济新秩序的福利世界

方国家所享有的财富为由，要求进行再分配。针对这种历史上产生的依附关系，通过将国际不平等与国内阶级政治相类比，国际经济新秩序的支持者重新诠释了主权平等的含义。反殖民民族主义者已经将形式上的平等普遍化，并通过挑战安理会等机构的举动来表明对平等决策的要求，而在国际经济新秩序中，主权平等的基础是要求公平分享世界财富。认为主权平等具有物质层面意义的观点标志着反殖民民族主义者对战后国际法律秩序的最大背离。

在将国际经济新秩序描述为一个福利世界时，我的目的是捕捉项目的规模及其偏离黑人马克思主义关于建立反殖民世界的理论的方式。读者会清楚地看到，自乔治·帕德莫尔和詹姆斯呼吁黑人国际主义成为反殖民世界的先锋以来，我们已经走过了漫长的政治和意识形态道路。正如我们将看到的，国际经济新秩序对经济依赖的诊断具有马克思主义性质，它借鉴了依附理论和世界体系理论。然而，最终它的解决方案是在自由主义政治经济学的条件下提出的，这种矛盾很快就被依附理论和世界体系理论的理论家意识到了。他们的批评在一定程度上启发了国际经济新秩序。[10] 此外，即使是在国际福利主义的框架内，国际经济新秩序也并非没有盲点，随着发展中国家的团结出现裂痕，国内经济与国际经济之间的矛盾也逐渐显露出来。

尽管有其局限性，但面对着发展型福利国家危机和全球化时代的曙光国际经济新秩序，代表了一个令人信服的愿景，即公正和平等的全球经济。通过将国际经济新秩序与之前的发展模式、结构调整计划以及后来取而代之的关于全球正义的哲学

革命之风：殖民地大撤退与非洲的独立之路（1945—1975）

辩论进行对比，可以看出这一展望的创新性以及政治性和规范性意义。以下部分重建了圣卢西亚经济学家阿瑟·刘易斯爵士在著作中阐述的发展模型的中心坐标。刘易斯是恩克鲁玛的第一位经济顾问，并为埃里克·威廉姆斯的中央西印度联邦计划作出了贡献。正如我所展示的，发展经济学家的基本理论深深地影响了这第一代反殖民民族主义者。20世纪60年代发展经济学的危机，以及1966年推翻恩克鲁玛的政变及其所象征的第一阶段反殖民主义世界建设计划的崩溃，为新一代反殖民主义世界建设者的出现和对自决政治经济学的重新思考铺路。在此背景下产生的国际经济新秩序的福利世界，标志着非殖民化时代反殖民世界建设的最后阶段。

危机中的发展模式

在《热带贸易的各个方面》（Aspects of Tropical Trade）一书中，阿瑟·刘易斯爵士再次提出了他作为发展经济学家职业生涯的核心问题："为什么种植可可的人的工资是炼钢工人的十分之一？"[11]该书出版之时，贸易条件的下降正困扰着后殖民国家。刘易斯的提法与依附理论家不同，后者追问为什么可可的价格相对于钢锭和其他制成品更低，而刘易斯则认为热带初级产品和制成品之间的价格关系是稳定的，并且是由国际贸易之外的因素决定的。因此，自1954年发表开创性的《无限劳动力供给下的经济发展》（Economic Development with Unlimited Supplies of Labor）一文以来，刘易斯对这一问题的答案几乎没有改变，该文最终为他赢得了诺贝尔奖。[12] 刘易斯认为，可可种植者和钢铁工人的工资差异与两种产品的相对边际效用关系不大。相反，这取决于生产可可的热带地区和生产钢锭的温带地区粮食产量的差异。刘易斯认为，"每个人都可以选择种植粮食。因此，他们的相对收入是由他们种植粮食的相对生产率决定的；而钢铁和可可的相对价格是由这些相对收入以及钢铁和可可的生产率决定的"。[13] 想要吸引农民放弃粮食生产，转而从事这些形式的工作，就必须给他们支付工资。由于温带地区已经发生了农业革命，工资会更高。[14]

因此，缺乏农业革命是欠发达国家的显著特征之一。这意味着相对较低的工资可以吸引工人放弃粮食生产，转而生产咖啡和可可等经济作物。一方面，如果不进行农业生产革命，欠发达国家的经济就没有必要的剩余粮食和原材料可供工业部门消费。另一方面，粮食生产者仍然是自给自足的农民，他们无法成为工业化产品的消费者。[15] 刘易斯根据这一不发达状况，敦促不要提高经济作物的生产率。生产更多的咖啡或可可只会进一步压低价格。[16] 相反，他建议制订一项发展计划，同时革新农业以提高粮食产量，并启动工业化进程。这两个目标之间的精确平衡取决于有关国家的人口规模。[17]

刘易斯的模式依赖于西方工业化的经济史，并强调国家在发展中的重要性。这是战后发展型经济和现代化理论的核心内容。农业需要"先行或同步革命"来启动和支持工业化，以及将"多余"劳动力从农业释放到新工业的理论，是建立在刘易斯对古典政治经济学的解释和英国工业化的例子之上的。[18] 刘易斯认为，社会从传统过渡到现代的发展轨迹是可以复制的。他的观点与罗斯托（Rostow）的畅销书《生态增长阶段》相呼应，这本书认为后殖民国家处于一个已被西方淘汰的发展阶段中。尽管刘易斯将发展视为一个普遍的、可复制的过程，但国家在启动发展中的作用使 20 世纪的发展有别于英国的先例，并为后发国家带来了优势。国家规划可以启动农业生产方面的创新，同时工业化的负面影响，尤其是不平等，也可以得到缓解。[19]

在他的国家主导发展模式中，刘易斯倾向于弱化殖民主义和国际等级制度的作用。他反对"政治论点"，即认为帝国主义阻碍了工业化。他以 19 世纪大部分时间都处于独立状态的拉丁美洲为例，认为独立并没有改变热带经济的核心特征——有限的农业生产力和无限的劳动力供应。[20] 由此推论，他对国际贸易的结构性动态并不了解，因此对国际经济新秩序下的要求也持矛盾态度。他总结道："发展议程中最重要的项目是改造粮食部门，为工业和现代服务业创造国内基础。如果我们能够实现这一国内变革，就将自动拥有一个新的国际生态秩序。"[21]

刘易斯在担任恩克鲁玛的经济顾问和西印度群岛中央联邦的倡导者期间，推崇的正是这种发展观。1952 年，恩克鲁玛请刘易斯撰写一份关于加纳工业化的报告，当时大会人民党在选举中大获全胜，距加纳独立还有五年。他在《关于工业化和黄金海岸经济的报告》中重申了他的发展理论的核心主题，认为加纳的首要任务必须是"对黄金海岸的粮食种植系统进行集中改革，以推动生产力持续增长"；再加上对从基础设施到教育等公共服务的改善，这些改革将"为工业化提供市场、资本和劳

第五章 国际经济新秩序的福利世界

动力",同时降低加纳的制造成本。[22] 立法机构接受了刘易斯的报告,刘易斯在加纳独立后加入了恩克鲁玛的政府,担任经济顾问。刘易斯在这个职位上只干了15个月就辞职了,原因是他与恩克鲁玛不和,恩克鲁玛希望快速进入工业化阶段,而刘易斯认为农业生产现代化才是更重要的一步。[23]

然而,尽管他们在发展的确切顺序上存在分歧,但在发展的基本轨迹上却达成一致。刘易斯和恩克鲁玛都支持限制国家收购可可的价格,以便积累盈余,然后投资经济发展。[24] 在倡导这一政策时,恩克鲁玛完全赞同发展经济学和现代化理论的核心内容。例如,在论证后殖民国家在发展中的核心作用时,他赞许地引用了罗斯托的论点,即后殖民国家需要"起飞"来跨越增长的各个阶段。[25] 他还引用了米达尔的《经济理论与欠发达地区》(*Economic Theory and Underdeveloped Regions*)一书,认为"欠发达国家利用其新赢得的独立地位,可以通过有目的的政策干预,设法大大改变市场化进程的方向,而在现有市场化进程的影响下,这些国家仍然处于落后状态"。[26] 此外,恩克鲁玛在联邦辩论期间对没有政治联盟的自由贸易和经济一体化的批判也借鉴了米达尔的累积因果关系理论,该理论认为市场倾向于向条件优越的地区倾斜,在没有旨在"创造和谐"的国家干预的情况下,这将加剧不平等。[27]

在恩克鲁玛对加纳国家和非洲国家联盟的构想中,他仍然致力于将发展模式作为后殖民国家可以在国家或地区层面主导的普遍和可复制的进程。然而,与刘易斯不同的是,恩克鲁玛也坚信帝国主义在后殖民国家的不发达和依附性中扮演了决定性的角色。刘易斯认为，拉丁美洲在正式结束帝国统治后仍然发展不足，这证明殖民主义在造成发展不足方面没有发挥重要作用，而恩克鲁玛则将拉丁美洲的后殖民经历理解为新殖民主义的一个典范案例，在这种情况下，即使没有直接的政治控制，经济剥削和控制程度也会加深。[28] 从逻辑上讲，发展不足是殖民统治和不平等融合的产物这一反殖民主义论断，与发展是一个普遍过程的观点背道而驰。依附论和世界体系论者认为，"欠发达经济的发展"产生了具有自身逻辑的外围资本主义。[29] 这种观点认为后殖民国家并非处于一个已被发达国家淘汰的发展阶段，相反，它的欠发达是西方发展的基础，因此，后殖民世界无法复制西方的发展模式。

恩克鲁玛致力于将后殖民国家作为变革的推动者，他认为帝国主义产生了依附性，扭曲了本土经济，但同时又坚持认为发展是可以复制的。在国家和地区层面，后殖民国家可以消除殖民统治对经济的扭曲，重新启动受阻的发展进程。这种对后殖民国家的信心使他对福利世界持怀疑态度。尽管恩克鲁玛在1965年出版的《新殖民主义》(*Neocolonialism*)一书中对后殖民国家在发展中的作用给予了积极评价，但他拒绝接受米达尔的福利主义国际化观点。恩克鲁玛暗中提到了米达尔1960年发表的《超越福利国家》(*Beyond the Welfare State*)一书，他指出："有人认为，发达国家应该有效地援助世界上较贫穷的地区，整个世界应该变成一个福利国家。然而，实现这一目标的前景似乎并不乐观。"[30] 他对福利世界的拒绝一方面是实际的。在谈到富裕国家甚至不愿考虑增加对外援助时，他对确保更有力的国际再分配形式仍持悲观态度。

除了这种实际考虑,他的论点还重申了他对国家主导发展的矛盾信念。一方面,他重申了自己关于发展普遍性的观点,认为后殖民世界所处的阶段是"目前的发达国家在其发展之前所经历过的阶段",[31]另一方面,他回顾了认为帝国经济应为产生依附性负责的批判,认为反殖民民族主义者应限制后殖民国家与国际经济的互动。恩克鲁玛认为,"欠发达国家不会因为发达国家的善意或慷慨而变得发达"。[32]根据这一说法,国际经济仍然是支配和依附的场所,民族主义者的最终目标应该是确保国家和地区的独立。

因此,即使贸易条件的恶化破坏了最初的发展计划对出口可可的需求,恩克鲁玛也没有接受福利世界。相反,他再次回到了联邦制解决方案。恩克鲁玛指出,尼日利亚和加纳的可可产量都增长了三倍,但两国的可可总收入却从"1.25亿英镑降至1.17亿英镑",他认为是消费国而不是生产国获得了生产力提高带来的好处。国际经济新秩序的全球再分配计划就是要纠正这种全球贸易利益分配不公的现象。然而,恩克鲁玛并没有直接解决这种依附关系,而是把重点放在了非洲的不团结和巴尔干化上。他认为:"只要非洲农业生产者不团结,他们就无法控制其初级产品的市场价格。"他心目中的团结不仅仅是生产国的联盟或卡特尔。他再次回到中央集权的联邦计划,认为"仅仅是初级产品生产者之间以单纯的商业协议为基础的组织,不足以确保公平的世界价格。只有当生产国的联合力量被统一的政治和经济政策所利用,并得到相关国家的联合财政资源支持时，这一目标才能实现"。[33]

就在恩克鲁玛在《新殖民主义》一书中写下这些文字的第二年，他在国外时被一场政变赶下了台。政变不仅得到了美国的支持，而且在饱受经济危机和政治压迫之苦的加纳人中，政变也受到一定程度的欢迎。到1966年，可可价格下降、国家开支增加、腐败加剧，加纳背负上巨额债务，并面临国际收支危机，通货膨胀率居高不下。[34]恩克鲁玛政府在加纳的结束标志着大西洋殖民地反殖民自决第一阶段的结束。政变后，泛非圈子的重心从阿克拉转移到了达累斯萨拉姆，尼雷尔政府在那里领导了非洲社会主义项目，并向仍在与异族统治的最后残余力量作斗争的南部非洲自由战士提供资源。尼雷尔的上台和迈克尔·曼利1972年当选牙买加总理表明，新一代反殖民民族主义者已经崛起。迈克尔·曼利是诺曼·曼利的次子，他在新闻和工会政治中磨炼了自己的政治观点和技巧，并在民主社会主义的纲领下上台执政。与特立尼达的埃里克·威廉姆斯不同，曼利与菲德尔·卡斯特罗关系密切，更彻底地接受了发展中国家的激进政治，这引起了美国的不满。曼利和尼雷尔在英国求学期间就是朋友，他们共同塑造了反殖民世界的新愿景，最终形成了国际经济新秩序的福利世界。

自决的新政治经济学

到20世纪60年代中期，政治家和社会科学家都在与非殖民化头二十年有限的经济收益作斗争，并开始怀疑普遍发展进程的理想与后殖民国家的国情不符。曼利在上台之初就撰文指出"(后殖民)变革的政治"以及更广义的"政治方法的主题最好从偏好而非绝对的角度切入,用分析的语言而非教条的语言进行讨论"。在曼利看来,那些寻求变革的人必须牢记"特定民族在特定时间点上的自然社会学倾向"以及"目标问题"。[35] 期望后殖民社会遵循西方模式或轨迹的想法取代了创建一种社会理论的工作,这种社会理论既能抓住殖民主义的后果,又能勾勒出帝国遗产特有的转型模式。这并不是对发展的否定,而是努力从根本上建立发展模式。因此,曼利的变革政治从审视"一个新独立社会的状况开始,在这个社会背负着三百年殖民主义的经济、社会和心理后果的情况下,平等的概念能在多大程度上为经济、社会、政治行为和国家战略提供关键线索"。[36]

这种以社会学为基础的变革政治借鉴了牙买加和后殖民世界其他地方对新兴发展中国家社会科学理论议程的广泛争论。从曼利当选的十年前开始,牙买加莫纳西印度群岛大学的一批政治经济学家组成的新世界小组,就拒绝接受发展经济学的核心信条,并追随依附理论家,概述了外围经济的特殊性。[37] 新世界小组的创始人劳埃德·贝斯特(Lloyd Best)和他的同事们将加勒比地区视为一个独特的"种植园社会",并追溯了殖民种植园的制度形式是如何在非洲和亚洲部分地区创造出类似的政治和经济动力的。[38] 在达累斯萨拉姆大学,社会科学家也反对发展经济学和现代化理论的基本假设。这批知识分子被松散地称为"达累斯萨拉姆学派",其中包括乔瓦尼·阿利吉(Giovanni Arrighi)、约翰·S. 索尔(John S. Saul)和沃尔特·罗德尼（Walter Rodney），他们试图追溯非洲南部和东部殖民经济的逻辑和遗产。[39] 例如，曼利的经济学顾问诺曼·吉文（Norman Girvan）是新世界集团的成员，而尼雷尔1967年发表的概述非洲社会主义计划的《阿鲁沙宣言》则促使达累斯萨拉姆大学对社会科学领域进行了重组。[40]

曼利和尼雷尔在这一更广泛的思想环境中，通过强调帝国主义造成的国际分工，对依附性进行反殖民批判。曼利认为，全球经济是帝国主义的产物，在帝国主义的影响下，全球大部分地区"不是为了生产自己所需的东西，也不是为了交换彼此的利益，而是……被迫成为他人所需东西的生产者"。[41] 殖民经济的强制外部导向要么完全排斥本土社会形态，要么严重扭曲了这些社会形态。在牙买加，殖民征服暴力地以种植园经济完全取代本土经济，而且其逻辑继续在后殖民时期牙买加的经济和政治条件中回荡。作为帝国经济的附属组织，牙买加身处等级制度和依附关系之中，这在一定程度上构建了其国内领域。虽然殖民种植园并未完全主宰坦桑尼亚的经济，但其在19世纪末的制度化以及经济作物的引入极大地重构了农民社会。因此，"和殖民前的非洲有所相似的社会现象在殖民背景下获得了全新的含义"。[42]

殖民统治遗留下来的问题使后殖民国家必须开拓新的发展模式，认真对待殖民经济的扭曲及其造成的国际分工。曼利和尼雷尔都使用了"自力更生"的语言来描述他们的国内和国际经济项目。"自力更生"的说法产生于依附理论，通常被视为自给自足的一个版本。按照依附理论家的用法，自力更生涉及与国际经济脱钩和脱离的战略。通过尽可能缓慢地退出助长依附关系的国际秩序，周边国家可以开始内部"自我中心"或"自力更生"的发展进程。[43]这种模式反对工业化，主张重视农村部门，从而确保粮食安全、更加平等地分配土地以及保证农村和城市经济部门之间的稳定平衡。[44]脱钩和自力更生可能涉及后殖民国家之间的横向联系，就像恩克鲁玛在地区联邦的名义下所设想的那样。但它对全球经济的态度是选择退出。

由于自力更生在依附理论中的出现及其与脱钩愿望的联系，其往往被视为与保护主义同义。这种观点倾向于强调后殖民国家奉行的民族化政策，并将国际经济新秩序想象为追求经济主权合法化的努力。通过保障对自然资源的永久主权，并允许根据国家补偿标准征用私营公司，国际经济新秩序确实旨在保护后殖民国家，特别是免受跨国公司的侵害。[45]曼利和尼雷尔都赞同这种国家干预和控制。[46]但是，如果将他们对新经济秩序的渴望局限于加强国家主权这一目标，就会忽视这种反殖民主义世界建设叙事中更为广阔的国际主义，并将对国内和国际平等的关注降到最低。

曼利和尼雷尔都不认为自力更生意味着退出全球经济。相反，他们认为，后殖民时代的自力更生必须从殖民经济中根深蒂固的依附关系入手，并设法消除助长支配的等级关系。这种克服依附性的愿景将通过社会主义政策实现，并通过新的国际经济秩序在国际上实现。社会主义国家建设和反殖民主义世界建设被视为并行的，旨在同时创造独立自主的后殖民公民和自力更生的国家社会。这种对公民个人、国内经济和国际经济环

革命之风：殖民地大撤退与非洲的独立之路（1945—1975）

环相扣的描述，突出了反殖民民族主义者如何通过同心协力、相互依存的干预圈来实现政治和经济平等，从而达到克服依附性和确保后殖民独立的目的。

在国内，对不平等的关注使尼雷尔将注意力转向坦桑尼亚经济中占主导地位的农业部门。与恩克鲁玛不同，尼雷尔反对将发展等同于工业化。他认为，对工业化的强调加剧了国际和国内的不平等，因为工业化有利于城市而非农村，而且需要外国投资，从而加深了后殖民国家的依附性。[47]因此，尼雷尔的非洲社会主义将农民和村庄视为主要对象，但这并不是因为农村没有等级制度。虽然尼雷尔经常以浪漫和乌托邦的口吻谈论亲属关系，并拒绝将阶级作为非洲社会中一个有意义的类别，但他仍然对农村生活中的等级制度保持警惕。殖民者引进的种植园和经济作物使许多农民变成了雇佣劳动者，反过来又造成农民之间的不平等。尼雷尔担心，国家会被分为"农民阶级和工人阶级，后者既不能为自己工作，也不能因自己对总产出的贡献而获得充分回报"。虽然由创业农民组成的农民阶级可能会带来经济增长，因为这部分人可以积累财产、提高生产率并雇佣更多的工人，但这将导致"农村无产阶级的出现，他们的生存依赖于其他人的决定，并因此受到这种地位所导致的屈从、社会和经济不平等以及不安全的影响"。[48]

对尼雷尔来说，这种工资关系的问题不仅在于它使工薪劳动者无法满足自己的基本需求。尼雷尔更关注的是它所造成的依附和不平等如何威胁平等的公民权。虽然"建立在政治平等基础上的民主是人类尊严的必要组成部分"，但尼雷尔坚持认

第五章 国际经济新秩序的福利世界

为，政治平等并不"仅仅意味着每个无知的公民（可以）通过宪法上的细微规定，在政治上与一个能控制食物价格、受过教育、身体健康的人平等"。[49] 在缺乏平等的经济关系的情况下，平等公民权的保障可能会受到破坏，因为那些处于经济等级顶端的人可以调动他们的地位来确保自己的统治地位。[50] 考虑到这一等级问题，尼雷尔的国内自力更生计划旨在为后殖民国家的民主平等创造物质条件。在这一构想中，国内经济以"农村经济和社会社区为中心，在这些社区中，人们为了所有人的利益而共同生活和工作"。[51] 在合作社框架内，农民通过横向的平等关系而非纵向的等级关系联系在一起。

这种通过地方集体组织起来的农村后殖民经济愿景，旨在建立一个自力更生的农民群体。尼雷尔在国际层面对自力更生的描述中，预言农民的自力更生和平等将通过集体耕作而非独立生产来实现。尼雷尔的"乌贾马"①（ujamaa）政策融合了现代化的雄心，将中央集权的村庄视为国家干预的对象，同时将村庄视为实验和民众倡议的场所。[52] 在其现代主义野心中，在村庄定居使国家能够实现农业实践的现代化，征收税收，并组织提供社会服务，特别是医疗保健和教育。[53] 在权力更加分散的实验性愿景中，村庄是"自治社会关系"的场所和自愿捐助主义的空间，在这里可以重现和保留原始共产主义的伦理。[54]

---

① "乌贾马"意为家庭和同胞，象征非洲传统社会中的互助合作和平均主义。乌贾马运动是在坦桑尼亚开展的农业集体化运动。——编者注

革命之风：殖民地大撤退与非洲的独立之路（1945—1975）

在大西洋彼岸，曼利将他的变革政治与尼雷尔的非洲社会主义进行了比较。一方面，他认为殖民统治给大西洋两岸的后殖民国家带来了前所未有的不平等，因为地方精英和跨国公司主导了经济。与尼雷尔一样，曼利也担心财富集中会损害后殖民时期的公民权。虽然法律面前人人平等是牙买加宪法的一项基本原则，但其在实践中却受到了侵蚀。曼利认为，"庭抗系统的固有特点是，富裕比贫穷更有胜算"。另一方面，精英们被推为立法者，并继承殖民地国家的法律制度。这"反映出一种野蛮的偏向，即有利于财产而非人"。[55] 但是，虽然尼雷尔可以回顾原始共产主义模式，将其作为后殖民社会主义理论的基础，但这在牙买加并不是一个可实践的选择。曼利指出，跨大西洋奴隶制和漫长的殖民统治历史"切断了非裔牙买加人与部落社会的联系和纽带"。[56]

因此，曼利所支持的民主社会主义是在殖民现代性的条件下阐述的。[57] 这一项目的核心是努力实现经济机会和决策的民主化。在农业部门，这涉及通过农民和工人合作社重组土地所有权，让他们参与所有权和决策。[58] 除改革土地所有权外，曼利还认为农民应在加工农产品的第二产业中拥有所有权。他认为，"只要农民被视为纯粹的播种者和收割者，……他就会被置于'附加值'的低端"。[59] 重组第二产业的所有权将使"农业部门和作为其基础的农民成为从基本耕作活动中日益衍生出的复杂工艺的受益者"。[60] 为了应对跨国公司日益增长的实力，曼利主张采取保护劳工的政策，并重组国家与跨国公司之间的关系。首先，他的政府制定了劳动法，规定了最低工资、养老金，扩大了工会，并强制要求工人参与决策。[61] 其次，他希望将铝土矿和其他关键工业部分置于地方控制之下。曼利认为，虽然牙买加离不开外国资本，但外国资本必须在政府和当地私营部门合资的基础上运营。这一政策的目的是确保"影响牙买加的任何经济决策都不是在外国董事会的会议室里作出的"。[62]

曼利认为，跨国公司说明了社会主义国家建设的局限性。虽然他认为国家应该有能力监管私人行为者，但公司的跨国性规避了民族国家的经济监管能力。曼利没有将跨国公司及其带来的挑战视为新奇或前所未有的事物，而是将其视为帝国时代贸易公司的20世纪继承者，他追溯了全球经济的帝国起源。他认为，非殖民化改变了国际秩序中的政治权力，但全球经济仍然是"一种经济控制结构，其根源可以追溯到17世纪"。[63] 因此，跨国公司日益增长的权力揭示了"国际经济与民族国家"之间的矛盾，尽管这对所有国家都有影响，但将经济活动从政治主张和监管中分离出来，对已经处于结构性依附关系中的后殖民国家造成了更明显的负担。

对牙买加和坦桑尼亚这类生产初级产品并与北大西洋国家存在依附关系的国家来说，这种结构性依附破坏了曼利和尼雷尔所设想的社会主义国家建设。他们从两个方面理解了国家建设在全球经济支配下的脆弱性。首先，他们赞同恩克鲁玛关于新殖民主义的经典论述，即包括私营企业在内的外部行动者利用后殖民经济的外向性和依附性，间接地确保政治条件有利于他们的利益。[64] 其次，他们认为，即使外部行为体没有以这种方式进行干预，全球经济的结构逻辑也会确保他们的国家建设项目容易受到国际市场波动的影响，因此，这些计划仍将无法实现。尼雷尔认为，贸易条件的恶化意味着"无论我们如何努力重组我们的国民经济，使其生产我们的人民所需的商品，并减少这些商品的不平等分配，发展中国家现在和将来都是在分配贫穷"。后殖民国家正在"努力在（国际）'滤网'中创造公正"，因为全球经济的结构性不平等一直在破坏实现国内平等的努力。[65]

"国际滤网"要求将国际依附转变为经济相互依存，从而消除支配条件，使后殖民国家能够实现其建国计划。如上所述，这种面向全球经济的做法与依附论者要求脱钩的主张不同，是出于对牙买加和坦桑尼亚等小国具体情况的战略考量。这些国家的经济源于帝国关系，与全球经济紧密相连。曼利和尼雷尔都不认为脱钩对于他们的国家是可行的政治选择。[66] 关于后殖民国家在全球经济中的困境的论点带有某种宿命论色彩。在地区联盟成立之后，曼利和尼雷尔都得出结论，无论经济一体化有多么不平等和暴力，这都是帝国主义造成的全球经济影响，无法摆脱。

与此同时，将全球经济视为政治和经济生活中一个不可磨灭的特征，也使得对全球经济的重新认识成为可能。帝国主义产生了一个不均衡但一体化的全球经济，这一说法使新的国际经济秩序的支持者将国际舞台视为一个要求重新分配的场所，其范围远远超出了援助和慈善。这并不像当代赔偿项目所阐述的那样，是对历史的纠正和对殖民剥削的补救。相反，它的基础是，全球经济的结构性条件持续将收益转移到全球北方这一主张。这种观点认为，拒绝脱钩与其说是对可行性的争论，不如说是一个提出国际再分配要求的机会。后殖民地国家与其退出结构性不平等关系，不如重组这些关系，为全球贸易带来的利润和就业创造更公平的分配方式。国际分工可能无法摆脱，但可以将其改造为平等主义经济，从而消除依附关系，确保国际经济层面的非殖民地化。

为了证明国际再分配的合理性，尼雷尔和曼利将国际分工类比为国内分工。在这种类比中，后殖民国家被视为世界上的工人和农民。尼雷尔认为，"贫穷国家现在处于19世纪欧洲工人的地位"。无论是产业工人还是穷国，都必须"不惜一切代价"出卖劳动力。[67] 在曼利看来，后殖民国家作为原材料生产者的地位更类似于全球北方的农村部门和农民。[68] 通过与资产阶级和工人阶级以及城市和农村部门进行类比，他们将全球经济设想为一个经济单位，并强调了后殖民世界的贫困与宗主国的富裕之间的深刻联系。[69] 正如对工人阶级和农村阶层的剥削创造了工业化社会的财富，对殖民地的剥削以及正式殖民统治结束后依附关系的持续存在也使得西方世界在全球的主导地位成为可能。

在战后经济民族主义占主导地位的背景下，这种认为世界是一个经济单元的观点显得不合时宜。我们将看到，米达尔是在他所描述的国际经济解体的背景下提出他的福利世界观的。从世界大战开始，欧洲国家就退出了国际贸易，制定了保护主义政策，并建立了国内福利主义。在这一背景下，国际分工理论及其与国内分工的类比既回顾了早期帝国一体化的时刻，又预见了经济全球化的新时代。在历史性视野中,这一论点将后殖民世界的欠发达视为帝国全球经济的产物。在前瞻性视野中,它构想了一种平等主义的全球化,其国际分配机制将抵消贸易的结构性不平等,并为自治提供必要的国际环境。

在帝国依附关系的过去和全球相互依存的未来之间,国内类比支持了这样一种主张,即解决国际不平等问题应采用类似工业化国家最终接受的国内解决方案。尼雷尔认为,在面对国内不平等时,"各国不能依靠慈善来解决问题……",援助和慈善再现了依附关系,使受援国成为受制于捐助者善意的乞求者。尼雷尔认为,在福利国家中,再分配源于这样一种观点,即"贫穷和财富是联系在一起的,二者相互依赖。为了整个社会的福祉,需要采取行动,使较贫穷地区的人民享有平等的机会和福利"。因此,福利国家并不是依赖富人的恩惠,而是"通过税收将资源从富人手中转移到穷人手中"。[70] 曼利认为"欧洲农业的整体存在……依赖于一套精心制定的政治安排,以确保农民,例如法国的农民,不会成为法国经济发展的牺牲品"。[71]

通过这些国内类比,曼利、尼雷尔和其他国际经济新秩序的支持者提出了一种独特的全球经济政治理论。他们对再分配的要求并非基于仁慈的慈善主张或援助的道德责任,而是要求后殖民世界公平分享他们参与创造的财富。后殖民世界不会屈服于发达国家;相反,它们要打一场"国际阶级战争"。在此背景下,发达国家的选择是"以有序、有计划的方式进行经济革命,或者进行暴力革命"。[72] 这场经济革命将使福利国家的再分配、调节和保护主义国际化。作为这场革命的顶点,国际经济

第五章　国际经济新秩序的福利世界

新秩序意味着"资源真正地、自动地……从富人手中转移到穷人手中，而不是像现在这样反过来。在影响（世界）经济未来的国际机构中有公平的代表权……（以及）真正致力于将世界作为一个整体来发展，而世界本身就是一个整体。这意味着当穷人和弱势群体与富人和强者在同一地区活动时，要有意识地对穷人加以优待"。[73]

打造福利世界

虽然曼利和尼雷尔在论证平等主义全球经济时都没有引用贡纳尔·米达尔的观点，但米达尔的福利世界思想却体现了他们的愿景。米达尔在 1956 年至 1960 年发表了一系列著作，追溯了战后经济秩序的矛盾，特别指出了伴随欧洲福利国家崛起而出现的经济民族主义和自给自足政策所带来的国际后果。[74] 在米达尔看来，20 世纪的技术、交通和通信创新本应带来国际层面更大的经济一体化。然而，战后却是一个经济解体和封闭的时代。米达尔认为，这种经济民族主义为自由、平等和博爱原则在欧洲民族国家内部的充分实现创造了条件。通过国内再分配，西方国家避免了在资本主义自身矛盾的重压下自我毁灭的"灾难"。[75] 欧洲福利国家成功地升华了激烈的阶级对立，但经济民族主义却加剧了国际不平等，使"国际阶级差距"无法得到缓解。[76]

米达尔引用了与尼雷尔类似的国内类比，认为从发展中国家的角度来看，西方经济民族主义的兴起被视为"保护性的富

革命之风：殖民地大撤退与非洲的独立之路（1945—1975）

人俱乐部"，进一步加深了帝国统治所造成的不平等。[77] 在米达尔看来，发达国家与发展中国家之间的分化和冲突类似于"西方世界富裕国家在早期阶段多变和不确定的内部情况，当时政治民主只是'空中楼阁'，是一种理想和希望，而工会主义正在前进"。[78] 正如 19 世纪末欧洲国内的情况一样，财富和权力的不公正分配会导致不稳定、冲突和暴力。米达尔认为，如果说福利国家的兴起遏制了国内的阶级斗争威胁，那么福利主义的国际化同样可以克服世界秩序中长期存在的不平等。这种福利主义的国际化既包括让后殖民国家将福利国家作为其国内的经济政策模式；也包括建立一个福利世界，在国际层面扩大和补充福利国家。米达尔将这种新的国际主义与 19 世纪的自由贸易国际主义区分开来，其目标是"在国际范围内协调、统一国家经济政策结构"。[79]

　　米达尔并没有深入探讨建立福利世界所需的制度干预。[80] 虽然米达尔希望在肯尼迪政府掌权时影响和调整美国的外交政策，但他的建议几乎没有得到政治机构的关注。[81] 被美国忽视的后殖民国家将在联合国为福利世界奋斗。米达尔的《超越福利国家》出版后，后殖民国家在联合国大会上通过了一项决议，成立了联合国贸易和发展会议，该组织成立于 1964 年。[82] 在美国和西欧国家的反对下，后殖民国家再次利用其在联大的多数联盟，让阿根廷经济学家劳尔·普雷维什（Raúl Prebisch）掌管联合国贸易和发展会议。作为米达尔在联合国的同事，普雷维什长期关注国际不平等和初级产品生产国贸易条件恶化的问题。[83] 战后不久，他主张后殖民国家应推行进口替代工业化和保护主义经济政策。

第五章 国际经济新秩序的福利世界

但到了20世纪50年代末，普雷维什担心进口替代不能打破全球经济中的依附关系。在领导联合国贸易和发展会议期间，他将注意力转向了国际贸易监管，并形成了后殖民世界的国际福利主义愿景。1963年，普雷比什创造了"国际经济新秩序"一词，并在接下来的10年中为1974年颁布的《建立新的国际经济秩序宣言》和《各国经济权利和义务宪章》奠定了基础。[84]

当米尔达尔接受1974年诺贝尔经济学奖时，他发表了题为"世界发展中的平等问题"的演讲。在为国际经济新秩序辩护时，他赞同发展中国家提出的"从根本上改变国际经济关系"的要求，并批评了多边发展援助的有限性。不过，他并没有将国际经济新秩序与他之前提出的福利世界概念相提并论。相反，米达尔反驳了一些国际经济新秩序的批评者，强调了发展中国家的"不平等问题"，并主张优先进行土地改革。[85]不过，虽然米达尔本人并未将国际经济新秩序与他的福利国际化概念联系起来，但批评者和支持者都提出了这一观点。例如，新自由主义经济学家恩斯特－乌尔里希·彼得斯曼（Ernst-Ulrich Petersmann）在带头改革《关税及贸易总协定》方面发挥了重要作用，他拒绝接受国际经济新秩序的"福利世界国际化"。[86]相反，国际律师伯纳德·罗林（Bernard Röling）赞扬了国际经济新秩序的平等主义抱负，并将其描述为将联合国从和平组织转变为福利组织的努力。[87]

在将国际经济新秩序描述为福利国家的国际化方面，彼得斯曼和罗林都试图利用这一反殖民主义的世界建设计划，因为这是与战后国际秩序截然不同的方式。为了强调这一转变，后殖民国家搁置了标准的联大决议，而以宣言和宪章的形式宣布了国际经济新秩序的成立。但是，这些文件也与联合国的创始文件相联系。例如，1974年的宣言确认了"《联合国宪章》的精神、宗旨和原则，以促进各国人民的经济发展和社会进步"。[88]为此，国际经济新秩序的支持者从国际法的既定原则中为其雄心勃勃的计划寻找法律依据。[89]但这些文件也提出了重建国际社会的建议。第三章中讨论的1960年《给予独立宣言》试图将自决权确立为后帝国主义世界秩序的基础，而国际经济新秩序的宪章和宣言则试图重塑国际法，使其符合反殖民主义世界建设的目标。这些文件和随后的决议将成为新的"所有人民和所有国家之间经济关系的基础"，并被全球北方发达国家视为"从根本上背离了传统的国际法规则"。[90]

国际经济新秩序对主权平等的重新表述是战后国际法律秩序变革的核心。1960年，联合国大会通过了第1514号决议，反殖民民族主义者将形式上的平等普遍化，并提出了主权平等的观点，即在国际领域拥有平等的决策权。在国际经济新秩序的宪章和宣言中，后殖民国家主张这一平等原则，并将大会塑造成一个有权发布具有法律约束力的国际经济政策的立法机构——国际经济新秩序的批评者对这一说法提出了强烈质疑。这一观点的核心是一个程序性论点，即国际经济规则应在联合国大会内决定，因为大会代表所有国家，每个国家都有一票。根据《建立新的国际经济秩序宣言》，联合国是"一个普遍性组织……能够全面处理国际经济合作问题，平等地确保所有国家的利益"。[91]《各国经济权利和义务宪章》通过提及主权平等原则进一步扩展了这一主张。第 10 条指出，所有国家的法律平等及其作为国际社会成员的平等地位赋予它们"充分有效地参与与世界经济、金融和货币问题有关的国际决策的权利"。[92]

这种立法平等的主张将被用来进一步扩大主权平等的含义。虽然形式上的平等在历史上将社会和经济不平等归咎于领土所属国的国内事务而非国际机构，但反殖民主义批评家认为，法律平等的标准观点掩盖了物质上的不平等，而强国正是通过物质上的不平等来确立其支配地位的。说牙买加或坦桑尼亚与美国是国际秩序中的平等成员，掩盖了美国所行使的、可以用来强迫附属国的超强经济支配力。在这种对形式平等的批判中，尼雷尔延伸了他对国内法律平等局限性的批判。[93]正如国家内部平等的政治公民身份并不能消除"需要出卖劳动力才能买到面包的人"的"依附和统治地位"一样，形式上的主权平等没有削弱后殖民国家的依附性。[94]尼雷尔的社会主义国家建设愿景要求实现后殖民公民物质条件的平等，他认为，如果主权平等要成为国际秩序的一项有意义的原则，就必须纠正形式上的平等与实质上的不平等之间的差异。[95]

这种对形式平等的批判以及在经济再分配要求中对主权平等含义的激进化，源于对"国际交流的主流哲学……即'自由市场'的批判"。[96]联合国贸易和发展会议 1964 年的一份报告呼吁关注 1947 年《关税及贸易总协定》所体现的这一理念的局限性。关贸总协定的前提是"国际经济力量的自由发挥本身会导致贸易的最优化和世界生产资源的最有效利用"。但这种观点存在两个问题。

首先，原则上对自由贸易的承诺在实践中受挫，因为发达国家设定了高额的保护性关税和进口配额，保护国内市场（尤其是农业市场）免受发展中国家出口产品的冲击。这对发展中国家不利，因为它们无法向发达国家出售商品。[97]因此，虽然形式上的平等要求所有国家遵守关贸总协定的规定，但富国和强国可以违反规则而不受惩罚。

其次，"经济力量的自由竞争"是建立在这样一种假设之上的，即比较优势和专业化会给所有国家带来同等的贸易利益。然而，正如贸易条件恶化的问题所表明的那样，国际贸易并没有遵循平等交换的模式。[98]这里的问题是，即使所有国家都按照同样的规则行事，贸易利益的分配也是不均衡的，而且是按照国家的等级来排序的。曼利认为，与布雷顿森林体系一样，关贸总协定是以欧洲为中心的国际秩序的产物。虽然关贸总协定试图"为世界经济建立一个国际政治管理体系"——这也是国际经济新秩序希望效仿的，但它是在世界大多数国家都能参与国际决策之前建立的。因此，它为西方世界的利益提供了特权，从而继续复制不平等。[99]

鉴于这些对战后全球经济的批判，国际经济新秩序寻求对战后贸易体制进行两大改革。联合国贸易和发展会议建议采取协调的自由化措施，努力使发展中国家从更自由的国际贸易中获益。这就需要建立普遍优惠制，给予穷国进入发展中国家市场的优惠。普惠制将取代现行的"最惠国待遇"标准，在现行标准中，这类优惠是不被允许的。[100]从发展中国家的角度来看，自由和公平的贸易意味着"所有发展中国家的所有制成品和半制成品都可以不受限制地、免税地进入所有发达国家的市场"。[101]给予发展中国家优惠待遇确保国际贸易不仅支持发展,而且有助于提高发展中国家从其贸易伙伴处进口的能力。[102]

这种有管制的自由化模式要求发达国家和发展中国家进行一系列"结构调整",使增加的国际贸易不会对国内经济产生不利影响。[103]虽然结构调整现在与国际货币基金组织主导的针对债务国的政策联系在一起,但约翰娜·博克曼(Johanna Bockman)最近指出,结构调整最初是作为确保平等主义全球经济的战略——她称之为社会主义全球化。[104]在这里,结构调整建议发达国家和发展中国家重新调整其国内经济,以创造"国际贸易条件,从而实现发展中国家出口收入的迅速增长,以及更广泛地说,实现所有国家之间贸易规模的扩大和种类的多样化"。[105]这种结构调整表明,新的国际经济秩序的出现需要国家经济彻底转型。[106]

在国际层面,结构调整需要经济规划,以避免或减轻收入的倒退性再分配。[107]在国际经济新秩序看来,国际社会"对贸易条件恶化的发展中国家负有明确的责任,就像各国政府承认对其国内初级产品生产者负有类似的责任一样"。[108]通过补偿性融资来弥补商品价格的意外下跌,通过商品协定来调节初级产品的价格,通过商品共同基金来帮助发展中国家实现经济多样化,国际经济新秩序为后殖民国家建立了一个"特殊和差别待遇"体系。这些干预措施旨在确保后殖民国家作为世界上的"农民和工人",能够公平地分享其创造的财富。在"没有一个世界政府"能够实行国际征税的情况下,国际经济新秩序依靠

革命之风：殖民地大撤退与非洲的独立之路（1945—1975）

这些间接机制创造了一个福利世界，在这个世界中，国际贸易的结构是相互依存而非依附。[109]

1966年，《关贸总协定》增加了第四部分，为发展中国家的优惠政策铺平了道路；1971年，最惠国待遇标准获得豁免，后殖民国家在国际贸易体制中赢得了重要的让步，为这个福利世界奠定了基础。这些胜利使一种观点制度化，即国际经济规则必须关注各国在全球经济中的不同地位，并优先考虑发展中世界的需求。在为这种优惠待遇辩护时，国际经济新秩序使用了公平的语言。其宪章和宣言都将公平、主权平等和相互依存作为新全球经济的基本原则。[110] 其宣言进一步指出，原则之一是"国际社会所有成员在公平的基础上进行最广泛的合作，从而消除世界上普遍存在的差距，确保所有人的繁荣"。[111]

在制定国际经济法时，主权平等被用来证明平等立法权的合理性，也是公平分享国际财富分配的基础，而公平原则则将这一法律原则变为一个关注国家结构性不平等地位的场所。这并不是第一次将公平与平等结合起来。正如第二章中所论述的，扬·斯穆茨将公平移植到平等之上，并得出结论，大英帝国和国联都实现了自由与平等的原则。在他的表述中，公平是一种维护等级制度的机制，并将自决改写为种族正义原则。公平意味着国际地位反映各国的政治、经济和种族地位。与此相反，在国际经济新秩序中，公平原则被用来减轻全球经济的等级制度，使管理全球经济的规则向发展中国家倾斜。因此，斯穆茨的公平原则使埃塞俄比亚和利比里亚等国成为负担沉重的成员，它们对国际社会的义务繁重而权利有限，而国际经济新秩序的公平愿景则要求重新分配国际秩序中的权利和义务，使最强大的国家为建立平等的全球经济承担更大的负担。[112]

虽然公平的全球化需要给予后殖民国家优惠待遇，但国际经济新秩序的支持者认为，这也是为更广泛的全球经济服务的。例如，在支持补偿性融资和商品协定等政策时，联合国贸易与发展会议认为，这些措施维持了发展中国家的购买力，从而使它们能够从发达国家购买制成品。因此，为了增加发展中国家的收入，增加发达国家与发展中国家之间的国际贸易，有必要制定经济计划来缓解贸易条件的恶化。如果不采取这种保护措施，贸易条件的恶化将导致世界贸易的萎缩，从而对所有国家造成负面影响。[113]正如国际经济新秩序更广泛的情况一样，这种对国家购买力进行国际管理的论点直接来自对国内劳动分工和福利国家的类比，福利国家纠正了国内的不平等。在国内，国家通过采取支持农产品价格或收入的方式来解决工业和农业部门之间的不平等问题。同样，国际层面也需要政策干预，以避免或减轻收入再分配的倒退现象。[114]

从逻辑上讲，这种类比期待着"世界的统一和联邦"，而泛非主义者认为这是他们于1945年开始的非殖民化项目的终极目标。[115]虽然国际经济新秩序也支持对后殖民主权的有力论述，但在其更加雄心勃勃的愿景中，它勾勒出一个国际管理的全球经济的轮廓，其结构是公平的相互依存，而不是等级森严的依附关系。这个项目标志着反殖民世界建设的巅峰。在国际经济新秩序中，只有在政治和经济权力平等的背景下，克服依附性才是可能的。这种从根本上重新设想的主权平等模式将提供国际无支配的条件,在这种条件下,后殖民国家建设可以在国内实现平等原则。

然而,尽管国际经济新秩序提出了将全球经济组织成一个福利世界的可信愿景,但其核心问题是国内经济关系与国际经济关系之间的类比。虽然将后殖民国家表述为世界的工人和农民重新构建了全球经济并使之政治化,但其回避了后殖民国家内部的工人和农民问题。如上文所述,福利世界计划虽然借鉴了马克思主义对殖民地依附性的长期批判,但也背离了黑人马克思主义的国际主义,而这种国际主义曾为早期的反殖民世界建设提供了依据。例如,在1945年召开的第五届泛非大会上,恩克鲁玛撰写了《殖民地工人、农民和知识分子宣言》,呼吁"殖民地工人和农民"在反对殖民统治的斗争中使用"罢工和抵制"武器。[116] 恩克鲁玛与乔治·帕德莫尔的"黑人国际"愿景一致,将殖民地工人和农民定位为即将到来的反殖民革命和国际阶级战争的先锋。

仅仅二十五年后,后殖民国家本身就被比喻为要求平等主义全球经济的工人和农民,而这一提法与后殖民国家的国内分工有何关系尚不清楚。虽然尼雷尔将七十七国集团视为穷人的工会,但后殖民国家越来越多地限制国内独立的有组织劳工的权利。例如,在加纳,工会运动被国有化,并被纳入国家机器,工人几乎必须加入国家批准的工会。[117] 这种将工会纳入国家和政党的做法,与民族主义者拒绝将阶级纳入后殖民国家分析和动员的范畴不谋而合。尼雷尔的非洲社会主义不是建立在阶级斗争的基础上,而是建立在家庭和村庄的社会化概念上。根据这一观点，国家是通过亲属关系的隐喻来理解的，而阶级冲突则被转移到了国际舞台上。[118]

对尼雷尔和曼利这样的社会主义者来说，建立国际经济新秩序的要求始终被视为在国内实行社会主义的必然国际结果。尼雷尔认为，"争取平等的斗争……既要在我们国家内部进行，也要在世界范围内进行"。[119]但归根结底，在联合国内部制定的国际经济新秩序对国内财富和资源分配只字未提。国内的分配问题完全由国家裁定。左翼和右翼的国际经济新秩序批评家都指出，对国内不平等问题的沉默表明，后殖民时代对平等主义全球经济的要求是虚伪的。在萨米尔·阿明（Samir Amin）等马克思主义者看来，国际经济新秩序的全球经济一体化取向只会加剧经济依附性，进一步增强后殖民国家资产阶级和城市部门的力量，同时将更大的农村部门边缘化。[120]从相反的意识形态角度来看，保守派罗伯特·塔克（Robert Tucker）试图将国际经济新秩序的支持者与西方的自由派支持者拉开距离，认为前者只要实现国家间的平等，就不会关心个人层面的不平等。[121]

尽管将国际与国内类比所用的是从后殖民国家中的工人和农民身上抽象出来的概念，但国内的类比掩盖了国家与国际之间的明显差异——国际社会缺乏一个具有强制力和合法化程序的政府，而正是这种强制力和合法化程序使得国家福利主义出现。与国内福利主义不同的是，福利世界将在没有世界性国家的情况下得到保障。虽然国际经济新秩序对1945年泛非大会上宣布的不可避免的世界统一和联邦表示重视，但其支持者并没有为这一未来设想一个国家主义或联邦制的结构。相反，尼雷尔和其他人转向了现有的国际机构,如联合国大会,并认为这些机构可以提供必要的政治结构来建立一个福利世界。[122] 正如第三章中所讨论的,致力于改造联合国系统始终是反殖民国际主义的一个关键要素。作为联合国的理想愿景,它期待着建立一个支持反殖民主义自决权的平等主义国际社会。然而,国际经济新秩序的支持者们低估了国际机构与要求更多平等之间的对立方式。[123]

因此,尽管后殖民国家把联合国大会当作新国际秩序的立法机构,但其没有真正勾勒出一个进程,让后殖民国家可以动员多数成员来启动联合国系统的转型。上一章中描述的地区联盟与国际经济新秩序之间的对比说明了这一点。西印度群岛和非洲的辩论持续关注超国家再分配所需的政治体制类型。在埃里克·威廉姆斯和夸梅·恩克鲁玛等联邦主义者看来,地区一体化和再分配需要一个强大的联邦国家。当关于国家间再分配的问题被提上全球舞台时,联合国体系内的等级制限制了制度可能性。因此,在没有更强大的政治机构的情况下,关于《建立新的国际经济秩序宣言》和《各国经济权利和义务宪章》等文件中的承诺如何变成义务,国际经济新秩序的支持者没有明确的指导方针。

国内工会主义与发展中国家团结政治之间的联系也不稳定,并在国际经济新秩序短暂的生命周期中逐渐解体。认为发展中国家类似于世界工人阶级,可以组织工会的观点忽视了发展中国家之间的政治和经济分裂。阿明认为,后殖民国家是发展中国家的外围,国际经济新秩序的政策可能会使经济实力较强的国家受益，同时加剧后殖民世界内部的依附关系。[124] 在石油危机最严重的时候，发展中国家之间的分歧变得十分明显。虽然欧佩克在建立商品协会方面为其他发展中国家树立了典范，并证明了国际领域集体行动可能取得的成就，石油价格上涨和随之而来的食品价格飙升对发展中国家的打击尤其严重。[125] 与此相关的是，国际经济新秩序所倡导的贸易自由化更有可能使巴西等工业化程度较高的大国受益，而不是使以农村经济为主的国家受益。[126] 因此，面向穷国的工会叙事往往掩盖了发展中国家的差异性。

由于国内类比的局限性，国际经济新秩序也体现了非殖民化时代反殖民主义世界建设的核心矛盾，因为它既要强化国家主权，又要为后殖民困境提出国际主义的解决方案。其宣言和宪章以非常笼统的方式表达了这两项承诺。这些文件确认了主权平等和不干涉原则，并将主权扩大到包括对自然资源的永久主权，而这一主张在重新定义自决权时已被放弃。同时，国际经济新秩序概述了强有力的国际经济干预，并在援引结构调整时暗示，即使是国内经济政策也必须遵循国际经济新秩序的规定。有鉴于此，《各国经济权利和义务宪章》第 14 条指出，每个国家都有"合作促进世界贸易稳步和日益扩大及自由化的义务"，并进而"逐步消除贸易障碍，改善世界贸易的国际框架"。[127]

明确地说，对独立和国际主义的承诺并非互不相容。事实上，在本书中，我始终认为反殖民民族主义作为一个世界建设计划的独特之处不仅在于它将民族主义和国际主义想象为兼容并蓄的承诺，更重要的是，反殖民民族主义者认为只有通过国际主义才能实现民族独立。但正如我在第一章中所说，民族主义与国际主义的结合有两种不同的形式。在第一种形式中，国际机构被动员起来，为民族国家提供保障和支持；而在第二种形式中，国际机构要超越国家，这是反殖民民族主义者在1945年泛非大会上提出的愿景，并试图通过地区联盟来实现。

国际经济新秩序将这两种方法结合在一起，事实证明，国家独立与国际主义的结合难以实现。这种矛盾在通过捍卫国家权利和坚持国际监管来应对跨国公司日益增长的实力时，体现得最为明显。这两项建议对国家与国际关系的设想各不相同。前者要求国际法确认并加强国家对私营企业的权利。与此相反，转向对跨国公司的国际监管意味着，国家主权是抵御日益复杂的跨国经济流动的有限堡垒，因此，国际法被用来补充和超越作为政治监管场所的国家。[128] 在国际经济新秩序中，这些将国际法视为民族国家的补充和超越的愿景既没有完全相互调和，也没有朝着同一个方向作出决定性的裁决。到了20世纪70年代，民族主义者放弃了联邦时刻所体现的委托和分散主权的努力，转而追求捍卫民族国家的更低限度的国际主义。

取代国际经济新秩序

这些内部局限性和不一致本身并不能说明国际经济新秩序崩溃的原因，因为外部挑战导致该计划从未有机会展现其内部矛盾。因此，它的消亡是一个关于后殖民国家在经济和政治地位受到削弱和破坏的背景下，发生意识形态和政治的挪用的故

第五章　国际经济新秩序的福利世界

事。我称其为"挪用",是想说明,人们利用后殖民国家的政治弱点,利用新经济秩序的内部矛盾,采取协调一致的战略努力,以消除对新经济秩序的需求。当后殖民地国家努力在联合国内实现经济新秩序的目标时,1973年石油禁运正让他们脚下的土地发生变化。在国际收支危机和债务水平不断上升的背景下,后殖民国家不得不屈从于国际金融机构的指令,而国际经济新秩序的批评者,从发达国家的政治家到新自由主义经济学家,都找到了他们可以发起强拆的政治舞台。[129]

牙买加是最先经历经济冲击后果的国家之一。1973年至1974年,牙买加的铝土矿产量达到顶峰,曼利政府从铝土矿行业攫取了更多的租金,以抵消油价上涨的影响,并为其雄心勃勃的社会计划提供资金。在他执政期间,用于公共教育和医疗保健的支出从24亿美元增加到了27亿美元,婴儿死亡率从1970年的32.5%下降到1980年的11.3%,1971—1976年,劳动收入占比从61%上升到69%。[130] 到了20世纪70年代中期,为了报复较高的租金,铝土矿公司削减了产量,而此时澳大利亚、巴西和西非的铝土矿生产商却以较低的价格在国际市场上将牙买加挤了出去。到1976年,牙买加政府入不敷出,财政赤字高达15%,而财政赤字的主要来源是中央银行的信贷。[131] 1976年,曼利再次当选,他的政府被迫与国际货币基金组织协商一项稳定计划。1977年的协议是一系列结构调整中的第一项。其要求货币贬值30%;大幅削减公共开支,尤其是公共部门工人的工资;以及国有资产私有化。作为援助牙买加的另一个条件,国际货币基金组织要求定期进行"绩效测试",以确保达到其基准。¹³² 经济危机和国际货币基金组织的协议对曼利的民主社会主义造成的有害影响立竿见影，1977 年至 1978 年，劳工收入占比下降了 5%，他第一个任期内取得的成就在一年内化为乌有。¹³³ 在类似的经济和金融压力下，尼雷尔政府在 20 世纪 70 年代末也开始求助于国际金融机构。与曼利的政策一样，尼雷尔的非洲社会主义计划也在文盲率、婴儿死亡率和小学入学率等社会指标上取得了显著进步。¹³⁴ 然而，到 1977 年，社会支出不断增加，加上贸易条件不断恶化，尼雷尔政府不得不依赖国际货币基金组织的贷款来弥补预算赤字。尼雷尔最初拒绝了国际货币基金组织和世界银行提出的条件，其中包括减少政府支出和经济自由化。¹³⁵

1980 年，在中断与国际金融机构的谈判一年后，尼雷尔在阿鲁沙组织了一次关于国际货币基金组织和发展中国家的会议——1967 年，他曾在这座城市宣布了他的非洲社会主义计划。曼利没有亲自参加会议，但派出了他的经济顾问并写了一封信，概述了牙买加与国际货币基金组织的合作经验。他批评了结构调整中的惩罚性态度，强调了社会福利项目被削减后生活条件的恶化，并呼吁采取与国际经济新秩序目标相称的新方法。¹³⁶ 因此，国际货币基金组织在牙买加和坦桑尼亚的早期干预是国际货币体系和国际新秩序南北会议的中心议题。针对布雷顿森林体系的瓦解以及发展中国家被排除在国际货币基金组织和世界银行之外的情况，《阿鲁沙宣言》呼吁建立一个新的民主和普遍的货币体系，该体系将关注全球南部的经济发展，并建立一个独立于美元的国际货币单位。¹³⁷ 对尼雷尔和曼利来说，国内

第五章 国际经济新秩序的福利世界

和国际的经济危机是推进"国际经济新秩序斗争"的契机。[138]

但是,《阿鲁沙宣言》并没有开启关于国际经济新秩序的新阶段,也没有揭示国际经济新秩序最初专注于贸易的局限性,它是复兴后殖民时代福利世界的最后尝试。随着越来越多的发展中国家陷入债务危机并开始拖欠贷款,结构调整计划成为20世纪80年代后殖民政治的普遍特征。联合国贸易与发展会议曾将结构调整理解为在发展中国家和发达国家同时进行的经济改革项目,在这种背景下,则仅限于对负债国(主要是全球南部国家)进行改革和约束。在这种新的结构调整的叙事中,我们看到了一个明显的挪用取代的例子,即国际货币基金组织和其他行为者试图根据供给侧的经济学重新解释"结构性改革"的概念。联合国贸易与发展会议继续坚持认为,结构调整必须包括发达经济体的转型,以向发展中国家开放全球北方市场,而国际货币基金组织则认为,结构调整需要"消除较贫穷国家经济中的结构失衡和僵化"。[139]

这种将结构调整限定在"较贫穷国家"的做法,同时也拒绝将联合国大会作为国际经济决策的适当场所。国际经济新秩序的支持者认为,联合国大会是一个更具代表性的机构,因此也更民主,可以就贸易、不平等和不发达问题进行立法。然而,对国际经济新秩序的批评者来说,将有关经济政策的决策权交给联大会使经济政治化,并允许发展中国家利用其多数优势来对抗全球经济中更强大的行为体,这是很危险的。债务危机爆发后,国际金融机构的地位更加突出,经济问题得以摆脱多数主义,实现去政治化。因此,经济决策不再是政治竞争的场所,而是技术和法律专业知识的舞台。最好把决策权留给经济学家和律师而不是政治家。

新自由主义经济学的兴起远远超出了国际机制的范围，它在意识形态上取代了国际经济新秩序，并发起了一场反对平等主义全球经济愿景的反革命浪潮。对于与贝勒林协会（Mont Pèlerin Society）有联系的新自由主义经济学家来说，平等的要求威胁到了"世界经济的自我平衡体系"。[140]虽然对国际经济新秩序的支持者来说，秩序意味着以再分配公正为目标的全球经济，但从新自由主义者的角度来看，秩序意味着波动的体系，在这个体系中，参与者对市场刺激作出反应，而不预先设定最终状态。[141]在《关贸总协定》和国际投资法的改革中，新自由主义的反革命议程战胜了国际经济新秩序。国际经济新秩序将公平与平等相提并论，并设想了一种为发展中的后殖民国家提供优惠待遇的规范化全球化形式，而新自由主义改革者则重新将形式上的平等作为全球经济的基础。"在世界经济中使用统一规则的理念"取代了国际经济新秩序重新分配权利和义务的努力，使强国不必承担更大的责任。此外，作为世界经济监管规则的主体，国家不能再声称有能力改变国际秩序。从新自由主义的角度来看，国家主权不仅与市场约束机制相容，而且需要服从市场约束机制。

这标志着对国际经济新秩序关键信条的全盘否定，而这些信条是关于国家建设和世界形成的相互关联的论述，它承认经济依赖自治的后果，将国际不平等政治化以支持重新分配的主张，并致力于将主权国家作为福利世界的代理人和主体。国际经

第五章　国际经济新秩序的福利世界

济新秩序运动消亡后，英美哲学家们对全球正义的呼唤又以新的形式出现。从查尔斯·贝茨在20世纪70年代末的开创性工作开始，哲学家们受到约翰·罗尔斯1971年《正义论》的极大影响。面对国际经济新秩序的福利主义国际化，通过对全球正义的道德基础进行理论化，他们以自己的方式影响了世界的创造。[142] 由于个人是全球正义的主体，这种世界主义的重构强调了国家边界在道义上的任意性，并对最富裕国家根深蒂固的反分配偏好提出了质疑。对国家的这种批判性定位也意味着要摒弃国际经济新秩序将后殖民国家视为世界工人的观念。国家之间的不平等不能作为识别和纠正个人之间不平等的有效替代。在贝茨看来，全球正义需要一个国际差异原则，即"在全球范围内处于最不利地位的代表人（或代表群体）的地位应最受重视"。[143]

在全球正义的主体从国家转向个人的同时，出现了一种优先考虑充足性的基本需求方法。尽管贝茨保留了国际经济新秩序的平等主义雄心，但从世界银行的发展经济学家到非政府组织等一系列政治参与者，都将注意力转移到了绝对贫困，而不是相对不平等的问题上。[144] 在全球粮食危机以及孟加拉国、埃塞俄比亚和其他地方的饥荒发生之后，缓解人类贫困和满足个人基本需求成为政策制定者和哲学家们关注的焦点。从平等到温饱这一转变的核心，一方面是认为全球平等过于遥远或不切实际，另一方面是一种直觉，即在没有最低标准的情况下，罗尔斯的差别原则仍可能使最贫困个人的基本需求得不到满足。[145]

随着新自由主义反革命在经济实践中灌输市场原教旨主义，社会正义也被全球化、个人化，并在道德和政治理论中被最小化。[146] 在这种情况下，回到国际经济新秩序的福利世界，让我们想起关于全球正义的临时辩论的反帝国起源。正如一位观察家在 20 世纪 70 年代末所指出的，"无论发展中国家要求建立一个新的、更加平等的经济秩序会带来什么后果，有一点是明确的：这些要求引发了一场前所未有的关于全球分配正义的辩论。"[147] 然而，同样引人注目的是，这场当代辩论偏离了发展中国家对福利世界的愿景。作为最后一个，也是最雄心勃勃的反殖民主义世界建设计划，国际经济新秩序对全球正义作出了截然不同的解释——将不公正置于共同的帝国历史中，将个人定位为地位不平等国家的公民，将实现全球正义与实现自治所需的国际非宗主国原则联系起来，并重新定义了国际平等的含义。它的消亡标志着自决权开始衰落，而它对全球经济的批判则继续回荡在新的后殖民全球正义观中。[148]

后记　民族自决的衰落

1975年3月,在联合国大会通过《各国经济权利和义务宪章》不到一年后,丹·埃尔·帕特里克·莫伊尼汉(Daniel Patrick Moynihan)撰文对建立国际经济新秩序的要求进行了严厉批评。莫伊尼汉曾担任过两年的美国驻印度大使,在同年晚些时候短暂担任驻联合国代表之前,他曾表示,"世界上绝大多数国家认为,可以对个别国家的财富提出一些既值得考虑又具有威胁性的要求"。莫伊尼汉承认世界是以相互依存为基础的,他认为美国作为联合国的创始国,孕育了"世界社会的概念"。但在莫伊尼汉看来,国际经济新秩序的相互依存愿景反映了"新多数的暴政",破坏了美国对自由国际秩序的愿景。[1]

莫伊尼汉认为,新的多数派对美国领导层提出了挑战,而这种挑战不同于苏联提出的挑战。他将其国际再分配的要求追

革命之风：殖民地大撤退与非洲的独立之路（1945—1975）

溯到前英国殖民地臣民，这些臣民吸收了费边社会主义传统的理论，现在正试图将英国福利主义的教训国际化。莫尼汉认为，这种对国际平等的激进立场要求美国放弃绥靖政策，坚持反对政治。莫伊尼汉领导少数派自由党反对多数派的平等要求，他概述了三种反对策略。首先，他认为美国应捍卫一种自由国际主义，在这种国际主义中，政策"在承诺上是有限的，在手段上是具体的，在方式上是有代表性的，在结果上是可定义的"。其次，他敦促美国发表声明，称发展中国家的经济状况是"他们自己造成的，而不是别人"，因此"不应对别人提出任何要求"。最后，他建议美国发言人将平等和自由的"自身标准"与发展中国家的议程对立起来，从而唤起人们对发展中国家议程虚伪性的关注。莫伊尼汉希望美国不要"为不完美的民主道歉"，而是"为政治和公民自由代言"。[2]

莫伊尼汉的反对策略源于西方观察家的一种日益强烈的意识，即非殖民化的承诺已经耗尽，并导致了一系列道德和政治上的死胡同。正如第三章所述，以赛亚·伯林、克莱德·伊格尔顿和路易斯·亨金等自由主义者20世纪50年代和60年代就已经对自决的反殖民主义再创造产生了怀疑。到了20世纪70年代中期，随着后殖民国家的发展轨迹似乎证实了他们早期的怀疑态度，这种批评的声音越来越大。观察家们在审视了分离政策、饥荒和国家镇压等政治危机后得出结论，自决权及其集体主义和国家主义主张现已过时。[3] 批评者认为，反殖民民族主义者将自决完全作为一项外部的、消极的原则，只关注没有异族统治，与民主自治脱节。[4] 鲁珀特·爱默生认为，反殖民民族主义者批判异族统治，称其是对基本自由和人权的否定，但他们建立的政府形式却破坏了"西方民主制度的基本原则"，他们的行为是一种恶意行为。[5]

问题不仅在于机会主义的后殖民精英为了自己的目的劫持了自决和人权，还在于非殖民化所建立的国家似乎缺乏自治所必需的社会学先决条件。回到威尔逊时代以"准备自治"为基础的自决划分，批评者认为，自决的普遍化将这一原则推向了"合乎逻辑但荒谬的极端"。其结果是"一个由200个或更多成员组成的国家社会，其中一半的人口少于美国的兰开斯特（宾夕法尼亚州）和大约100个城市"。[6] 这种批评摒弃了反殖民主义坚持的国际政治和生态关系与国内政治密切相关的观点，将政治和经济危机问题归结为国内能力问题。随着能力问题被重新摆上桌面，国际社会中不平等的成员资格也再次受到关注。与关于国联成员资格的辩论相呼应，埃默森认为，"如果联合国的正式成员资格将那些人数和其他属性（可能在国际上有明确规定）低于某种议定标准的民族拒之门外，那么他们还有其他可能性"，包括成为专门机构的成员，这直接影响到新国家和没有投票权的准成员国。[7] 这种取消主权平等普遍原则的呼声在冷战结束后会产生更广泛的传播和影响，因为"失败"和"无赖"国家等类别会使不平等地位合法化，使军事干预合法化，并允许重新引入托管制度。[8]

20世纪70年代对自决的批判也与美国逐渐放弃联合国和战后国际秩序的其他多边机构的进程相一致。1945年，联合国是一个典型的美国创举，旨在将自由主义国际秩序制度化，而在

革命之风：殖民地大撤退与非洲的独立之路（1945—1975）

联合国成立三十年后，美国的政策制定者和政治家们面对的却是一个被反殖民民族主义者改造成非殖民化政治舞台的国际组织。第二次世界大战后，他们利用新兴的人权话语所提供的机会，通过在联大中不断扩大的多数席位占领了联合国。与此同时，对冷战竞争的担忧至少确保了北大西洋国家的克制和绥靖政策。20世纪60年代，随着后殖民国家利用新的自决权挑战外来统治的残余，尤其是南非的种族隔离政权，反殖民民族主义者将联合国重新塑造为"后殖民革命"的场所，而美国则将该国际组织视为"合作、集体安全和以美国为中心的论坛"，这两者之间的鸿沟和冲突显而易见。[9]

在制定反对战略时，莫伊尼汉曾希望美国重新夺回联合国，并重新确立以自由规则为基础的国际秩序。然而，部分由于对这种反殖民主义占有的反弹以及冷战约束的松动，美国逐渐脱离了战后国际机构。美国的政策制定者非但没有恢复国际机构，反而拥护"新主权主义"，拒绝接受国际准则，主张在没有国际授权的情况下进行军事干预。[10]这种意识形态导向在2001年9月11日之后达到顶峰，因为恐怖主义的威胁、重新抬头的民族主义以及自大的行政部门不仅为先发制人的战争提供了理由；而且鼓励僭越关于战争、酷刑和拘留的国际公约，加强安全理事会等不具代表性的排斥性机构，以促进美国的利益。[11]

从这个角度来看，自决的衰落和当代国际秩序的起源可以在20世纪70年代开始的意识形态和体制变革中找到答案。对自决的否定和对国际机构的日益排斥标志着使反殖民主义世界构建成为可能的历史和政治时刻的结束。这些发展也为美帝国主义无拘无束的新时代奠定了基础，在这个时代，主权平等的原则被削弱，美国甚至摆脱了对有章可循的国际秩序的口头承诺。如果说第二次世界大战后的三十年的特点是反殖民主义追求无统治的国际秩序，激化了主权平等的意义，那么冷战结束后的三十年则令人震惊地回归到等级森严的国际秩序。

由于反殖民民族主义面临着的内部危机和局限性，无法再发起有效的挑战，因而出现了帝国世界的复兴和重组。在1960年非殖民化高潮之后的十五年间，后殖民国家作为能够容纳种族、民族和宗教多元化的公民政治场所这一理念受到质疑，因为自下而上的运动反对民族国家结构中的多数主义、同质化和排斥倾向。与此同时，以重新思考主权问题为开端的反殖民主义世界建设，最终导致了强化民族国家的项目。这种逆转在联邦辩论的解决方案中最为明显。在联邦辩论中，将主权委托给联邦的努力让位于区域组织，而区域组织则热衷于维护成员的主权权利。对后殖民独立不稳定性的关注激发了为确保国际非殖民地化而进行的严格的世界建设计划。但是，随着这些计划的失败，民族主义者面临国内反对和国际批评，他们对国家越来越多地采取抗拒姿态。

冷战的结束放大了这些政治危机和国际政治坐标的变化，自决的语言和国家的体制形式似乎不再是后殖民国家政治愿景的动力。被等同于创造世界和建设国家的自决原则，以及被想象为国际和国内变革推动者的后殖民国家，是建设帝国之后的世界的核心。随着使这些承诺变得可行的条件逐渐消失，它们的政治价值也随之下降。自决承诺破灭的象征是迈克尔·曼利重新担任总理。¹² 1980 年，牙买加还在为债务危机和结构调整带来的后果而苦苦挣扎，曼利失去了连任的机会，但他于 1989 年再次担任总理。这位昔日的民主社会主义者在 20 世纪 70 年代末皈依了他所抵制的新自由主义，现在他坚持认为："如果你想要一个真正有活力、有效的经济，你唯一能做的就是完全遵循市场逻辑……这意味着你必须剥离那些被置于国家控制之下的资产……让经济承受竞争的冲击，同时也要充分认识到，为了创造一个更精简但更持久的发展进程，一些已经建立起来的东西将会丧失。"¹³

虽然曼利本人坚称，他是在反思而不是放弃民主社会主义，但这种转变是不可否认的，它体现了自决衰落所特有的政治封闭性。在与西印度群岛大学新世界小组成员卡里·波拉尼·莱维特（Kari Polanyi Levitt）的通信中，曼利揭示了这种封闭所带来的悲剧。¹⁴ 在极度绝望的时候，他总结说国际经济新秩序是"建立在幻想之上的——也就是说，国际政治中的任何人都会对建立在道德基础上的争论作出回应"。¹⁵ 当莱维特提醒他："国际经济新秩序议程并非基于'道德'，而是基于发展中国家对自然资源的主权权利、跨国公司行为准则的必要性以及稳定商品价格的国际措施"时，曼利改变了他的观点。¹⁶ 对此，他认为"未能团结欧佩克和其他发展中国家"（他称之为"真正的悲剧"），以及罗纳德·里根和玛格丽特·撒切尔的崛起（他们"埋葬"了发展中国家的平等要求）导致了国际经济新秩序的崩溃。¹⁷

就像 20 世纪 90 年代的曼利一样，我们生活在自决衰落的阴影之下。后帝国世界秩序的愿景催生了三十年的反殖民世界建设，而这一愿景似乎与我们当前的政治形势相去甚远。站在从当下回望过去，在清楚地看到反对这一计划的各种力量的情况下，自决的衰落似乎是不可避免的。我们甚至可能会像曼利曾经做的那样，认为这些计划是幻想和不现实的。但是，得出这一系列结论就等于回避了我们对反殖民世界建设的承诺和废墟的思考。非殖民化的不彻底最终导致了一个由不平等的民族国家组成的世界，从联邦梦想中产生的地区组织，以及取代国际经济新秩序福利世界的全球正义愿景，都表明了反殖民主义世界构建承载的期望之大与遭受的失望之深。在审视这一现状时，如果将建立后帝国世界过程中语言和战略的偏颇和最终衰落，与期待一个平等和没有支配的世界的道德愿景和政治愿景的消亡混为一谈，那将是错误的。

　　帝国的融合和分化构建了现代世界，基于此的反帝国世界愿景在自决崛起之前有不同的表述，并且可能在未来以新的语言和模式重新塑造。本书的部分任务就是要说明，即使是看似结束的时刻——首先是战时国际主义的衰落和民族国家体系的巩固，其次是后殖民国家的政治和经济局限——也是重新制定反帝国主义未来的轮廓和制定实现这一愿景的新战略的契机。根据这一观点，自决的衰落不仅标志着死胡同，也是重新塑造未来的舞台。在本书的世界缔造者所处的大西洋殖民地世界，"黑人生命运动"、加勒比地区对奴隶制和种族灭绝的赔偿要求，以及南非对社会和经济非殖民化的呼吁，都暗示着一种新的思想。就像非殖民化的世界缔造者一样，这些政治组织重新开始反思我们帝国的过去和现在，以想象一个反帝国的未来。

注释

导言 帝国之后的世界构建

1. Kwame Nkrumah, "Speech at the Independence of Ghana, March 6, 1957," in *I Speak of Freedom: A Statement of African Ideology* (New York: Frederick A. Praeger, 1961), 107.
2. Kevin Gaines, *American Africans in Ghana: Black Expatriates and the Civil Rights Era* (Chapel Hill: University of North Carolina Press, 2006), 77-82.
3. W.E.B. Du Bois, "A Future for Pan-Africa: Freedom, Peace, Socialism," in *The World and Africa and Color and Democracy*, ed. Henry Louis Gates Jr. (New York: Oxford University Press, 2007), 187-90.
4. Michel-Rolph Trouillot, "North Atlantic Universals: Analytic Fictions, 1492- 1945," *South Atlantic Quarterly* 101 (Fall 2002): 839-58. Lisa Lowe, *The Intimacies of Four Continents* (Durham, NC: Duke University Press, 2015).

5. Hannah Arendt, *The Origins of Totalitarianism* (1951; New York: HarcourtBooks, 1994), 124-25. 尽管阿伦特强调的是 19 世纪晚期空前规模的帝国主义，但政治思想史学者最近指出，从近代早期开始，欧洲的帝国冲突对权威政治思想家想象国内政治可能性的方式起到了决定性作用。关于这一论点，见 Karuna Mantena, "Review Essay: Fragile Universals and the Politics of Empire," *Polity* 38 (October 2006): 543-55, 544-45. 例如，见 Richard Tuck, *The Rights of War and Peace: Political Thought and the International Order from Grotius to Kant* (Oxford: Oxford University Press, 1999); Sankar Muthu, *Enlightenment against Empire* (Princeton, NJ: Princeton University Press, 2003); Jennifer Pitts, *A Turn to Empire: Jennifer Pitts, A Turn to Empire: The Rise of Imperial Liberalism in Britain and France* (Princeton, NJ: Princeton University Press, 2005); Isaac Nakhimovsky, *The Closed Commercial State: Perpetual Peace and Commercial Society from Rousseau to Fichte* (Princeton, NJ: Princeton University Press, 2011); and Richard Whatmore, *Against War and Empire: Geneva, Britain, and France in the Eighteenth Century* (New Haven, CT: Yale University Press, 2012).

6. 关于民主化与自由帝国主义之间的关系，见 Pitts, *Turn to Empire*, 163-240, 247-54。关于维多利亚时代的思想家们如何重新思考国家政治与帝国政治之间的关系，以及如何设想一系列国际机构来管理和协调这种紧张关系，见 Duncan Bell, *Reordering the World: Essays on Liberalism and Empire* (Princeton, NJ: Princeton University Press, 2016)。

7. Mark Mazower, *Governing the World: The History of an Idea*, 1815 to the Present (New York: Penguin, 2012), 55-64.

8. Karl Marx and Friedrich Engels, *The Communist Manifesto* (1848; London: Penguin Classics, 2002), 220-24; Karl Marx, Capital, vol. 1, *The Critique of Political Economy* (1867; London: Penguin Classics, 1976), 914-40.

9. Marx, Capital, 1: 915.

10. Marx and Engels, *Communist Manifesto*, 915.

11. Manu Goswami, *Producing India: From Colonial Economy to*

National Space (Chicago: University of Chicago Press, 2004), 26-27.

12. Manu Goswami, "Imaginary Futures and Colonial Internationalisms," *American Historical Review* 117 (December 2012): 1461-85.

13. Michelle Ann Stephens, *Black Empire: The Masculine Global Imaginary of Caribbean Intellectuals in the United States, 1914-1962* (Durham, NC: Duke University Press, 2005); Holger Weiss, *Framing a Radical African Atlantic: African American Agency, West African Intellectuals and the International Trade Union Committee of Negro Workers* (Leiden: Brill, 2014).

14. 为巩固这一胜利的过程而进行的章程化仍在继续。关于巩固民族国家胜利的偶然和有争议的过程，见 Frederick Cooper, *Decolonization and African Society: The Labor Question in French and British Africa* (New York: Cambridge University Press, 1996); Frederick Cooper, "Labor, Politics and the End of Empire in French Africa," in *Colonialism in Question: Theory, Knowledge, History* (Berkeley: University of California Press, 2005), 204-30; Frederick Cooper, *Citizenship between Empire and Nation: Remaking France and French Africa, 1945-1960* (Princeton, NJ: Princeton University Press, 2014); Gary Wilder, *Freedom Time: Negritude, Decolonization, and the Future of the World* (Durham, NC: Duke University Press, 2015); Karuna Mantena, "Popular Sovereignty and Anti-colonialism," in *Popular Sovereignty in Historical Perspective*, ed. Richard Bourke and Quentin Skinner (New York: Cambridge University Press, 2016), 297-319。

15. Brent Hayes Edwards, *The Practice of Diaspora: Literature, Translation, and the Rise of Black Internationalism* (Cambridge, MA: Harvard University Press, 2003).

16. 同上，第284页。正如爱德华兹所说，战争结束时，"战时（法语国家）的核心人物几乎都已去世、入狱或不在法国"。例如，到1945年，塞泽尔和纳达尔回到了马提尼克岛，而桑戈尔在纳粹集中营服刑后回到了塞内加尔。

17. Wilder, *Freedom Time.*

18. 关于这些更广泛形态的通俗历史，见 Vijay Prashad, *The Darker Nations: A People's History of the Third World* (New York: New

Press, 2007); and Vijay Prashad, *The Poorer Nations: A Possible History of the Global South* (New York: Verso, 2012).

19. W.E.B. Du Bois, "To the Nations of the World," in *W.E.B. Du Bois: A Reader*, ed. David Levering Lewis (New York: Henry Holt, 1995), 639.

20. Eric Williams, *Inward Hunger: The Education of a Prime Minister* (London: Andre Deutsch, 1969), 54. 关于"世代"这一概念作为恢复和重建思想史的突出概念，特别是在讲英语的加勒比地区，见 David Scott, "The Temporality of Generations: Dialogue, Tradition, Criticism," *New Literary History 45* (Spring 2014): 157-81.

21. Robert Vitalis, *White World Order, Black Power Politics: The Birth of American International Relations* (Ithaca, NY: Cornell University Press, 2015), 11-12. 例如 Alain Locke, *Race Contacts and Interracial Relations: Lectures on the Theory and Practice of Race*, ed.Jeffrey Stewart (Washington, DC: Howard University Press, 1992); Ralph Bunche, *A Worldview of Race* (Washington, DC: Associates in Negro Folk Education, 1936); Rayford Logan, *The African Mandates in World Politics* (Washington, DC: Public Affairs, 1948); Merze Tate, "The War Aims of World War I and II and Their Relation to the Darker Peoples of the World," *Journal of Negro Education 12* (Summer 1943): 521-32.

22. Jason C. Parker, "'Made-in-America Revolutions'? The 'Black University' and the American Role in the Decolonization of the Black Atlantic," *Journal of American History 96* (December 2009): 727-50.

23. Nnamdi Azıkıwe, *My Odyssey: An Autobiography* (London: C. Hurst, 1970), 123, 145-48, 156-57.

24. Nnamdi Azikiwe, *Liberia in World Politics* (London: Arthur H. Stockwell, 1934). 仅仅三年后，他又对帝国主义在非洲的活动进行了更广泛的阐述。见 Nnamdi Azikiwe, *Renascent Africa* (1938; London: Frank, Cass, 1968)。

25. Kwame Nkrumah, *Ghana: The Autobiography of Kwame Nkrumah* (London: Thomas Nelson and Sons, 1957), 27.

26. George Padmore, *How Britain Rules Africa* (London: Wishart Books,

1936).
27. George Padmore, *Africa and World Peace* (1937; London: Frank Cass, 1972).
28. Marika Sherwood, *Kwame Nkrumah: The Years Abroad 1935-1947* (Legon, Ghana: Freedom, 1996).
29. Nkrumah, Ghana, 44; Sherwood, *Kwame Nkrumah*, 76-81.
30. Kwame Nkrumah, *Towards Colonial Freedom: Africa in the Struggle against World Imperialism* (1947; London: Heinemann, 1962); George Padmore, *The Gold Coast Revolution: The Struggle of an African People from Slavery to Freedom* (London: D. Dobson, 1953); George Padmore, *Pan-Africanism or Communism? The Coming Struggle for Africa* (1956; Garden City, NY: Doubleday, 1971).
31. 关于曼利这一代人作为二十世纪反殖民政治思想传统的第二代人，见 David Scott, *Refashioning Futures: Criticism after Post-coloniality* (Princeton, NJ: Princeton University Press, 1999), 222.
32. Thomas Molony, Nyerere：*The Early Years* (Suffolk: James Currey, 2014), 147-61; Priya Lal, *African Socialism in Postcolonial Tanzania: Between the Village and the World* (New York: Cambridge University Press, 2015), 49; Darrell E. Levi, *Michael Manley: The Making of a Leader* (London: Andre Deutsch, 1989), 65.

第一章　非殖民化的政治理论

1. United Nations General Assembly Resolution 1514 (XV), "Declaration on the Granting of Independence to Colonial Countries and Peoples," A/RES/1514/XV, December 14, 1960, http://wpik.org/Src/unga1514.html, accessed June 13, 2012.
2. Yassin El-Ayouty, *The United Nations and Decolonization: The Role of AfroAsia* (The Hague: Martinus Nijho, 1971).
3. Rupert Emerson, *From Empire to Nation: The Rise to Self-Assertion of Asian and African Peoples* (Cambridge, MA: Harvard University

Press, 1960); John Plamenatz, *On Alien Rule and Self-Government* (London: Longman's, 1960).

4. Plamenatz, *On Alien Rule*, 16.
5. Emerson, *From Empire to Nation*, 16-17.
6. Michael W. Doyle, *Empires* (Ithaca, NY: Cornell University Press, 1986), 12.
7. Anna Stilz, "Decolonization and Self-Determination," *Social Philosophy and Policy* 32 (October 2015): 1-24, 16; Lea Ypi, "What's Wrong with Colonialism," *Philosophy and Public Affairs* 41 (Spring 2013): 158-91, 158.
8. Hedley Bull and Adam Watson, eds., *The Expansion of International Society* (Oxford: Clarendon, 1984).
9. Doyle, *Empires*, 20.
10. Bull and Watson, eds., *Expansion of International Society*, 1-9. 另见 Adam Watson, *The Evolution of International Society: A Comparative Historical Analysis* (New York: Routledge, 1992)。
11. 当代历史学家和政治理论家重申了这一关于民族国家全球扩散的论述。例如，Jürgen Habermas, "The European Nation-State: On the Past and Future of Sovereignty and Citizenship," in *The Inclusion of the Other: Studies in Political Theory*, ed. Ciaran Cronin and Pablo De Grei (Cambridge, MA: MIT Press, 1998), 105-6; David Armitage, *The Declaration of Independence: A Global History* (Cambridge, MA: Harvard University Press, 2007), 103-4; Jean Cohen, *Globalization and Sovereignty: Rethinking Legality, Legitimacy, and Constitutionalism* (New York: Cambridge University Press, 2012), 80.
12. Harold Macmillan, "Prime Minister's Speech at the Joint Meeting of Both Houses of Parliament in Cape Town," February 3, 1960, http://www.africanrhetoric.org/pdf/J%20%20%20Macmillan%20%20%20the%20wind%20of%20change.pdf, accessed June 15, 2016.
13. Stuart Ward, "The European Provenance of Decolonization," *Past and Present* 230 (February 2016): 227-60.
14. Ibid., 229, 258.
15. Kwame Nkrumah, "Address to the Nationalists Conference," in *12*

Key Speeches of Kwame Nkrumah (London: African Publication Society, 1970), 6.
16. Kwame Nkrumah, "Undated Speech," in *Axioms of Kwame Nkrumah* (London: Thomas Nelson and Sons, 1967), 55.
17. Kwame Nkrumah, *Africa Must Unite* (New York: International, 1963), 50.
18. 有关恩克鲁玛领导的加纳的后殖民公民权政治的论述, 见 Jeffrey Ahlman, *Living with Nkrumahism: Nation, State, and PanAfricanism in Ghana* (Athens: Ohio University Press, 2017).
19. David Lake, *Hierarchy in International Relations* (Ithaca, NY: Cornell University Press, 2009).
20. Antony Anghie, *Imperialism, Sovereignty and the Making of International Law* (New York: Cambridge University Press, 2005), 2-3.
21. Ibid., 22.
22. Richard Tuck, "Alliances with Infidels in the European Imperial Expansion," in *Empire and Modern Political Thought*, ed. Sankar Muthu (New York: Cambridge University Press, 2012), 76.
23. Ibid., 83.
24. Anghie, *Imperialism*, 70.
25. L.F.L. Oppenheim quoted in ibid., 81-82.
26. Martti Koskenniemi, *The Gentle Civilizer of Nations: The Rise and Fall of International Law, 1870-1960* (New York: Cambridge University Press, 2001), 127-31.
27. Siba N'Zatioula Grovogui, *Sovereigns, Quasi-sovereigns, and Africans: Race and SelfDetermination in International Law* (Minneapolis: University of Minnesota Press, 1996), 77.
28. Anghie, *Imperialism*, 105.
29. Ibid., 4.
30. Du Bois, "To the Nations of the World," 639; W.E.B. Du Bois, *The Souls of Black Folk*, ed. David W. Blight and Robert Gooding-Williams (1903; Boston: Bedford Books, 1997), 45.

31. Thomas Holt, *The Problem of Freedom: Race, Labor, and Politics in Jamaica and Britain, 1832-1938* (Baltimore: Johns Hopkins University Press, 1991); Saidiya V. Hartman, *Scenes of Subjection: Terror, Slavery, and Self-Making in Nineteenth-Century America* (New York: Oxford University Press, 1997); Frederick Cooper et al., eds., *Beyond Slavery: Explorations of Race, Labor, and Citizenship in Postemancipation Societies* (Chapel Hill: University of North Carolina Press, 2000); Catherine Hall, *Civilising Subjects: Metropole and Colony in the English Imagination, 1830- 1867* (Chicago: University of Chicago Press, 2002).
32. Karuna Mantena, *Alibis of Empire: Henry Maine and the Ends of Liberal Imperialism* (Princeton, NJ: Princeton University Press, 2010), 30-39.
33. Marilyn Lake and Henry Reynolds, *Drawing the Global Colour Line: White Men's Countries and the International Challenge of Racial Equality* (New York: Cambridge University Press, 2008), 67.
34. Andrew Zimmerman, *Alabama in Africa: Booker T. Washington, the German Empire, and the Globalization of the New South* (Princeton, NJ: Princeton University Press, 2010).
35. Duncan Bell, *The Idea of Greater Britain: Empire and the Future of World Order, 1860-1900* (Princeton, NJ: Princeton University Press, 2007); Duncan Bell, "Beyond the Sovereign State: Isopolitan Citizenship, Race and Anglo-American Union," *Political Studies* 62 (June 2014): 418-34; Lake and Reynolds, *Drawing the Global Colour Line*, 49-94; Bell, *Reordering the World*.
36. W.E.B. Du Bois, "The Souls of White Folk," in *Darkwater: Voices within the Veil* (1920; Mineola, NY: Dover, 1999), 17.
37. Vitalis, *White World Order, Black Power Politics*. Teemu Ruskola, "Raping Like a State," *UCLA Law Review* 57 (June 2010): 1477-536, 1523-25.
38. Michael Adas, "Contested Hegemony: The Great War and the Afro-Asian Assault on the Civilizing Mission Ideology," *Journal of World History* 15 (March 2004): 31-63.
39. 关于日本人对种族平等的要求，见 Lake and Reynolds, *Drawing

the Global Colour Line, 284-309.

40. A. J. Balfour quoted in ibid., 11.
41. 关于海地，见 James Weldon Johnson, *Self-Determining Haiti* (New York: Nation, 1920). 关于利比里亚，见 Azikiwe, *Liberia in World Politics*。正如我们将在第二章中看到的，意大利对埃塞俄比亚的入侵激起了整个黑大西洋世界的反殖民主义抗议。帕德莫尔的《非洲与世界和平》(*Africa and World Peace*) 和恩克鲁玛的《走向殖民自由》(*Towards Colonial Freedom*) 等多部著作都对这一事件进行了分析和探讨。
42. Nkrumah, *Towards Colonial Freedom*, xv.
43. Ibid.
44. Kwame Nkrumah, *Neocolonialism: The Last Stage of Imperialism* (New York: International, 1965), 33.
45. Ibid., xv.
46. 关于外部无支配在共和政治思想中的中心地位，见 Quentin Skinner, *Liberty before Liberalism* (New York: Cambridge University Press, 1998), 49-50; Quentin Skinner, "On the Slogans of Republican Political Theory," *European Journal of Political Theory* 9 (January 2010): 95-102, 100-101.
47. Eric Williams, "The Economic Development of the Caribbean Up to the Present," in *The Economic Future of the Caribbean*, ed. Franklin Frazier and Eric Williams (Washington, DC: Howard University Press, 1944), 19-25; Michael Manley, "Overcoming Insularity in Jamaica," *Foreign A airs* 49 (October 1970): 100-110.
48. Michael Manley, *The Poverty of Nations: Reflections on Underdevelopment and the World Economy* (London: Pluto, 1991), 32-36.
49. 参见 Charles Carnegie, "Garvey and the Black Transnation," *Small Axe* 5 (March 1999): 48-71; Edwards, *Practice of Diaspora*; Stephens, *Black Empire*; Goswami, "Imaginary Futures and Colonial Internationalisms."
50. 正如历史学家和政治学家所指出的那样，将现代国际秩序称为"威斯特伐利亚体系"，是对1648年《威斯特伐利亚条约》的误称。在其所处的时代,该条约及其后果并没有被视为国内和国际政治的彻底决裂。此外,从十七世纪到十九世纪,《威斯特伐利亚条约》具有多种含义,包括将条约视为限制主权的解释——这一计划现在与"后威斯特伐利亚"时代联系在一起。以主权、平等和不干涉为结构性原则的国际秩序理念最应归功于爱默·德·瓦特尔(Emer De Vattel)。该理念与威斯特伐利亚的联系是一个相对较新的发展——可以追溯到第二次世界大战后国际关系领域的发展。在此期间,曾经对国际秩序具有多种意义和影响的历史事件被转化为一种建构,当代全球化和超国家机构的发展就是据此进行衡量和评估的。Stephen Krasner, "Rethinking the Sovereign State Model," in *Empires, Systems and States: Great Transformations in International Politics*, ed. Michael Cox et al. (New York: Cambridge University Press, 2001), 17-43; Benno Teschke, *The Myth of 1648: Class, Geopolitics, and the Making of Modern International Relations* (New York: Verso, 2003); Sebastian Schmidt, "To Order the Minds of Scholars: The Discourse of the Peace of Westphalia in International Relations Literature," *International Studies Quarterly* 55 (September 2011): 601-23; Jennifer Pitts, "Intervention and Sovereign Inequality: The Legacy of Vattel," in *Just and Unjust Military Intervention: European Thinkers from Vitoria to Mill*, ed. Stefano Recchia and Jennifer M. Welsh (New York: Cambridge University Press, 2013), 134-35.

51. Emerson, *From Empire to Nation*, 289; Plamenatz, *On Alien Rule*, 28.
52. "衍生话语"这一术语以及对这一论述的批判来自Partha Chatterjee, *Nationalist Thought and the Colonial World: A Derivative Discourse?* (Minneapolis: University of Minnesota Press, 1986).
53. Partha Chatterjee, *Lineages of Political Society: Studies in Postcolonial Democracy* (New York: Columbia University Press, 2011), 8-11.
54. Elie Kedourie, *Nationalism* (London: Hutchinson, 1960).
55. Ibid., 112.
56. Ibid.
57. Ibid., 109.

58. Chatterjee, *Nationalist Thought and the Colonial World*, 3-4; Margaret Canovan, *Nationhood and Political Theory* (North Hampton, MA: Edward Elgar, 1996), 2.
59. Habermas, "European Nation-State," 115.
60. Canovan, *Nationhood and Political Theory*, 139-40; Joan Cocks, *Passion and Paradox: Intellectuals Confront the National Question* (Princeton, NJ: Princeton University Press, 2002), 8, 48.
61. Cocks, *Passion and Paradox*, 9.
62. Chatterjee, *Nationalist Thought and the Colonial World*, 1-30.
63. Ibid., 10, 30.
64. Ibid., 30.
65. 研究后殖民国家的学者已经对后殖民国家建设的危机和衰落进行了广泛的探讨，指出反殖民民族主义未能关注内部多元化，并以国家的名义认可专制主义。例如，参见 Chatterjee, *Nationalist Thought and the Colonial World*; Partha Chatterjee, *The Nation and Its Fragments: Colonial and Postcolonial Histories* (Princeton, NJ: Princeton University Press, 1993); Goswami, *Producing India*; Mahmood Mamdani, *Citizen and Subject: Contemporary Africa and the Legacy of Late Colonialism* (Princeton, NJ: Princeton University Press, 1996); Mahmood Mamdani, *When Victims Become Killers: Colonialism, Nativism, and the Genocide in Rwanda* (Princeton, NJ: Princeton University Press, 2002)。
66. 关于阿尔及利亚非殖民化的具体轨迹，见 Jeffrey James Byrne, *Mecca of Revolution: Algeria, Decolonization and the Third World Order* (New York: Oxford University Press, 2016).
67. 例如，在重新引入殖民时代的预防性拘留措施时，朱利叶斯·尼雷尔承认，"对社会自由最危险的事情莫过于"限制国家尚未证明有罪的公民的自由。但他认为，在"少数人仍能使我们的国家陷入危险"的情况下，这种做法是必要的，因为国家"既没有悠久的建国传统，也没有强大的国家安全物质手段"。Meredith Terretta, "From Below and to the Left? Human Rights and Liberation Politics in Africa's Postcolonial Age," *Journal of World History* 24 (June 2013): 389-416, 404-5.
68. Martin Wight, "Why Is There No International Political Theory?,"

in *Diplomatic Investigations*, ed. Herbert Butterfield and Martin Wight (London: George Allen and Unwin, 1966), 21; Kenneth Waltz, *Theory of International Politics* (London: Addison-Wesley, 1979), 113.
69. Charles Beitz, "Justice and International Relations," *Philosophy and Public Affairs* 4 (Summer 1975): 360-89, 373.
70. 关于"堡垒式的国家主权概念",见 Gregory Fox, "The Right to Political Participation in International Law," *Yale Journal of International Law* 17 (Summer 1992): 539-607, 545. 关于限制国家主权的法律和制度约束,见 David Held, "Democratic Accountability and Political Effectiveness from a Cosmopolitan Perspective," *Government and Opposition* 39 (March 2004): 364-91; Seyla Benhabib, "Twilight of Sovereignty or the Emergence of Cosmopolitan Norms? Rethinking Citizenship in Volatile Times," *Citizenship Studies* 11, no. 1 (2007): 19-36; and Jürgen Habermas, "The Constitutionalization of International Law and the Legitimation Problems of a Constitution for World Society," *Constellations* 15 (December 2008): 444-55。
71. Jürgen Habermas, "Does the Constitutionalization of International Law Still Have a Chance?," in *The Divided West*, ed. and trans. Ciaran Cronin (Cambridge: Polity, 2006), 124.
72. Ibid., 135-39; Habermas, "Constitutionalization of International Law," 445-48. 强调现有国际组织宪法性质的论述,见 Bardo Fassbender, "'We the Peoples of the United Nations': Constituent Power and Constitutional Form in International Law," in *The Paradox of Constitutionalism: Constituent Power and Constitutional Form*, ed. Martin Loughlin and Neil Walker (Oxford: Oxford University Press, 2008); Bardo Fassbender, *The United Nations Charter as the Constitution of the International Community* (Boston: Martinus Nijho, 2009). 对这种宪政化转向的批判以及另一种多元化方法,见 Cohen, *Globalization and Sovereignty*。最近,Türküler Isiksel 追踪了宪政在国际环境中的具体形式。Türküler Isiksel, *Europe's Functional Constitution: A Theory of Constitutionalism beyond the State* (New York: Oxford University Press, 2016).

73. Cohen, *Globalization and Sovereignty*, 80.
74. Ibid., 1-2.
75. Trouillot, "North Atlantic Universals," 839.
76. James Tully, "On Law, Democracy and Imperialism," in *Public Philosophy in a New Key*, vol. 2, *Imperialism and Civic Freedom* (New York: Cambridge University Press, 2008), 133.
77. Grovogui, *Sovereigns, Quasisovereigns, and Africans*, 179-88. Anghie, *Imperialism*, 239-44.
78. 关于有条件或有限成员资格的辩护，见 Robert Jackson, *Quasi states: Sovereignty, International Relations and the Third World* (Cambridge: Cambridge University Press, 1990); Anne-Marie Slaughter, "Security, Solidarity, and Sovereignty: The Grand Themes of UN Reform," *American Journal of International Law* 99 (July 2005): 619-31; Robert Keohane, "Political Authority after Intervention: Gradations in Sovereignty," in *Humanitarian Intervention: Ethical, Legal and Political Dilemmas*, ed. J. L. Holzgrefe and Robert O. Keohane (New York: Cambridge University Press, 2003). 关于不平等成员资格的新模式的重要论述，见 Gerry Simpson, *Great Powers and Outlaw States: Unequal Sovereigns in the International Legal Order* (Cambridge: Cambridge University Press, 2004); Koskenniemi, *Gentle Civilizer of Nations*, 480-509; Tully, "On Law, Democracy and Imperialism," 136.
79. Martti Koskenniemi, "The Police in the Temple Order, Justice and the UN: A Dialectical View," *European Journal of International Law* 6, no. 1 (1995): 325-48; Anne Orford, *International Authority and the Responsibility to Protect* (Cambridge: Cambridge University Press, 2011).
80. 我从塞拉·本哈比卜（Seyla Benhabib）关于批判理论的两个维度的论述中改编了"批判与诊断"以及"规范与乌托邦"等措辞，她的说法是"解释和诊断"和"预测和乌托邦"。见 Seyla Benhabib, *Critique, Norm, Utopia: A Study of the Foundations of Critical Theory* (New York: Columbia University Press, 1986), 142.
81. 例如，发展中国家对在世界贸易组织主持下商定的知识产权制度提出质疑，认为这为制药公司提供了保护，而阻碍了国家对健康权的保护。Cristina Lafont, "Sovereignty, Human Rights and the Responsibility to Protect," *Constellations* 22 (March 2015): 68-78, 72-73; Cristina Lafont, "Sovereignty and the International Protection of Human Rights," *Journal of Political Philosophy* 24 (December 2016): 427-45, 434-36. 此外，正如最近关于自下而上的世界主义的研究成果所示，人权可以成为集体政治项目的基础。例如，Ayten Gündoğdu, *Rightlessness in the Age of Rights: Hannah Arendt and the Contemporary Struggles of Migrants* (New York: Oxford University Press, 2015).

82. Cohen, *Globalization and Sovereignty*, 24.
83. John Rawls, *The Law of Peoples with the Idea of Public Reason Revisited* (Cambridge, MA: Harvard University Press, 2001), 37.
84. Alexander Wendt and Michael Barnett, "Dependent State Formation and Third World Militarization," *Review of International Studies* 19 (October 1993): 321-47.
85. Pitts, "Intervention and Sovereign Equality," 138.
86. Philip Pettit, "A Republican Law of Peoples," *European Journal of Political Theory* 9 (January 2010): 70-94, 77-78; Philip Pettit, "The Globalized Republican Ideal," *Global Justice: Theory Practice Rhetoric* 9, no. 1 (2016): 47-68, 56-57.
87. Pettit, "Globalized Republican Ideal," 61.
88. Ibid., 63-64. 关于扩大国际无支配范围的类似批评和努力，见 Dorothea Gädeke, "The Domination of States: Towards an Inclusive Republican Law of Peoples," *Global Justice: Theory Practice Rhetoric* 9, no. 1 (2016): 1-27.
89. Catherine Lu, "Colonialism as Structural Injustice: Historical Responsibility and Contemporary Redress," *Journal of Political Philosophy* 19 (September 2011): 261-81, 279.

第二章　反革命时刻

1. V. I. Lenin, "The Tasks of the Proletariat in the Present Revolution," in *Collected Works of V. I. Lenin* (*CWL*), trans. and ed. Bernard

Isaacs (Moscow: Progress, 1964), 24: 19-33, 21. 请注意，基于俄罗斯的旧历法，列宁提纲的日期是 4 月 4 日。

2. Second All Russian Congress of Soviets of Workers' and Soldiers' Deputies, "Decree on Peace," in *CWL*, trans. Yuri Sdobnikov and George Hanna, ed. George Hanna, 26: 249-53, 250.
3. V. I. Lenin, "The Right of Nations to Self-Determination," in *CWL*, trans. Bernard Isaacs and Joe Fineberg, ed. Julius Katzer, 20: 393-454, 397.
4. Ibid., 399-400.
5. Ibid., 406.
6. V. I. Lenin, "The Socialist Revolution and the Right to Self-Determination," in *CWL*, trans. Yuri Sdobnikov, ed. George Hanna, 22: 143-56, 151-52.
7. V. I. Lenin, "The Revolutionary Proletariat and the Right of Nations to Self-Determination," in *CWL*, trans. and ed. Julius Katzer, 21: 407-14, 407.
8. Adam Tooze, *The Deluge: The Great War, America and the Remaking of the Global Order, 1916-1931* (New York: Viking, 2014), 115.
9. V. I. Lenin, "Declaration of the Rights of the Working and Exploited People," in *CWL,* 26: 423-26, 424.
10. Arno J. Mayer, *Political Origins of the New Diplomacy, 1917-1918* (New Haven, CT: Yale University Press, 1959), 31.
11. Secretary of State to President Wilson, January 2, 1918, *Papers Relating to the Foreign Relations of the United States: The Lansing Papers; 1914-1920*, vol. 2 (Washington, DC: Government Printing Office, 1940), 347-48.
12. Lenin, "Declaration of the Rights of Working and Exploited People," 424.
13. W.E.B. Du Bois, "The African Roots of War," *Atlantic Monthly* (May 1915): 707-14, 708, 711.
14. Adas, "Contested Hegemony."
15. Erez Manela, *The Wilsonian Moment: Self-Determination and the*

International Origins of Anticolonial Nationalism (New York: Oxford University Press, 2007).
16. Ibid., 39.
17. Woodrow Wilson, "Address to a Joint Session of Congress, February 11, 1918," in *The Papers of Woodrow Wilson* (*PWW*), ed. Arthur S. Link (Princeton, NJ: Princeton University Press, 1984) 46: 318-24, 321.
18. 在威尔逊的言论和战后计划中，自决是一个核心原则，见 Arthur S. Link, *Woodrow Wilson: Revolution, War and Peace* (Arlington Heights, IL: AHM, 1979); and Thomas Knock, *To End All Wars: Woodrow Wilson and the Quest for a New World Order* (New York: Oxford University Press, 1992). 关于自决非中心化的说法，见 Trygve Throntveit, "The Fable of the Fourteen Points: Woodrow Wilson and National Self-Determination," *Diplomatic History* 35 (June 2011): 445-81; and Tooze, *Deluge*, 17-18, 119.
19. 例如，埃雷兹·马内拉（Erez Manela）强调了威尔逊对自决的晚期转向，并坚持认为自决在其政治思想中具有模糊性。然而，他将自决的兴起以及后来殖民地世界的民族主义者对自决的利用称为"威尔逊时刻"。在1918年至1919年，威尔逊与一项和平计划结下了不解之缘，该计划要求成立一个国际组织，反对吞并，坚持各国平等，并致力于获得被统治者的同意。Manela, *Wilsonian Moment*, 16.
20. 关于授权制度的最新综合研究，见 Susan Pedersen, *The Guardians: The League of Nations and the Crisis of Empire* (New York: Oxford University Press, 2015).
21. "The Covenant of the League of Nations," in *The Avalon Project: Documents in Law, History and Diplomacy*, http://avalon.law.yale.edu/20th_century/leagcov.asp, accessed February 19, 2016.
22. Manela, *Wilsonian Moment*, 60-61.
23. Stephen Skowronek, "The Reassociation of Ideas and Purposes: Racism, Liberalism, and the American Political Tradition," *American Political Science Review* 100 (August 2006): 385-401.
24. Carl Schmitt, *The Nomos of the Earth in the International Law of the Jus Publicum Europaeum*, trans. G. L. Ulmen (1950; New York:

Telos, 2003), 214-42.
25. Hedley Bull, "A Universal International Society," in *The Expansion of International Society*, ed. Hedley Bull and Adam Watson, 123.
26. "Covenant of the League of Nations."
27. Michele L. Louro, "At Home in the World: Jawaharlal Nehru and Global Anti-imperialism" (PhD diss., Temple University, 2011), 16-17.
28. League of Nations Second Assembly, "Report of the First Committee on the Position of Small States," September 21, 1921, League of Nations Admissions, League of Nations Documents (hereafter Lof N Doc), Box 1453, 1547/1547.
29. Anghie, *Imperialism*, 116.
30. Robert Lansing, *The Peace Negotiations: A Personal Narrative* (Boston: Houghton Mifflin, 1921), 97.
31. Theodore Hazeltine Price to Woodrow Wilson, May 9, 1917, in *PWW*, 42: 255, 255; Jan Smuts, "Speech to the Legislative Council of the Transvaal Colony," April 3, 1909, *Selections from the Smuts Papers (SSP)* (London: Cambridge University Press, 1966), 2: 551-62, 556.
32. Woodrow Wilson, "Abraham Lincoln: A Man of the People," in *PWW*, 19: 33-47, 33.
33. Woodrow Wilson, "The Reconstruction of the Southern States," in *Woodrow Wilson: Essential Writings and Speeches of the Scholar-President*, ed. Mario Dinunzio (New York: New York University Press, 2006), 207.
34. Ibid., 206.
35. Ibid., 209.
36. Woodrow Wilson, *History of the American People*, vol. 5 (New York: Harper and Brothers, 1902), 300.
37. Woodrow Wilson, "Introduction," in *Conciliation with the Colonies: The Speech by Edmund Burke*, ed. Robert Anderson (Boston: Houghton Mi in, 1896), xviii.
38. Woodrow Wilson, "Character of Democracy in the United States," in *An Old Master and Other Political Writings* (New York: Charles

Scribner's Sons, 1893), 114.
39. Ibid., 104.
40. Woodrow Wilson, "A Calendar of Great Americans," *PWW*, 8: 368-81, 374. According to Wilson, "Jefferson was not a thorough American because of the strain of French philosophy that permeated and weakened all his thought" (373).
41. Wilson, "Character," 117.
42. Ibid., 118.
43. Ibid., 295.
44. J. R. Seeley, *The Expansion of England* (1883; Cambridge: Cambridge University Press, 2010), 8.
45. Wilson, "Democracy and E ciency," in *PWW*, 12: 6-21, 18.
46. Woodrow Wilson, "Remarks to the Associated Press in New York," in *PWW*, 33: 37-41, 39.
47. 关于被动的声音作为自由帝国主义的一种惯用策略，见 Jeanne More eld, *Empires without Imperialism: Anglo-American Decline and the Politics of Deflection* (New York: Oxford University Press, 2014), 17.
48. Wilson, "Remarks to Associated Press in New York," 39.
49. Woodrow Wilson, "The Ideals of America," in *PWW*, 12: 208-27, 223.
50. Ibid.
51. Wilson, "Democracy and Efficiency," 12, 14.
52. Wilson, "Ideals of America," 221.
53. Wilson, "Democracy and E ciency," 16.
54. Wilson, "Ideals of America," 225.
55. 同上文引用的埃德蒙·伯克，第 211 页。关于英国的性格，见 Peter Mandler, *The English National Character: The History of an Idea from Ed mund Burke to Tony Blair* (New Haven, CT: Yale University Press, 2006).
56. Wilson, "Democracy and Efficiency," 17.
57. Jan Smuts, "Speech to the De Beers Consolidated Political and

Debating Association in Kimberley," October 30, 1895, in *SSP*, 1: 80-100, 93.
58. Ibid.
59. Ibid., 94.
60. Ibid., 95.
61. Ibid.
62. Ibid., 93, 95. 1892年开普殖民地选举权的修改提高了行使选举权的工资和财产要求。虽然没有明确的种族要求，但它剥夺了大多数非洲人的选举权。此后，1894年颁布的《格伦·格雷法案》规定了个人（而非社区）的土地保有权，并针对原住民（尤其是科萨人）征收劳动税。至关重要的是，通过该法案获得的土地所有权不能用于满足议会选举权的财产资格要求。
63. Ibid., 94-95.
64. Jan Smuts, "Native Policy in Africa," in *Africa and Some World Problems* (Oxford: Clarendon, 1930), 77.
65. Smuts, "Speech to the De Beers Consolidated Political and Debating Association in Kimberley," 96.
66. Ibid.
67. 关于间接统治思想的发展，见Mantena, *Alibis of Empire*; "General Act of the Conference of Berlin concerning the Congo," *American Journal of International Law Supplement: Ocial Documents* 3 (January 1909): 7- 25, article 6.
68. Smuts, "Native Policy in Africa," 78.
69. Smuts, "South and Central Africa," in *War-Time Speeches: A Compilation of Public Utterances in Great Britain* (London: Hodder and Stoughton, 1917), 79.
70. Smuts, "Native Policy in Africa," 83-84.
71. Smuts, "South and Central Africa," 80.
72. Ibid.
73. Ibid. 值得注意的是，这种单独发展的政策并没有阻止黑人工人为白人工作。斯穆特指出："本地人当然可以自由前往白人地区工作。"单独发展掩盖了南非种族隔离的政治经济，它要求黑人劳动力从班图斯坦转移到白人拥有的矿山和田地。

74. Jan Smuts, *League of Nations: A Practical Suggestion* (New York: Nation, 1919), 11.
75. Ibid., 8, 27.
76. Jan Smuts, "The War and Some Empire Problems," in *War-Time Speeches*, 6.
77. Morefield, *Empires without Imperialism*, 190.
78. Smuts, *League of Nations*, 10.
79. Ibid., 13.
80. Ibid., 12.
81. Ibid.
82. Timothy Mitchell, *Carbon Democracy: Political Power in the Age of Oil* (New York: Verso, 2011), 80.
83. Grovogui, *Sovereigns, Quasisovereigns, and Africans*, 80.
84. Woodrow Wilson, "An Address to the Senate, January 22, 1917," in *PWW*, 40: 533-39, 536.
85. Ibid.
86. Woodrow Wilson, "An Address to a Joint Session of Congress, January 8, 1918," in *PWW*, 45: 534-39, 537-38.
87. Ibid., 538.
88. Ibid.
89. "Extracts from the Theses on the International Situation and the Policy of the Entente Adopted by the First Comintern Congress," in *The Communist International: 1919-1943 Documents*, ed. Jane Degras (New York: Frank Cass, 1917), 1: 31-36, 33-34.
90. "Manifesto of the Communist International to the Proletariat of the Entire World," in *The Communist International: 1919-1943 Documents*, 1: 38-47, 42-43.
91. "Extracts from the Theses on the International Situation and the Policy of the Entente Adopted by the First Comintern Congress," 35.
92. Clarence G. Contee, "Du Bois, the NAACP, and the Pan-African

Congress of 1919," *Journal of Negro History* 57 (January 1972): 13-28, 24.

93. W.E.B. Du Bois, "Let Us Reason Together," *Crisis* 18 (September 1919): 231-35.
94. League of Nations, Motion Proposed by Sir Arthur Steel-Maitland, Delegate for New Zealand, on September 7, 1922, Third Assembly of the League of Nations, September 7, 1922, A/47/1922, Lof N Doc, Box 61 23253/23253. 请注意，本章中的所有国联资料均来自瑞士日内瓦联合国图书馆的国联档案。
95. Jean Allain, "Slavery and the League of Nations: Ethiopia as a Civilised Nation," *Journal of the History of International Law* 8 (November 2006): 213-44, 224.
96. Zimmerman, *Alabama in Africa*, 198-204.
97. Hartman, *Scenes of Subjection*, 121.
98. Rawls, *Law of Peoples*, 106.
99. Ibid., 111.
100. John Harris, *Slavery and the Obligations of the League* (London: Anti-slavery and Aborigines Protection Society, 1922).
101. Ibid.
102. Ibid.
103. John Harris to William E. Rappard, March 23, 1923, LofN Doc, Box R61, 27439/23252.
104. Frederick Lugard, "Slavery in Abyssinia," November 6, 1922, LofN Doc, Box R61, 24628/23252.
105. Ibid.
106. Ibid.
107. League of Nations, *Request for Admission to the League of Nations from Abyssinia*, September 6, 1923, A.55.923.VI, Lof N Doc, Box R1454, 30357/29888.
108. League of Nations, *Record of the Fourth Assembly, Meetings of the Committee, Minutes of the Sixth Committee (Political Questions)*, September 19, 1923, 15.

109. Arnulf Becker Lorca, *Mestizo International Law: A Global Intellectual History 1842-1933* (Cambridge: Cambridge University Press, 2014), 277-78.
110. League of Nations, *Record of the Fourth Assembly, Meetings of the Committee, Minutes of the Sixth Committee* (*Political Questions*), Report of the Second Sub-committee of the Sixth Committee, Abyssinia's Application for Admission to the League, Annex 5, September 14, 1923, 34.
111. Ibid.
112. Ibid., 35.
113. Ibid., 18.
114. M.H.A. Grimshaw, "Memorandum on the Questions of Slavery," April 15, 1925, Lof N Doc, Box R66, 4456/23252.
115. "Slavery Convention," signed at Geneva, September 25, 1926, http://www.ohchr.org/EN/ProfessionalInterest/Pages/SlaveryConvention.aspx, accessed December 17, 2015.
116. Pedersen, *Guardians*, 257.
117. Ibid., 259.
118. 美国关注利比里亚奴隶制问题的原因很复杂。美国殖民协会创建利比里亚的目的是重新安置前奴隶和自由黑人。利比里亚于1847年宣布独立，美国于1862年予以承认。尽管获得独立，利比里亚与美国仍有重要的经济和政治联系。美国公司凡世通橡胶公司是利比里亚最大的私营公司。历史学家易卜拉欣·孙迪塔（Ibrahim Sundiata）认为，对凡世通公司劳动力需求的担忧，以及担心国际监督会导致对美国投资的批评，促使该公司向联盟发出抗议照会。I. K. Sundiata, *Black Scandal: America and the Liberian Labor Crisis, 1929-1936* (Philadelphia: Institute for the Study of Human Issues, 1980), 42.
119. "The 1930 Enquiry Commission to Liberia," *Journal of the Royal African Society* 30 (July 1931): 277-90, 278-80.
120. "Communication from the Government of Liberia Transmitting the Report of the International Commission of Enquiry in Liberia," December 15, 1930, C.658.M.272.1930.VI, *Publications of the*

League of Nations, VI.B Slavery, 1930, 87.
121. Eric Drummond, "Interview with Mr. Gilbert," November 11, 1930, Lof N Doc, Box R2356 22321/14352.
122. "Communication from the Government of Liberia Transmitting the Report of the International Commission of Enquiry in Liberia," 84-85.
123. Ibid., 45.
124. Eric Drummond, "Record of Interview with M. Quinones de Leon," December 4, 1930, Lof N Doc, Box R2356, 22321/14352.
125. "Communication from the Government of Liberia Transmitting the Report of the International Commission of Enquiry in Liberia," 82.
126. Ibid., 84.
127. Sundiata, *Black Scandal*, 59-67.
128. Lord Noel-Buxton, "Report on Abyssinia," April 26, 1932, LofN Doc, Box R2353, 21243/2053.
129. Lord Noel-Buxton, "Slavery in Abyssinia," *International Affairs* 11 (July 1932): 512-26, 519.
130. Ibid., 518.
131. Rose Parfitt, "*Empire des Nègres Blancs*: The Hybridity of International Personality in the Abyssinia Crisis of 1935-1936," *Leiden Journal of International Law* 24 (December 2011): 849-72, 851.
132. Anghie, *Imperialism*, 180.
133. Pedersen, *Guardians*, 285.
134. Lugard quoted in Sundiata, *Black Scandal*, 74-75.
135. Lorca, *Mestizo International Law*, 280.
136. Parfitt, "*Empire des Nègres Blancs*," 849-50.
137. Schmitt, Nomos *of the Earth*, 243.
138. Ibid.
139. Ibid., 242-43.
140. "Memorandum by the Italian Government on the Situation in Ethiopia," September 11, 1935, C.340.M.171.1935.VII, in League of

Nations, *Official Journal*, 88th and 89th Council Sessions, 66.
141. Ibid., 52.
142. Ibid., 8-11.
143. Ibid., 63.
144. Ibid., 36.
145. Ibid., 52.
146. Ibid., 36.
147. Ibid., 63.
148. Ibid., 57.
149. Ibid., 59.
150. Ibid., 62-63.
151. Ibid.
152. "Report of the Committee of Five to the Council," September 24, 1935, C.379.M.191.1935.Ⅶ.
153. Baron Aloisi, Representative of Italy at Fifteenth Plenary Meeting, October 10, 1935—Records of the 16th Assembly, Plenary Meetings and Index in *League of Nations Official Journal Supplements 1935*, 103-4.
154. League of Nations, "Slavery Report of the Advisory Committee of Experts," May 15, 1936, C.189(1). M.145.1936.VI, *Publications of the League of Nations*, Ⅵ .B Slavery, 1936.
155. Colonel C. E. Callwell, *Small Wars: Their Principles and Practice* (London: Harrison and Sons, 1906), 21.
156. Dominik Schaller and Jürgen Zimmerer, "Settlers, Imperialism, Genocide: Seeing the Global without Ignoring the Local—Introduction," *Journal of Genocide Research* 10 (June 2008): 191-99, 192.
157. Alberto Sbacchi, "Poison Gas and Atrocities in the Italo-Ethiopian War," in *Italian Colonialism*, ed. Ruth Ben-Ghiat and Mia Fuller (New York: Palgrave Macmillan, 2005), 47-56.
158. W.E.B. Du Bois, "The League of Nations," *Crisis* 18 (May 1919): 10-11.

159. W.E.B. Du Bois to Secretary General Eric Drummond, September 16, 1921, Lof N Doc, Box R39, 15865/13940.
160. W.E.B. Du Bois, "Liberia, the League and the United States," *Foreign Affairs* 11 (July 1933): 682-95, 684.
161. Ibid., 695.
162. W.E.B. Du Bois, "Inter-racial Implications of the Ethiopian Crisis: A Negro View," *Foreign A airs* 14 (October 1935): 82-92, 92.
163. Ibid., 84.
164. C.L.R. James, "Slavery Today: A Shocking Exposure," in *Toussaint L'Ouverture: The Story of the Only Successful Slave Revolt in History*, ed. Christian Høgsbjerg (Durham, NC: Duke University Press, 2013), 209-10.
165. Ibid., 211.
166. C.L.R. James quoted in Christian Høgsbjerg, *C.L.R. James in Imperial Britain* (Durham, NC: Duke University Press, 2014), 100.
167. Ibid., 99. C.L.R. James, "Is This Worth a War? The League's Scheme to Rob Abyssinia of Its Independence," in *At the Rendezvous of Victory: Selected Writings* (London: Allison and Busby, 1984), 15-16.
168. C.L.R. James, *World Revolution, 1917-1936: The Rise and Fall of the Communist International* (London: Martin Secker and Warburg, 1937), 387-88.
169. Ibid., 37, 421.
170. 帕德莫尔辞职后，共产国际开除了他，理由是他写的关于利比里亚和联盟的文章是他同情资产阶级民族主义的例证。George Padmore, "An Open Letter to Earl Browder," *Crisis* 43 (October 1935): 302, 315.
171. 有关帕德莫尔与库亚特之间合作的研究，见 Edwards, *Practice of Diaspora*, chapter 5.
172. Padmore quoted in ibid., 279.
173. Padmore quoted in ibid., 279-80.

革命之风：殖民地大撤退与非洲的独立之路（1945—1975）

第三章　从原则到权利

1. Antonio Cassese, *Self-Determination of Peoples: A Legal Appraisal* (New York: Cambridge University Press, 1995), 37. 丘吉尔在1941年发表了著名的声明，称他成为"国王的第一大臣并不是为了主持大英帝国的清算"。Ashley Jackson, *The British Empire and the Second World War* (London: Hambledon Continuum, 2006), 26.
2. Charter of the United Nations, http://www.un.org/en/sections/un-charter/in troductory-note/index.html, accessed June 15, 2017.
3. West African Press Delegation, *The Atlantic Charter and British West Africa: Memorandum on Postwar Reconstruction of the Colonies and Protectorates of British West Africa* (London: West Africa Press Delegation to Britain, 1943).
4. Ibid., 3.
5. Ibid.
6. 这些评论出现在1945年4月25日阿齐基韦的报纸《西非飞行员报》的社论中，并被玛丽卡·舍伍德（Marika Sherwood）在《旧金山没有黑人新政》中引用，"'There Is No New Deal for the Blackman in San Francisco': African Attempts to Influence the Founding Conference of the United Nations, April-July, 1945," *International Journal of African Historical Studies* 29 (April 1996): 71-94, 82.
7. 有关斯穆特在联合国中的作用的讨论，见Mark Mazower, *No Enchanted Palace: The End of Empire and the Ideological Origins of the United Nations* (Princeton, NJ: Princeton University Press, 2009), 28-65; Saul Dubow, "Smuts, the United Nations and the Rhetoric of Race and Rights," *Journal of Contemporary History* 43 (January 2008): 45-74.
8. W.E.B. Du Bois, "The World and Africa: An Inquiry into the Part Which Africa Has Played in World History," in *The World and Africa and Color and Democracy*, ed. Henry Louis Gates Jr. (New York: Oxford University Press, 2007), 154.
9. W.E.B. Du Bois, quoted in Mazower, *No Enchanted Palace*, 63.

10. "The Challenge to the Colonial Powers," in *History of the Pan-African Congress: Colonial and Coloured Unity; A Program of Action*, ed. George Padmore (1947; London: Hammersmith Bookshop, 1963), 5.
11. "Declaration of the Colonial Workers, Farmers, and Intellectuals," in Padmore, *History of the Pan-African Congress*, 7.
12. Kwame Nkrumah, *Osagyefo at the United Nations* (Accra: Government Printers, 1960), 6.
13. General Assembly Resolution 1514 (XV), "Declaration on the Granting of Independence to Colonial Countries and Peoples," A/RES/1514/XV, December 14, 1960.
14. Alex Quaison-Sackey quoted in Steven L. B. Jensen, *The Making of International Human Rights: The 1960s, Decolonization, and the Reconstruction of Global Values* (New York: Cambridge University Press, 2016), 65.
15. Léon Maka quoted in ibid., 65n55.
16. Amilcar Cabral, "Anonymous Soldiers for the United Nations," in *Revolution in Guinea: An African People's Struggle* (London: Love and Malcomson, 1969), 40-41.
17. 例如，Mary Ann Glendon, *A World Made New: Eleanor Roosevelt and the Universal Declaration of Human Rights* (New York: Random House, 2001); Samantha Power, *A Problem from Hell: America and the Age of Genocide* (New York: Basic Books, 2002); Elizabeth Borgwardt, *A New Deal for the World: America's Vision for Human Rights* (Cambridge, MA: Belknap Press of Harvard University Press, 2005); and Jay Winter, *Dreams of Peace and Freedom: Utopian Moments in the Twentieth Century* (New Haven, CT: Yale University Press, 2006).
18. Borgwardt, *New Deal for the World*; Elizabeth Borgwardt, "'When You State a Moral Principle, You Are Stuck with It': The 1941 Atlantic Charter as a Human Rights Instrument," *Virginia Journal of International Law* 46 (2006): 501-62.
19. 关于连续性，见 Mazower, *No Enchanted Palace*, chapters 1 and 2.
20. Emerson, *From Empire to Nation*; Plamenatz, *On Alien Rule*; Bull

and Watson, *Expansion of International Society*.
21. Clyde Eagleton, "Excesses of Self-Determination," *Foreign Affairs* 31 (July 1953): 592-604.
22. Ibid., 602.
23. Isaiah Berlin, "Two Concepts of Liberty," in *Liberty: Incorporating Four Essays on Liberty*, ed. Henry Hardy (Oxford: Oxford University Press, 2002), 206-7.
24. 詹姆斯·塔利认为，对柏林来说，"冷战的核心分歧是西方高度文明和自觉的少数人的消极自由理想与发展中国家大多数人相对无意识的自以为是的异教思想之间的分歧"。James Tully, "'Two Concepts of Liberty' in Context," in *Isaiah Berlin and the Politics of Freedom: "Two Concepts of Liberty" 50 Years Later*, ed. Bruce Baum and Robert Nichols (New York: Routledge, 2013), 36. 关于柏林否定反殖民主义自治要求的批评，见 Barnor Hesse, "Escaping Liberty: Western Hegemony, Black Fugitivity," *Political Theory* 42 (June 2014): 288-313.
25. Padmore, *Pan-Africanism or Communism*, xiii.
26. Ibid., xix. 关于帕德莫尔对加维的否定，见 George Padmore, *The Life and Struggle of Negro Toilers* (London: Red International Labor Union Magazine, 1931), 6.
27. Padmore, *Pan-Africanism or Communism*, xix.
28. Ibid., xvi.
29. Scott, *Refashioning Futures*, 5-6; R. G. Collingwood, *An Autobiography* (Oxford: Oxford University Press, 1939), 30-33.
30. Cooper, *Decolonization and African Society*; Cooper, "Labor, Politics and the End of Empire in French Africa."
31. 关于法语国家的辩论，见 Cooper, *Citizenship between Empire and Nation*; Wilder, *Freedom Time*.
32. Frederick Cooper, "Possibility and Constraint: African Independence in Historical Perspective," *Journal of African History* 49 (July 2008): 167-96.
33. Armitage, *Declaration of Independence*, 13-15, 21-22; Gündoğdu, *Rightlessness in the Age of Rights*, 165-66, 187.

34. W.E.B. Du Bois, "Color and Democracy: Colonies and Peace," in *World and Africa and Color and Democracy*, 248-49.
35. Roger B. Taney, "Opinion of the Court," in *Scott v. Sandford*, 60, U.S. 393, March 6,1857.
36. 阿齐兹·拉纳（Aziz Rana）认为，在"德雷德·斯科特案"的判决中，对黑人绝对权利的辩护与对宪法限制联邦政府以保护边境定居者权利的论述相结合。塔尼捍卫了对黑人臣民的专制权，同时限制了国家政府对白人公民的特权。Aziz Rana, *The Two Faces of American Freedom* (Cambridge, MA: Harvard University Press, 2010), 168-69.
37. Du Bois, *Souls of Black Folk*, 45.
38. C.L.R. James, *The Black Jacobins: Toussaint L'Ouverture and the San Domingo Revolution* (1938; New York: Vintage, 1989); Eric Williams, *Capitalism and Slavery* (1944; Chapel Hill: University of North Carolina Press, 1994); W.E.B. Du Bois, *Black Reconstruction in America, 1860-1880* (1935; New York: Free Press, 1992).
39. Williams, *Capitalism and Slavery*.
40. James, *Black Jacobins*, 376.
41. Williams, *Capitalism and Slavery*, 8; Nkrumah, *Africa Must Unite*, 1.
42. Padmore, *How Britain Rules Africa*, 386.
43. Azikiwe, *Renascent Africa*, 57.
44. Edmund Burke, "Speech on Mr. Fox's East India Bill," in *Select Works of Edmund Burke: Miscellaneous Writings* (Indianapolis: Liberty Fund, 1999), 101.
45. Azikiwe, *Renascent Africa*, 74.
46. Nkrumah, *Towards Colonial Freedom*, 26-27; Bunche, *Worldview of Race*, 38.
47. Nkrumah, *Towards Colonial Freedom*, 24-25.
48. Azikiwe, *Renascent Africa*, 68.
49. Nkrumah, *Towards Colonial Freedom*, xiv.
50. J. A. Hobson, *Imperialism: A Study* (1902; Indianapolis: Liberty Fund, 2004); V. I. Lenin, *Imperialism: The Highest Stage of*

  Capitalism (1917; Chippendale, Australia: Resistance Books, 1999).
51. W.E.B. Du Bois, "The Hands of Ethiopia," in *Darkwater*, 33.
52. Padmore, *How Britain Rules Africa*, 3.
53. Ibid., 53-54.
54. Nkrumah, *Africa Must Unite*, 37.
55. John Harris, *Dawn in Darkest Africa* (London: Smith, Elder, 1912), 153; Cooper, *Decolonization and African Society*, 27-28.
56. Nkrumah, *Africa Must Unite*, 12.
57. Padmore, *How Britain Rules Africa*, 386.
58. Nkrumah, *Africa Must Unite*, 36.
59. Du Bois, "Hands of Ethiopia," 36.
60. Padmore, *Gold Coast Revolution*.
61. Philip Pettit, *Republicanism: A Theory of Freedom and Government* (Oxford: Oxford University Press, 1997); Skinner, *Liberty before Liberalism*.
62. Alex Gourevitch, *From Slavery to the Cooperative Commonwealth: Labor and Republican Liberty in the Nineteenth Century* (New York: Cambridge University Press, 2015); William Clare Roberts, *Marx's Inferno: The Political Theory of Capital* (Princeton, NJ: Princeton University Press, 2017).
63. Nkrumah, *Africa Must Unite*, 66.
64. Du Bois, "Souls of White Folk," 23. Du Bois, "African Roots of War," 707-714, 707.
65. Du Bois, "African Roots of War," 708.
66. Padmore, *Africa and World Peace*, 43.
67. Ibid., 248.
68. Du Bois, "Color and Democracy," 304.
69. Padmore, *Africa and World Peace*, 248.
70. Du Bois, "Color and Democracy," 308.
71. Padmore, *Africa and World Peace*, 123-25.

72. W.E.B. Du Bois, "Prospect of a World without Race Conflict," *Journal of American Sociology* 49 (March 1944): 450-56, 454.
73. Ibid., 451.
74. 感谢阿齐兹·拉纳和罗伯特·尼科尔斯促使我考虑这一限制。
75. Robert Nichols, "Theft Is Property! The Recursive Logic of Dispossession," *Political Theory*, April 2, 2017, 1-26, 9; Glen Coulthard, *Red Skin, White Masks: Rejecting the Colonial Politics of Recognition* (Minneapolis: University of Minnesota Press, 2014), 7; Audra Simpson, *Mohawk Interruptus: Political Life across the Borders of Settler States* (Durham, NC: Duke University Press, 2014), 74.
76. Nichols, "Theft Is Property!," 10.
77. Audrey Jane Roy, "Sovereignty and Decolonization: Realizing Indigenous Self-Determination at the United Nations and in Canada" (MA thesis, University of Victoria, 2001).
78. "Declaration of Rights of the Caribbean Peoples to Self-Determination and Self-Government," in *Richard B. Moore, Caribbean Militant in Harlem: Collected Writings 1920-1972*, ed. W. Burghardt Turner and Joyce Moore Turner (Bloomington: Indiana University Press, 1992), 264.
79. "Appeal to the United Nations Conference on International Organization on Behalf of the Caribbean Peoples," in *Richard B. Moore, Caribbean Militant in Harlem*, 270-76.
80. "Challenge to the Colonial Powers," 5.
81. Final Communiqué of the Afro-Asian Bandung Conference, April 24, 1955, accessed May 15, 2012.
82. United Nations General Assembly Resolution 545 (Ⅵ), "Inclusion in the International Covenant or Covenants on Human Rights of an Article Relating to the Right of Peoples to Self-Determination," A/RES/545/Ⅵ, February 5, 1952, http://www.un.org/depts/dhl/resguide/r6_en.shtml, accessed September 16, 2012.
83. United Nations General Assembly Resolution 637 (Ⅶ), "The Rights of Peoples and Nations to Self-Determination," A/RES/637/Ⅶ,

December 16, 1952, http:// www.un.org/depts/dhl/resguide/r7.htm, accessed September 16, 2012.
84. *Yearbook of the United Nations, 1952* (New York: United Nations Organization, 1952), 441.
85. Ibid., 445.
86. Ibid., 442.
87. Ibid.
88. Ibid.
89. Daniel J. Whelan, *Indivisible Human Rights: A History* (Philadelphia: University of Pennsylvania Press, 2010), 139.
90. Ibid.
91. Ibid., 140. 被删除的段落内容如下："人民的自决权还应包括对其自然财富和资源的永久主权。在任何情况下，不得以其他国家可能主张的任何权利为由剥夺一个民族自己的生存手段。"由于担心这一措辞将国有化和征用私有财产合法化，许多欧洲国家和美国拒绝接受这一段落。
92. International Covenant on Civil and Political Rights, http://www.ohchr.org /en/professionalinterest/pages/ccpr.aspx, accessed October 14, 2012; International Covenant on Economic, Social and Cultural Rights, http://www.ohchr.org/EN/Prof essionalInterest/Pages/CESCR.aspx, accessed October 14, 2012.
93. *Yearbook of the United Nations, 1960* (New York: United Nations Organization, 1960), 44.
94. United Nations General Assembly Resolution 1514 (XV), "Declaration on the Granting of Independence to Colonial Countries and Peoples."
95. Ibid.
96. *Yearbook of the United Nations, 1960*, 46.
97. Jensen, *Making of International Human Rights*, 65.
98. United Nations General Assembly Resolution 1514 (XV), "Declaration on the Granting of Independence to Colonial Countries and Peoples."
99. Samuel Moyn, *The Last Utopia: Human Rights in History* (Cambridge, MA: Belknap Press of Harvard University Press, 2010),

chapter 3. See also Jan Eckel, "Human Rights and Decolonization: New Perspectives and New Questions," *Humanity: An International Journal of Human Rights, Humanitarianism, and Development* 1 (Fall 2010): 111-35.

100. Roland Burke, *Decolonization and the Evolution of International Human Rights* (Philadelphia: University of Pennsylvania Press, 2010); Jensen, *Making of International Human Rights*.
101. Jensen, *Making of International Human Rights*, chapters 3 and 4.
102. Bonny Ibhawoh, *Imperialism and Human Rights: Colonial Discourses of Rights and Liberties in African History* (Albany: State University of New York Press, 2007), 55-64.
103. Nnamdi Azikiwe, *Political Blueprint for Nigeria* (Lagos: African Books, 1943); Kwame Nkrumah, "Education and Nationalism in Africa," *Education Outlook* 18 (1943): 32-40, 32; Ibhawoh, *Imperialism and Human Rights*, 155-57.
104. Ibhawoh, *Imperialism and Human Rights*, 8, 157-58.
105. Nnamdi Azikiwe, *Zik: A Selection from the Speeches of Nnamdi Azikiwe* (Cambridge: Cambridge University Press, 1961), 159.
106. Nkrumah, *Africa Must Unite*, 50; Azikiwe, *Political Blueprint*, 56.
107. Nkrumah, *Towards Colonial Freedom*, 43.
108. Julius Nyerere, "Independence Address to United Nations, 14 December 1961," in *Freedom and Unity: A Selection from Writing and Speeches 1952-1965* (Dar es Salaam: Oxford University Press, 1967), 146.
109. Kwame Nkrumah, "Independence and Sovereignty of the African People" (unpublished paper 1960), in African Affairs Papers, Box ADM 16/14, Public Records and Archives Administration Department, Accra, Ghana.
110. Ibid.
111. United Nations General Assembly, *Universal Declaration of Human Rights*, A/217/Ⅲ, December 10, 1948, http://www.un.org/en/documents/udhr/, accessed May 10, 2014.
112. Nkrumah, "Independence and Sovereignty of the African People."

113. Moyn, *Last Utopia*, 111.
114. Eagleton, "Excesses of Self-Determination," 604.
115. Louis Henkin, "The United Nations and Human Rights," *International Organization* 19 (Summer 1965): 504-17, 512.
116. Ibid., 513.
117. "Declaration of the Rights of the Negro People of the World," in *Selected Writings and Speeches of Marcus Garvey*, ed. Bob Blaisdell (Mineola, NY: Dover, 2004), 17.
118. Ibid., 18.
119. Marcus Garvey, "The True Solution to the Negro Problem," in *The Philosophy and Opinions of Marcus Garvey; or, Africa for the Africans*, vol. 1 (Dover, MA: Majority, 1986), 52-53.
120. "Speech by Marcus Garvey, in Philadelphia, PA, October 21, 1919," in *The Marcus Garvey and Universal Negro Improvement Association Papers*, vol. 2, ed. Robert Hill (Berkeley: University of California Press, 1983), 94.
121. Julius Nyerere, "Biafra, Human Rights and Self-Determination in Africa," April 13,1968, http://biafrasay.com/p/327314/biafra-human-rights-and-self-determination-in-africa-by-pres#327314, accessed August 10, 2017.
122. Hannah Arendt, "Rights of Man: What Are They?," *Modern Review* 3 (1949): 25-37, 37. On the ways that Arendt's republicanism limited her anti-imperial critique and contributed to her silence on anticolonial movements, see A. Dirk Moses, "*Das römische Gespräch* in a New Key: Hannah Arendt, Genocide, and the Defense of Republican Civilization," *Journal of Modern History* 85 (December 2013): 867-913.
123. Arendt, "Rights of Man," 37.
124. Arendt, *Origins of Totalitarianism*, 291.
125. Ibid., 291-92.
126. Ibid., 296-97.
127. Jeffrey C. Isaac, "A New Guarantee on Earth: Hannah Arendt on Human Dignity and the Politics of Human Rights," *American*

Political Science Review 90 (March 1996): 61-73.
128. Arendt, "Rights of Man," 34.
129. United Nations General Assembly Resolution 1514 (XV), "Declaration on the Granting of Independence to Colonial Countries and Peoples."
130. Ibid.
131. Cohen, *Globalization and Sovereignty*, 199.
132. Jörg Fisch, *The Right of Self-Determination of Peoples: The Domestication of an Illusion*, trans. Anita Mage (New York: Cambridge University Press, 2015), 57.
133. 关于非殖民化是威斯特伐利亚体系和《联合国宪章》的延伸，见 Bull and Watson, *Expansion of International Society*; Jackson, *Quasi-states*.
134. Benjamin Straumann, "Series Editors' Preface," in C. H. Alexandrowicz, *The Law of Nations in Global History*, ed. David Armitage and Jennifer Pitts (Oxford: Oxford University Press, 2017), vi.
135. C. H. Alexandrowicz, "The New States and International Law," in *Law of Nations in Global History*, 404-10.
136. Nkrumah, *Osagyefo at the United Nations*, 6; Alex Quaison-Sackey, *Africa Unbound: Reflections of an African Statesman* (New York: Frederick A. Praeger, 1963), 154.
137. United Nations General Assembly Resolution 1991 (XVIII), "Question of Equitable Representation on the Security Council and the Economic and Social Council," A/RES/1991/XVIII, December 17, 1963.
138. Nkrumah, *Osagyefo at the United Nations*, 8.
139. Nkrumah, *Neocolonialism*.
140. Nkrumah, *Osagyefo at the United Nations*, 9-10.
141. Kwame Nkrumah, *The Challenge of the Congo: A Case Study of Foreign Pressures in an Independent State* (New York: International, 1967), 268.
142. UN General Assembly Resolution 2131 (XX), "Declaration on the Inadmissibility of Intervention in the Domestic Affairs of States and the Protection of Their Independence and Sovereignty," A/

RES/20/2131, December 21, 1965.
143. Ibid.
144. Ryan M. Irwin, "Sovereignty in the Congo Crisis," in *Decolonization and the Cold War: Negotiating Independence*, ed. Leslie James and Elisabeth Leake (New York: Bloomsbury, 2015), 205.
145. Mamdani, *Citizen and Subject*, 20.
146. Irwin, "Sovereignty in the Congo Crisis," 206.
147. Mamdani, *Citizen and Subject*, 287-91.
148. Nyerere, "Biafra, Human Rights and Self-Determination."
149. Ibid.
150. Brad Simpson, "The Biafran Secession and the Limits of Self-Determination," *Journal of Genocide Research* 16 (August 2014): 337-54, 343.
151. Nyerere, "Biafra, Human Rights and Self-Determination."
152. Simpson, "Biafran Secession," 341.
153. Michael Ignatie quoted in Lassie Heerten and A. Dirk Moses, "The Nigeria-Biafra War: Postcolonial Conflict and the Question of Genocide," *Journal of Genocide Research* 16 (August 2014): 169-203, 176.
154. Simpson, "Biafran Secession," 337.
155. Mark Bradley, *The World Reimagined: Americans and Human Rights in the Twentieth Century* (New York: Cambridge University Press, 2016), 141-42.
156. Ibid., 149. 根据布拉德利的说法，1972年至1979年，大赦国际86%的报告和出版物都以全球南部为重点。
157. Rupert Emerson, "The Fate of Human Rights in the Third World," *World Politics* 27 (January 1975): 201-26, 223.
158. Ibid., 225.
159. 这些论点只是在冷战结束后才占据主导地位，并在20世纪90年代关于人道主义干预的辩论中达到顶峰。例如，见Jackson, *Quasistates*; Gerald B. Helman and Steven R. Ratner, "Saving Failed States," *Foreign Policy* 89 (Winter 1992): 3-20. 关于托管的持续性，

见 William Bain, *Between Anarchy and Society: Trusteeship and the Obligations of Power* (New York: Oxford University Press, 2003); William Bain, "The Political Theory of Trusteeship and the Twilight of International Equality," *International Relations* 17 (March 2003): 59-77; Ralph Wilde, *International Territorial Administration: How Trusteeship and the Civilizing Mission Never Went Away* (Oxford: Oxford University Press, 2008).

160. Didier Fassin, *Humanitarian Reason: A Moral History of the Present* (Berkeley: University of California Press, 2012), xiii. 关于自由主义脱离帝国是这种人道主义崛起的先决条件，见 Samuel Moyn, "Imperialism, Self-Determination, and the Rise of Human Rights," in *The Human Rights Revolution: An International History*, ed. Akira Iriye et al. (New York: Oxford University Press, 2012), 172. 关于后冷战时代的意义，见 Stefan-Ludwig Hoffmann, "Human Rights and History," *Past and Present* 232 (August 2016): 279-310.

161. 有关这些当代批评，请参见 Grovogui, *Sovereigns, Quasi sovereigns, and Africans*, 179-88; Anghie, *Imperialism*, 239-44; Pitts, "Intervention and Sovereign Equality," 148-53.

第四章　再评"黑色大西洋"联邦主义者

1. *Government Proposals for a Republican Constitution* (Accra: Government Printers, 1960).
2. Nkrumah, *Neocolonialism*, 31.
3. Ibid., 33.
4. Ibid., xv.
5. Lenin, "Socialist Revolution and the Right to Self-Determination," 145.
6. "后殖民困境"一词是从拉纳那里借来的。*Two Faces of American Freedom*, 135.
7. 有关西印度群岛联邦的历史，见 John Mordecai, *The West Indies: The Federal Negotiations* (London: George Allen and Unwin, 1968).

8. 塞古·杜尔和马里的莫迪博·凯塔（Modibo Keita）在放弃建立法语非洲联邦后，转向了这一政治组织。几内亚人在1958年批准法兰西第五共和国宪法的全民公决中投了反对票，这促使几内亚独立。马里与塞内加尔的联邦解体后，于1960年独立。关于1958年全民公决和法属非洲联盟政治的详细研究，见Cooper, *Citizenship between Empire and Nation*, chapter 7.

9. Rupert Emerson, "Pan-Africanism," *International Organization* 16 (Spring 1962): 275-90; Immanuel Wallerstein, *Africa, the Politics of Unity: An Analysis of a Contemporary Social Movement* (New York: Vintage Books, 1969).

10. 例如，杰森·帕克（Jason Parker）认为，西印度群岛联邦的失败与后殖民世界的其他联邦实验一样，"最主要的是建立在其中所包含的特殊主义种族－民族身份的基础之上"。根据这一观点，"发展中国家的种族民族主义因此推动了帝国外来者统治的结束——在许多地区，这种努力阻碍了取代帝国外来统治的可行政体的形成"。Jason C. Parker, *Brother's Keeper: The United States, Race, and Empire in the British Caribbean, 1937-1962* (New York: Oxford University Press, 2008), 168-69. 一般而言，人们倾向于将第二次世界大战后的时期解读为民族主义和民族国家取代反殖民国际主义的时刻。例如，Carnegie, "Garvey and the Black Transnation"; Stephens, *Black Empire*.

11. Williams, "Economic Development of the Caribbean Up to the Present."

12. Eric Williams, "1776 and 1943" (unpublished paper), in Eric Williams Memorial Collection, Box 151, University of West Indies-St. Augustine.

13. Nkrumah, *Africa Must Unite*, 27.

14. Ibid., 50.

15. Nkrumah, *Towards Colonial Freedom*, xv.

16. Williams, "1776 and 1943."

17. Armitage, *Declaration of Independence*, 103-4, 113.

18. 1940年，卡内基国际和平基金会出版了一份关于地区和世界联邦研究的书目。书目收集了图书、小册子和杂志文章，重点关注欧洲的地区联盟以及将国联重组为世界联盟的论点：《世界新秩序：关于地区和世界联邦的参考文献精选以及战后世界秩序的一些特别计划》（华盛顿特区：卡内基国际和平基金会，1940年）。支持按照1787年模式建立世界联邦的论点，见W. B. Curry, *The Case for Federal Union: A New International Order* (London: Penguin Books, 1939).在欧洲联邦制的案例中援引美国联邦主义者的观点，见Altiero Spinelli, "The Growth of the European Movement since World War II," in *European Integration*, ed. C. Grove Haines (Baltimore: Johns Hopkins University Press, 1957), 38-41.

19. Fox, "Right to Political Participation in International Law."
20. Held, "Democratic Accountability and Political E ectiveness from a Cosmopolitan Perspective"; Habermas, "Constitutionalization of International Law"; Cohen, *Globalization and Sovereignty*.
21. Nkrumah, *Africa Must Unite*, 24-27.
22. 正如马努·戈斯瓦米（Manu Goswami）所言，印度的反殖民民族主义者拒绝帝国全球经济的一体化和差异化，并将"民族视为一个领土－经济集合体"。Goswami, *Producing India*, 232.
23. "America Must Remember Her Past," *Voice of Africa* 5 (November-December 1965): 8-9, Bureau of African Affairs Papers, File BAA/RLAA/33—Voice of Africa and Other Publications, 1964/1965, George Padmore Research Library on African Affairs. 恩克鲁玛的非洲事务局出版了《非洲之声》杂志，并负责协调加纳的非洲政策。"美国必须团结"这句话是基于对恩克鲁玛1963年出版的《非洲必须团结》一书书名的润色。
24. Ibid. 文章将非洲的反殖民主义与美国的历史经验相提并论，同时批评了美国作为帝国主义强国的出现。这位身份不明的"我"认为，美国对刚果和越南的干预表明，美国已经忘记了自己的反殖民历史。
25. Eric Williams, "The Implications of Federation," August 11, 1955, Eric Williams Memorial Collection, Box 812, University of West Indies-St. Augustine; Eric Williams, "The Pros and Cons of Federation," in *Federation: Two Public Lectures* (Port-of-Spain: College Press, 1956), 3.

26. Eric Williams, "Speech Made by the Honorable the Chief Minister during the Debate on the Chaguaramas Joint Commission Report, 6 June, 1958" (Port-of-Spain: Government Printing O ce, 1958), C.L.R. James Papers, Folder ICS40/F/5/8, Senate House Library.
27. "Give Us Political Union," *Ghanaian Times*, October 24, 1965, in Newspaper Collections, Folder NP 4/44, Public Records and Archives Administration Department (PRAAD).
28. John Jay, "No. 2 Concerning Dangers from Foreign Force and Influence," in *The Federalist Papers*, ed. Clinton Rossiter (New York: Signet Classics, 2003), 32; Williams, "Implications of Federation."
29. Williams, "Implications of Federation."
30. Ibid.
31. Ibid.
32. "Joint Declaration by His Excellency Dr. Kwame Nkrumah, Prime Minister of Ghana, and His Excellency Mr. Sékou Touré, President of the Republic of Guinea, Issued at Conakry on 1 May, 1959," Bureau of African Affairs Papers, Box 966 Originals— Declarations, Resolutions, Policy Statements, George Padmore Research Library on African A airs. 美国13个殖民地对建立加纳－几内亚联盟的启示在 H. E. Nana Kena Ⅱ的著作中也有所体现, "United States of Africa," *Voice of Africa* 2 (March 1962): 6-8, Bureau of African Affairs Papers, File BAA/ RLAA/13— Voice of Africa, undated: Newspaper Clippings, George Padmore Research Library on African Affairs.
33. Kwame Nkrumah, "Address to the Summit Conference of the O.A.U.," May 24, 1963, reprinted in *Voice of Africa* 5 (September-October 1965): 44-50, Bureau of African Affairs Papers, File BAA/ RLAA/33— Voice of Africa and Other Publications, 1964/1965, George Padmore Research Library on African A airs.
34. Kwame Nkrumah quoted in "Why African Unity?," *OAU Review* 1 (May 1964) in Files of Ex-Presidential A airs, Folder RG/17/2/434 OAU Printed Publications, PRAAD.
35. Kwame Nkrumah, "Address to African Heads of State and

Government Conference of the OAU at Cairo," July 19, 1964, reprinted as "Kwame in Cairo," in *Voice of Africa* 5 (September-October 1965): 51-56, Bureau of African Affairs Papers, File BAA/RLAA/33—Voice of Africa and Other Publications, 1964/1965, George Padmore Research Library on African Affairs. 巴尔干化是维持殖民者对新独立国家控制的一种策略,这一论点是支持联合者的主要观点。《非洲之声》也发表了一篇提议建立"非洲合众国"的文章。文章认为,"后殖民国家在经济和行政组织方面被设计得如此脆弱和不稳定,以至于它们将迫于内部和外部压力,继续依附统治它们多年的殖民者。非洲国家越弱小、越不稳定,有关殖民国家就越容易继续支配新国家的事务和命运,即使它已经获得了独立"。H. E. Nana Kena Ⅱ, "United States of Africa."

36. Cooper, *Citizenship between Empire and Nation*; Wilder, *Freedom Time*.

37. Letter from Barbara Ward to Kwame Nkrumah, November 26, 1961, in Office of the Ex-Bureau of African Affairs Papers Box SC/BAA/98 European Common Market, PRAAD. "Speech on European Common Market" by Mr. F.K.G. Goka, Minister of Finance, Delivered on Behalf of Dr. Kwame Nkrumah, President of the Republic of Ghana at Commonwealth Prime Ministers' Conference in London on September 10, 1962, Bureau of African A airs Papers, Box 1079 European Common Market, George Padmore Research Library on African A airs.

38. Joshua Simon, "José Martí's Immanent Critique of American Imperialism," unpublished paper presented at the American Political Science Association Meeting, September 2015, San Francisco, CA.

39. Cooper, *Colonialism in Question*, 28-29.

40. Asli Bâli and Aziz Rana, "Constitutionalism and the American Imperial Imagination," *University of Chicago Law Review* 85 (March 2018): 257-92.

41. Martin Staniland, *American Intellectuals and African Nationalists, 1955-1970* (New Haven, CT: Yale University Press, 1991), 76-78; Ryan M. Irwin, *Gordian Knot: Apartheid and the Unmaking of the Liberal World Order* (New York: Oxford University Press, 2012), 76.

42. Eliga H. Gould, *Among the Powers of the Earth: The American Revolution and the Making of a New World Empire* (Cambridge, MA: Harvard University Press, 2012), 1-2.
43. Ibid., 211.
44. Rana, *Two Faces of American Freedom*, 134-35.
45. 在探究早期后殖民联盟——美国、澳大利亚与加拿大——何以能取得成功，相比之下二十世纪的类似尝试却遭遇失败的原因时，托马斯·弗兰克深刻指出，后者缺乏帝国扩张的驱动力是一个至关重要的因素。弗兰克阐述道："对于澳大利亚、加拿大及美国的先驱者而言，他们面前横亘着一片辽阔无垠、亟待征服的边疆土地。"这一愿景构成了他们共同信念的核心，一种宏大至足以凝聚各种思想的力量——无论是充满激情的自由主义者与保守派，持对立立场的奴隶主与废奴主义者，还是来自法国与英国的移民、天主教徒、英国国教徒及不拘一格的革新者，皆被其包容。这片广阔、未开发且充满潜力的边疆，不仅为多元群体提供了一个共同的奋斗目标，还提供了足够的空间与资源，使得这种多样性得以和谐共存，相互容纳。
46. Jay, "No. 2 Concerning Dangers from Foreign Force and Influence."
47. Nkrumah, *Ghana*, 240-53; Donald Rothchild, "The Limits of Federalism: An Examination of Political Institutional Transfer in Africa," *Journal of Modern African Studies* 4 (November 1966): 275-93. For a study of Asante nationalism, see Jean Marie Allman, *The Quills of the Porcupine: Asante Nationalism in an Emergent Ghana* (Madison: University of Wisconsin Press, 1993).
48. Nkrumah, *Africa Must Unite*, 62.
49. Selwyn Ryan, "East Indians, West Indians and the Quest for Political Unity," *Social and Economic Studies* 48 (December 1999): 151-84, 155.
50. Ibid., 165.
51. Nkrumah, *Neocolonialism*, 239-41.
52. Williams, "Speech Made by the Honorable the Chief Minister during the Debate on the Chaguaramas Joint Commission Report, 6 June, 1958"; Eric Williams, *From Columbus to Castro: The History of the Caribbean, 1492-1969* (1970; New York: Vintage Books, 1984) 408-27.

53. Joshua Simon, *The Ideology of Creole Revolution: Imperialism and Independence in American and Latin American Political Thought* (New York: Cambridge University Press, 2017); "America Must Remember Her Past," 8-9.
54. Eric Williams, "Federation in the World of Today: Lecture at the Extramural Department in Trinidad and Tobago of the University College of the West Indies," February 25, 1955, Eric Williams Memorial Collection, Box 813, University of West Indies-St. Augustine.
55. Nkrumah, *Africa Must Unite*, 148.
56. Kenneth Wheare, *Federal Government* (1946; London: Oxford University Press, 1963), 26.
57. Ibid., 2-3.
58. Ibid., 53.
59. Ibid., 93.
60. Daniel J. Elazaar, *Exploring Federalism* (Tuscaloosa: University of Alabama Press, 1987), 64; Cohen, *Globalization and Sovereignty*, 112.
61. Murray Forsyth, *Union of States: The Theory and Practice of Confederation* (Leicester: Leicester University Press, 1981), 7.
62. Cohen, *Globalization and Sovereignty*, 133.
63. Wheare, *Federal Government*, 238-39. 惠尔关于联邦政府权力不断扩大的讨论应该追溯到19世纪的美国。南北战争和重建已经扩大了联邦政府相对于各州的权力。到世纪之交，从权力协调的联邦向"联邦国家"的过渡已经开始。这种转变在19世纪末不断变化的言论中显而易见。一直到19世纪60年代，亚伯拉罕·林肯还将美国称为"邦联国家"，承认各州的独立性。然而，重建之后，伍德罗·威尔逊和约翰·伯吉斯（John Burgess）撰写的宪法史将美国称为"联邦国家"和民族。参见 Forsyth, *Union of States*, 41-42.
64. Wheare, *Federal Government*, 115.
65. Ibid., 113-14. 1930年至1940年，这些补助金增加了300%，1930年，一半的补助金用于高速公路和国民警卫队的开支，而到了1940年，53%的补助金用于社会服务。

66. Harold Laski, "The Obsolescence of Federalism," *New Republic* 98 (May 3, 1939): 367-69.
67. A. H. Birch, *Federalism, Finance and Social Legislation in Canada, Australia and the United States* (Oxford: Clarendon, 1955), 305. 一篇关于新联合会财务问题的长篇文章进一步阐述了他的研究意义。A. H. Birch, "Inter-governmental Financial Relations in New Federations," in *Federalism and Economic Growth in Underdeveloped Countries*, ed. Ursula K. Hicks et al., 113-29 (London: George Allen and Unwin, 1961). 这些观点在20世纪60年代研究联邦制的最重要的政治学家威廉·里克的著作中得到了具体化。里克在其1964年的开创性著作中认为，从1787年的美国联邦开始，现代联邦必然是聚合和集中权力的机构。因此，他称赞汉密尔顿主张采用联邦形式来加强中央集权，认为这是从古代和早期现代邦联到现代中央集权联邦的关键性转变。William Riker, *Federalism: Origin, Operation, Significance* (Boston: Little, Brown, 1964), 5-10.
68. Williams, "Federation in the World of Today."
69. Ibid.
70. "Osagyefo Addresses Parliament: Political Independence Does Not End Colonialism," *Evening News*, April 19, 1961, Bureau of African Affairs Papers, Box 1007 President's Speeches, vol. 2, George Padmore Research Library on African A airs.
71. Eric Williams, "Speech at the Revision of the Federal Constitution, Inter-governmental Conference," September 11, 1959, Eric Williams Memorial Collection, Box 2119, University of the West Indies-St. Augustine.
72. Ibid.
73. Office of the Premier and Ministry of Finance, *The Economics of Nationhood* (Port-of-Spain: Government of Trinidad and Tobago, 1959), Federation Records, Trinidad National Archives, Box 6.
74. David Lowenthal, "Two Federations," *Social and Economic Studies* 6 (June 1957): 185-240, 240. 联邦中较小的岛屿（安提瓜、巴巴多斯、多米尼克、格林纳达、圣基茨、尼维斯和安圭拉、圣卢西亚和圣文森特）统称为"八小岛"，它们不愿意在没有统一所得税、增加联邦服务和扩大援助赠款计划的情况下建立关税同盟。Ulric Simmonds, "Which Way West Indies? Confusion Marks Federation Talks," *Daily Gleaner, Overseas Edition*, February 11, 1956, Eric Williams Memorial Collection, Box 574, University of the West Indies-St. Augustine.

75. "Letter from [Secretary of the Colonies] Mr. [Alan Lennox] Boyd to Sir [Hugh] Foot on the Incompatibility between Political Independence and Financial Dependence," in *British Documents on the End of Empire*, series B, vol. 6, *The West Indies*, ed. S. R. Ashton and David Killingray (London: Stationery Office, 1999), 139-40.
76. Mordecai, *West Indies*, 124.
77. "Broadcast given by the Honorable N. W. Manley," June 12, 1960, Federal Archives, Folder FWI-PM-IS-148, University of the West Indies-Cave Hill.
78. "Broadcast by the Premier of Jamaica, the Hon. Norman Manley," June 18, 1961, Federal Archives, Folder FWI-PM-IS-148, University of the West Indies-Cave Hill.
79. Norman Manley, "Jamaica's Proposal for Federation," February 22, 1960, Federation Records, Trinidad National Archives, Box 6.
80. Ibid.
81. "Comment on the *Economics of Nationhood*," November 2, 1959, C.L.R. James Papers, Folder ICS40/A/1/4, Senate House Library.
82. T. O. Elias, *Federation v. Confederation and the Nigeria Federation* (Port-of-Spain: Government of the West Indies, 1960), Federation Record, Trinidad National Archives, Box 6.
83. Ibid.
84. Ibid.
85. On Manley's miscalculation, see Mordecai, *West Indies*, 223, 392-415.
86. "Excerpts from Premier's [Eric Williams] Press Conference, November 5, 1961," Federal Archives, Folder: FWI-GG-GA-249, University of West Indies-Cave Hill.
87. Ibid.
88. W. Arthur Lewis, "Secret Memorandum to Honorable Sir Grantley Adams: Situation Arising from Jamaica Referendum," November 9,

1961, Federal Archives Folder: FWI-PM-GA-27, University of West Indies-Cave Hill.

89. Nkrumah, *Africa Must Unite*, 112, 154; Nkrumah, *Neocolonialism*, 11; Williams, "Federation in the World of Today."

90. "Union Government Is Essential to Economic Independence and Higher Living Standards," Files of Ex-Presidential Affairs, Folder RG/17/2/1047 OAU Papers, PRAAD.

91. "Summary of Preparatory Conference on Organization of African Unity, May 1963, Addis Ababa, Ethiopia," Files of Ex-Presidential Affairs, Folder RG/17/2/1047 OAU Papers, PRAAD.

92. Ibid.

93. "Balewa's Plans for African Unity," *West African Pilot,* May 25, 1963, Newspaper Collection, British Library. 尼日利亚总理阿布巴卡尔·巴莱瓦（Abubakar Balewa）赞同埃塞俄比亚的建议。他呼吁在区域一级实现经济一体化，并通过非洲大陆组织进行某种程度的协调，在联合国就反殖民政策开展合作，支持南部非洲的自由战士，并呼吁非洲大陆组织在核裁军方面展开努力。

94. 甚至在筹备会议期间，关于新组织名称的分歧也十分激烈，历时数小时。埃塞俄比亚的草案将新机构命名为非洲国家组织，以强调每个国家的独立性。博西奥（在其他代表团的支持下）拒绝了这一建议，部分原因在于 OAS 也是法国在阿尔及利亚的秘密军队"Organisation armée secrete"的缩写。更重要的是，博西奥坚持认为联盟一词必须成为该组织名称的一部分。大多数代表拒绝了"非洲国家联盟"这一名称，而选择了折中的"非洲统一组织"。"Summary of Preparatory Conference on OAU, May 1963, Addis Ababa," Files of Ex-Presidential Affairs, Folder RG/17/2/1047—OAU Papers, PRAAD.

95. "Address by His Imperial Majesty Haile Selassie I at the Conference of African Heads of State and Governments, Addis Ababa, Ethiopia, May 22, 1963, Addis Ababa, Ethiopia," Files of Ex-Presidential Affairs, Folder RG/17/2/451—OAU Papers, PRAAD.

96. "Address by His Imperial Majesty Haile Selassie I at the Conference of Independent African States, June 16, 1960," Bureau of African Affairs Papers, Box 483 Conference on Independent African States,

George Padmore Research Library on African Affairs.
97. Ibid.
98. "Kojo Botsio, Minister of Foreign A airs, Ghana to the Provisional Secretary General, Organization of African Unity, April 21, 1964," SC/BAA/492 Committee on OAU Summit Conference, PRAAD.
99. "Union Government Is Essential to Economic Independence and Higher Living Standards," in Files of Ex-Presidential A airs, Folder RG/17/2/1047 OAU Papers, PRAAD.
100. Nnamdi Azikiwe, *The Future of PanAfricanism* (London: Nigeria High Commission, 1961), 13.
101. Address by His Imperial Majesty Haile Selassie I at the Conference of African Heads of State and Governments Addis Ababa, Ethiopia, May 22, 1963, Addis Ababa, Ethiopia, Files of Ex-Presidential A airs, Folder RG/17/2/451 OAU Papers, PRAAD.
102. Azikiwe, *Future of Pan Africanism*, 13.
103. "Speech by Osagyefo Dr. Kwame Nkrumah at the Opening of the Summit Conference of the OAU, Accra, October 21, 1965," Office of the Ex-Bureau of African Affairs Papers, SA/BAA/468 OAU-1965, PRAAD.
104. "Let Us Build a New Africa: Full Text of the Speech Delivered by Dr. Nnamdi Azikiwe Governor-General and Commander-in-Chief of the Federation of Nigeria at the Opening of the Conference of the Heads of African and Malagasy States," *West African Pilot*, January 26, 1962, Newspaper Collection, British Library.
105. Ibid.
106. Ibid.
107. Speech by Osagyefo Dr. Kwame Nkrumah at the Opening of the Summit Conference of the OAU, Accra, October 21, 1965, SA/BAA/468 OAU-1965, Papers of the Bureau of African A airs, PRAAD.
108. Ibid.
109. Kwame Nkrumah, "Towards a United Africa," *Voice of Africa* 2 (March 1962): 20-21, Bureau of African Affairs Papers, File BAA/RLAA/13, "Voice of Africa, undated": Newspaper Clippings, George

Padmore Library on African Affairs.

110. Nkrumah, *Africa Must Unite*, 148-49.
111. "Provisional Draft of the Principles of the Constitution of the Union of African States with Explanatory Note," Files of Ex-Presidential Affairs, Folder RG 17/2/553 A Union Government for Africa, PRAAD, 4.
112. Ibid., 101.
113. Ibid., 99-101.
114. Ibid., 68-71. 第22—26条细化了公民权利和政治权利；第11—14条概述了联盟政府的社会政策下关于社会和经济权利的讨论。
115. "Let Us Build a New Africa."
116. Ibid.
117. Ibid.
118. 非洲统一组织于2001年改组为非洲联盟，1965年成立的加勒比自由贸易联盟（CARIFTA）于1973年成为加勒比共同体（CARICOM）。这些组织都避免建立联邦结构，而只在经济一体化和职能协调方面开展合作。欧洲一体化的发展轨迹与此类似，虽然走得更远，但仍属于职能一体化的逻辑范畴。关于欧洲联盟的功能主义，见 Isiksel, *Europe's Functional Constitution*.
119. "联邦时刻"一词借用自迈克尔·柯林斯（Michael Collins），"非殖民化与'联邦时刻'"。*Diplomacy and Statecraft* 24 (February 2013): 21-40.
120. Wilder, *Freedom Time*, 3.
121. Nkrumah, *Africa Must Unite*, 158.
122. Julius Nyerere, "East African Federation," in *Freedom and Unity*, 89.
123. "Charter of the Organization of African Unity,".
124. Ibid.
125. Simpson, "Biafra Secession," 345.
126. Ibid., 344.

第五章 国际经济新秩序的福利世界

1. Eric Williams, "A Small Country in a Big World" (1964), Eric Williams Memorial Collection, Box 736, University of West Indies-St. Augustine.
2. Eric Williams, "West Africa and West Indies" (1964), Eric Williams Memorial Collection, Box 813, University of West Indies-St. Augustine.
3. Julius Nyerere, "A Call to European Socialists," in *Freedom and Development: A Selection from Writings and Speeches, 1968-1973* (Dar es Salaam: Oxford University Press, 1973), 375. See also Mohammed Bedjaoui, *Towards a New International Economic Order* (Paris: UNESCO, 1979), 35-36.
4. Frederick Cooper, *Africa since 1940: The Past of the Present* (New York: Cambridge University Press, 2002), 85. 反殖民民族主义者与殖民发展遗产之间的关系错综复杂。虽然民族主义者坚持认为发展不能成为自决的先决条件，但他们仍然重视现代化项目。他们认为，要发展应先建立自治的后殖民政治社区。这种双重立场——一方面反对殖民地落后的说法，另一方面坚持认为前殖民地可以而且应该实现现代化——是反殖民主义思想的核心特征。Sundhya Pahuja, *Decolonising International Law: Development, Economic Growth and the Politics of Universality* (New York: Cambridge University Press, 2011), 54-55. 关于发展承诺是双重约束的更多信息，参见 Chatterjee, *Nationalist Thought and the Colonial World*.
5. Goswami, *Producing India*, 276.
6. Ibid. 戈斯瓦米（Goswami）认为，这种代表观点将国家"视为一个在阶级、种姓、宗教和地区方面无差别的整体"，并"导致次等社会群体和阶级被边缘化"。
7. Nkrumah, *Africa Must Unite*, 110.
8. Cooper, *Africa since 1940*, 86.
9. Ibid., 92.
10. 关于依附理论和世界体系理论家参与国际经济新秩序的情况，见

Herb Addo, ed., *Transforming the World Economy? Nine Critical Essays on the New International Economic Order* (London: Hodder and Stoughton, 1984).

11. W. Arthur Lewis, *Aspects of Tropical Trade, 1868-1963* (Stockholm: Almqvist and Wicksell 1969), 17.
12. W. Arthur Lewis, "Economic Development with Unlimited Supplies of Labor" (1954), in *Selected Economic Writings of W. Arthur Lewis*, 139-91 (New York: New York University Press, 1983).
13. Lewis, *Aspects of Tropical Trade*, 17.
14. Robert L. Tignor, *W. Arthur Lewis and the Birth of Development Economics* (Princeton, NJ: Princeton University Press, 2006), 257.
15. W. Arthur Lewis, *The Evolution of the International Economic Order* (Princeton, NJ: Princeton University Press, 1978), 8-9.
16. Ibid.
17. 刘易斯最著名的是他的"劳动力无限供给"理论,他认为,"相对于资本和自然资源而言,人口如此之多,以至于有很大一部分经济部门的劳动边际生产率可以忽略不计,甚至为零或负值"。在劳动力无限供给的国家,如印度、埃及和尼日利亚,工业化可能会更加迅速。如果没有无限的劳动力供给,如在加纳和加勒比小岛,工业化的步伐就会放慢。Lewis, "Economic Development with Unlimited Supplies of Labor," 141.
18. Lewis, *Evolution of the International Economic Order*, 10; Tignor, *W. Arthur Lewis*, 83.
19. W. Arthur Lewis, *The Principles of Economic Planning: A Study Prepared for the Fabian Society* (London: D. Dobson, 1949).
20. Lewis, *Evolution of the International Economic Order*, 8-9. 刘易斯指出,为了维持采矿业和种植园的低工资,外国资本家和帝国政府没有投资技术创新或粮食生产。此外,他们征用土地、征税和强迫劳动使人民和资源流向出口经济,从而使自给自足的经济陷入贫困。然而,在刘易斯关于欠发达的论述中,帝国主义只扮演了一个次要角色。Lewis, "Economic Development with Unlimited Supplies of Labor," 149.
21. Lewis, *Evolution of the International Economic Order*, 75.

22. W. Arthur Lewis, *Report on Industrialization and the Gold Coast Economy* (Accra: Government Printers, 1953).
23. Tignor, *W. Arthur Lewis*, 169-76; Ahlman, *Living with Nkrumahism*, 80-81, 130.
24. Tignor, *W. Arthur Lewis*, 176.
25. Nkrumah, *Africa Must Unite*, 97.
26. Ibid., 110；迈尔德尔的《经济理论》基于他1955年在埃及国家银行发表的一系列演讲。这些讲座以《发展与不发达：关于国家和国际经济平等机制的说明》为题出版（Cairo: National Bank of Egypt, 1956)。
27. Myrdal, *Development and Underdevelopment*, 42-43; Myrdal, *Economic Theory and Underdeveloped Regions*, 47-48; "Union Government Is Essential to Economic Independence and Higher Living Standards," in Files of Ex-Presidential Affairs, Folder RG/17/2/1047 OAU Papers, Public Records and Archives Department.
28. Nkrumah, *Neocolonialism*, 239.
29. Andre Gunder Frank, "The Development of Underdevelopment," *Monthly Review* 18 (September 1966): 17-31; Samir Amin, *Unequal Development: An Essay on the Social Formations of Peripheral Capitalism*, trans. Brian Pierce (New York: Monthly Review Press, 1976).
30. Nkrumah, *Neocolonialism*, xix.
31. Ibid.
32. Ibid.
33. Ibid., 11. [216] Notes to chapter five.
34. Ahlman, *Living with Nkrumahism*, 204-6. 类似的经济因素导致了全球南部的政变浪潮。从20世纪60年代中期到80年代，成功的军事接管数量激增。参见 Aaron Benanav, "A Global History of Unemployment: Surplus Population in the World Economy, 1949-2010" (PhD diss., University of California, Berkeley, 2014), 173-74.
35. Michael Manley, *The Politics of Change: A Jamaican Testament* (1974; Washington, DC: Howard University Press, 1990), 24. 对罗斯

托现代化理论的批评, 见 Manley, *Poverty of Nations*, 70.

36. Manley, *Politics of Change*, 18.
37. Lloyd Best, "The Mechanism of Plantation-Type Economies: Outlines of a Model of Pure Plantation Economy," *Social and Economic Studies* 17 (September 1968): 283-326.
38. Ibid.; George Beckford, *Persistent Poverty: Underdevelopment in Plantation Economies of the Third World* (New York: Oxford University Press, 1972).
39. Giovanni Arrighi and John Saul, *Essays on the Political Economy of Africa* (New York: Monthly Review Press, 1973); Giovanni Arrighi, "The Winding Paths of Capital: Interview by David Harvey," *New Left Review* 56 (March-April 2009): 61-94, 63-64; Walter Rodney, *World War II and the Tanzanian Economy* (Ithaca, NY: Cornell University Press, 1976); Walter Rodney et al., eds., *Migrant Labor in Tanzania during the Colonial Period—Case Studies of Recruitment and Conditions of Labor in the Sisal Industry* (Hamburg: Arbeiten aus dem Institut für Afrika-Kunde, 1983).
40. On the Dar es Salaam school, see Horace Campbell, "The Impact of Walter Rodney and Progressive Scholars on the Dar es Salaam School," *Social and Economic Studies* 40 (June 1991): 99-135. 有关新世界集团和达累斯萨拉姆学派的比较研究, 请参见 Adom Getachew, "The Plantation in Comparative Perspective: Toward a Theory of Colonial Modernity," in *The Oxford Handbook of Comparative Political Theory*, ed. Leigh Jenco et al. (New York: Oxford University Press), forthcoming.
41. Manley, *Poverty of Nations*, 13-14.
42. Walter Rodney, "Migrant Labor and the Colonial Economy," in Rodney et al., *Migrant Labor in Tanzania during the Colonial Period*, 5.
43. Samir Amin, *Delinking: Towards a Polycentric World* (London: Zed Books, 1990), 63.
44. Ibid., 66.
45. Anghie, *Imperialism*, 211-20; Vanessa Ogle, "States' Rights against

Private Capital: The 'New International Economic Order' and the Struggle over Aid, Trade, and Foreign Investments, 1962-1981," *Humanity: An International Journal of Human Rights, Humanitarianism, and Development* 5 (Summer 2014): 211-34.

46. 例如，曼利一再指出外国公司和当地精英的主导地位。曼利当选时，"外国利益集团拥有 100% 的铝土矿和氧化铝工业、一半以上的制糖业和一半以上的旅游业"。此外，"2.2% 的农场占据了 63.1% 的耕地面积，而剩余 97.8% 的农场则分享 36.9% 的耕地"。Michael Manley, *Jamaica: Struggle in the Periphery* (London: Third World Media, 1982), 40. On nationalization in Tanzania, see Bonny Ibhawoh and J. I. Dibua, "Deconstructing Ujamaa: The Legacy of Julius Nyerere in the Quest for Social and Economic Development in Africa," *African Association of Political Science* 8 (January 2003): 59-93, 64-65.

47. Julius Nyerere, "Arusha Declaration," in *Freedom and Socialism: A Selection from Writings and Speeches 1965-1967* (Dar es Salaam: Oxford University Press, 1968), 240; Lal, *African Socialism in Postcolonial Tanzania*, 31.

48. Julius Nyerere, "Socialism and Rural Development," in *Ujamaa: Essays on Socialism* (London: Oxford University Press, 1968), 114-15. 鉴于尼雷尔对农民之间等级制度问题的关注，他的村庄化计划具有讽刺意味的一点是，它加剧了农民内部的统治。根据 D. A. Low 的说法，坦桑尼亚（和其他地方）的村庄化赋予了"富裕农民"权力，他们可以利用集中管理村庄的制度安排来加强对较贫穷、权力较小的农民的控制。因此，推动村庄化的平等主义冲动产生了新的等级制度。D. A. Low, *The Egalitarian Moment: Asia and Africa, 1950-1980* (New York: Cambridge University Press, 1996), 49-55.

49. Julius Nyerere, "New Economic Order," in *Freedom and a New Economic Order: A Selection from Speeches, 1974-1999* (Dar es Salaam: Oxford University Press, 2011), 27.

50. Ibid.

51. Nyerere, "Socialism and Rural Development," 20.

52. Lal, *African Socialism in Postcolonial Tanzania*, 46-50, 53-54.

53. Ibid., 46-48. 詹姆斯·斯科特从尼雷尔计划的现代化雄心出发，认为其是 20 世纪"独裁的高度现代主义"项目的典型代表，它强化了国家机器，导致了农民生活的暴力迁移和破裂，未能实现消除贫困和建立平等的目标。与其他国家的同类项目一样，坦桑尼亚的村庄化项目也依赖于对规划理念和技术专长的依附，这种理念赋予了国家官僚和经济顾问对有用知识的垄断权，而这些知识只需加以应用即可。James Scott, *Seeing Like a State: How Certain Schemes to Improve the Human Condition Have Failed* (New Haven, CT: Yale University Press, 1998), 224-48.
54. Lal, *African Socialism in Postcolonial Tanzania*, 48-49.
55. Manley, *Politics of Change*, 58-59.
56. Ibid., 28.
57. 关于加勒比地区的殖民现代性，见 David Scott, *Conscripts of Modernity: The Tragedy of Colonial Enlightenment* (Durham, NC: Duke University Press, 2004), 125-29.
58. Manley, *Politics of Change*, 99.
59. Ibid., 100.
60. Ibid.
61. Manley, *Jamaica*, 43-44.
62. Manley, *Politics of Change*, 104-5.
63. Manley, *Poverty of Nations*, 24.
64. Ibid., 83.
65. Nyerere, "New Economic Order," 28.
66. Manley, *Poverty of Nations*, 111; Julius Nyerere, "Independence Address to United Nations," in *Freedom and Unity*, 145; Nyerere, "The Third World and the International Economic Structure," in *Freedom and a New Economic Order*, 44.
67. Nyerere, "Call to European Socialists," 375.
68. Manley, *Poverty of Nations*, 93.
69. Nyerere, "Third World and the International Economic Structure," 37-38.
70. Ibid., 37.

71. Manley, *Poverty of Nations*, 93.
72. Nyerere, "Third World and the International Economic Structure," 37.
73. Ibid., 37-38.
74. Gunnar Myrdal, *An International Economy: Problems and Prospects* (New York: Harper and Row, 1956); Gunnar Myrdal, *Rich Lands Poor Lands: The Road to World Prosperity* (New York: Harper and Row, 1957); Gunnar Myrdal, *Beyond the Welfare State: Economic Planning and Its International Implications* (New Haven, CT: Yale University Press, 1960). 有关这些文本的最新评估，见 Jamie Martin, "Gunnar Myrdal and the Failed Promises of the Postwar International Economic Settlement," *Humanity: An International Journal of Human Rights, Humanitarianism, and Development* 8 (Spring 2017): 167-73; Samuel Moyn, "Welfare World," *Humanity: An International Journal of Human Rights, Humanitarianism, and Development* 8 (Spring 2017): 175-83; Isaac Nakhimovsky, "An International Dilemma: The Postwar Utopianism of Gunnar Myrdal's *Beyond the Welfare State*," *Humanity: An International Journal of Human Rights, Humanitarianism, and De velopment* 8 (Spring 2017): 185-94.
75. Myrdal, *Beyond the Welfare State*, 221-22.
76. Ibid., viii.
77. Ibid., 148. 迈尔德尔提到的"富人俱乐部"尤其针对欧洲经济和政治一体化项目。米达尔认为，西欧的经济一体化将在地区范围内克服经济民族主义，但从世界秩序的角度来看，这只会"代表着向国际经济关系的条块分割又迈进了一步"。
78. Ibid., 217.
79. Ibid., 171.
80. Samuel Moyn, *Not Enough: Human Rights in an Unequal World* (Cambridge, MA: Harvard University Press, 2018), 116.
81. Nakhimovsky, "International Dilemma," 191.
82. United Nations General Assembly Resolution 1785 (XVII), "United Nations Conference on Trade and Development," A/RES/17/1785,

December 8, 1962.
83. United Nations Economic Commission for Latin America, *The Economic Development of Latin America and Its Principal Problems* (Lake Success, NY: UN Department of Economic Affairs, 1950).
84. United Nations General Assembly Resolution 3201 (S-Ⅵ), "Declaration on the Establishment of a New International Economic Order," A/RES/S-6/3201, May 1, 1974, http://www.un-documents.net/s6r3201.htm, accessed November 15, 2014; United Nations General Assembly Resolution 3281 (XXIX), "Charter of Economic Rights and Duties of States," A/RES/29/3289, December 12, 1974.
85. Gunnar Myrdal, "The Equality Issue in World Development," Nobel Prize Lecture, March 17, 1975.
86. Ernst-Ulrich Petersmann quoted in Quinn Slobodian, *Globalists: The End of Empire and the Birth of Neoliberalism* (Cambridge, MA: Harvard University Press, 2018), 246-47.
87. B.V.A. Röling, "The History and the Sociological Approach of the NIEO and the Third World," in *NorthSouth Dialogue: A New International Economic Order* (Thessaloniki: Institute of International Public Law and International Relations of Thessaloniki, 1982), 209-24.
88. General Assembly Resolution 3201 (S-Ⅵ),, "Declaration on the Establishment of a New International Economic Order."
89. Antony Anghie, "Legal Aspects of the New International Economic Order," *Humanity: An International Journal of Human Rights, Humanitarianism and Development* 6 (Spring 2015): 145-58, 147.
90. General Assembly Resolution 3201 (S-Ⅵ), "Declaration on the Establishment of a New International Economic Order." 关于宪章被视为根本性背离的方式，见Subrata Roy Chowdhury, "Legal Status of the Charter of Economic Rights and Duties of States," in *Legal Aspects of the New International Economic Order*, ed. Kamal Hossain (1980; New York: Bloomsbury, 2013), 81.
91. General Assembly Resolution 3201 (S-Ⅵ), "Declaration on the Establishment of a New International Economic Order."
92. General Assembly Resolution 3201 (XXIX), "Charter of Economic

Rights and Duties."
93. Nyerere, "New Economic Order," 28.
94. Nyerere, "Third World and the International Economic Structure," 46.
95. Nyerere, "New Economic Order," 28.
96. Ibid.
97. Raúl Prebisch, *Towards a New Trade Policy for Development: Report by the SecretaryGeneral of the United Nations Conference on Trade and Development* (New York: United Nations, 1964), 28.
98. Ibid., 29-30.
99. Manley, *Poverty of Nations*, 32-33, 110-11.
100. Ibid., 34-35; Anghie, "Legal Aspects," 148.
101. Group of 77 and United Nations Conference on Trade and Development, *Trends and Problems in World Trade and Development: Charter of Algiers* (Belgrade: Medunarodna štampa Interpress, 1968), 15.
102. Prebisch, *Towards a New Trade Policy for Development*, 34-35.
103. *Proceedings of the United Nations Conference on Trade and Development, March 23-June 16, 1964* (New York: United Nations, 1964), 10.
104. Johanna Bockman, "Socialist Globalization against Capitalist Neocolonialism: The Economic Ideas behind the New International Economic Order," *Humanity: An International Journal of Human Rights, Humanitarianism, and Development* 6 (Spring 2015): 109-28.
105. *Proceedings of the United Nations Conference on Trade and Development*, 10.
106. Bockman, "Socialist Globalization," 118.
107. *Proceedings of the United Nations Conference on Trade and Development*, 43.
108. Ibid., 81.
109. Nyerere, "New Economic Order," 28-29.
110. General Assembly Resolution 3201 (S-Ⅵ), "Declaration on the Establishment of a New International Economic Order"; General

Assembly Resolution 3201 (XXIX) "Charter of Economic Rights and Duties."
111. General Assembly Resolution 3201 (S-Ⅵ), "Declaration on the Establishment of a New International Economic Order."
112. Slobodian, *Globalists*, 243.
113. Prebisch, *Towards a New Trade Policy on Development*, 80.
114. Ibid., 43; Jagdish Bhagwati, *The New International Economic Order: The NorthSouth Debate* (Cambridge, MA: MIT Press, 1977), 8; Victor McFarland, "The New International Economic Order, Interdependence and Globalization," *Humanity: An International Journal of Human Rights, Humanitarianism, and Development* 6 (Spring 2015): 217-33.
115. "Challenge to the Colonial Powers," 5.
116. Ibid., 6-7.
117. Ahlman, *Living with Nkrumahism*, 130.
118. Issa Shivji, *The Silent Class Struggle* (Dar es Salaam: Tanzania House, 1974). 希夫吉是"达累斯萨拉姆学派"的成员，曾与乔瓦尼·阿利吉、沃尔特·罗德尼等人一起参与社会理论的辩论。Ibhawoh and Dibua, "Deconstructing Ujamaa," 62.
119. Nyerere, "New Economic Order," 26.
120. Samir Amin, "Self-Reliance and the New International Economic Order," *Monthly Review* 29 (July-August 1977): 1-21, 14-15.
121. Robert Tucker, *The Inequality of Nations* (New York: Basic Books, 1977), 19-72.
122. Nyerere, "New Economic Order," 25.
123. Anghie, "Legal Aspects," 146.
124. Amin, "Self-Reliance and the New International Economic Order," 15.
125. Mazower, *Governing the World*, 303-4.
126. Ogle, "States' Rights," 215.
127. General Assembly Resolution 3201 (XXIX), "Charter of Economic Rights and Duties."
128. On these tensions, see Anghie, "Legal Aspects," 150-55.

129. 美国官员对国际经济新秩序接受程度的变化凸显出，后殖民世界正在发生的经济危机使他们对发展中国家的要求采取了更具批判性和对抗性的态度。例如，亨利·基辛格虽然对国际经济新秩序持怀疑态度，却率先对发展中国家采取了绥靖的和解策略。参见 Daniel Sargent, "North/South: The United States Responds to the New International Economic Order," *Humanity: An International Journal of Human Rights, Humanitarianism, and Development* 6 (Spring 2015), 201-16; and Daniel Sargent, *A Superpower Transformed: The Remaking of American Foreign Relations in the 1970s* (New York: Oxford University Press, 2014), 177-82. 然而，到1981年，在罗纳德·里根的领导下，美国明确拒绝了任何关于实现更大程度经济平等的要求。参见 Ogle, "States' Rights," 211, 224.

130. Kari Polanyi Levitt, *The Origins and Consequences of Jamaica's Debt Crisis 1970-1990* (Mona: Consortium Graduate School of the Social Sciences, 1991), 13. See also Manley, *Jamaica*, 151.

131. Levitt, *Origins and Consequences*, 14.

132. Norman Girvan et al., "The Third World and the IMF: The Case of Jamaica, 1974-1980," *Development Dialogue* 2 (1980): 113-65, 113.

133. Levitt, *Origins and Consequences*, 14.

134. Ibhawoh and Dibua, "Deconstructing Ujamaa," 71.

135. Duncan Holtom, "Reconsidering the Power of IFIs: Tanzania and the World Bank, 1978-1985," *Review of African Political Economy* 32 (December 2005): 549-67.

136. Michael Manley, "Message from the Prime Minister of Jamaica, Hon. Michael Manley, to the South-North Conference on the International Monetary System and the New International Order," *Development Dialogue* 2 (1980): 5-6.

137. "The Arusha Initiative: A Call for a United Nations Conference on International Money and Finance," *Development Dialogue* 2 (1980): 10-23.

138. Manley, "Message from the Prime Minister of Jamaica," 5-6.

139. Bockman, "Socialist Globalization," 121-22.

140. Slobodian, *Globalists*, 241. See also Umut Özsu, "Neoliberalism and the New International Economic Order: A History of 'Contemporary Legal Thought,'" in *Searching for Contemporary Legal Thought*, ed. Justin Desautels-Stein and Christopher L. Tomlins (Cambridge: Cambridge University Press, 2017), 330-47.
141. Slobodian, *Globalists*, 221.
142. Samuel Moyn, "The Political Origins of Global Justice," in *The Worlds of American Intellectual History*, ed. Joel Isaac et al. (New York: Oxford University Press, 2016), 133-52; Moyn, *Not Enough*, 172-79.
143. Charles Beitz, *Political Theory and International Relations* (Princeton, NJ: Princeton University Press, 1979), 152.
144. 关于"基本需求"方法的出现及其与"国际经济新秩序"的要求相匹配的方式，见 Moyn, *Not Enough*, chapter 6.
145. Ibid., 145, 186.
146. Ibid., 185, 189.
147. Robert Amdur, quoted in ibid., 166. See also Robert Amdur, "Global Distributive Justice: A Review Essay," *Journal of International A airs* 31 (Spring/Summer 1977), 81-88, 81.
148. 最近的赔偿呼吁，尤其是加勒比地区的赔偿呼吁，又回到了国际经济新秩序的框架倡议，即全球北方的财富是通过对全球南方的暴力统治和剥削实现的。但是，在援引类似的帝国全球经济史的同时，他们的诉求不是以福利主义的再分配语言为基础，而是以与当代过渡期正义① 相关的赔偿框架为基础。Hilary McD. Beckles, *Britain's Black Debt: Reparations for Caribbean Slavery and Genocide* (Kingston: University of West Indies Press, 2013); David Scott, "Preface: Debt, Redress," *Small Axe* 43 (March 2014): vii-x; David Scott, "On the Moral Justi cation of Reparations for New

---

① "过渡期正义"概念包含"与一个社会为抚平过去的大规模侵犯和践踏人权行为所遗留的伤痛，确保问责制、伸张正义、实现和解而进行的努力相关的所有进程和机制"。——编者注

World Slavery," in *Freedom and Democracy in an Imperial Context: Dialogues with James Tully*, ed. Robert Nichols and Jakeet Singh (New York: Routledge, 2014), 100-120. 赔偿与全球正义哲学文献之间的关系，见 Katrina Forrester, "Reparations, History and the Origins of Global Justice," in *Empire, Race and Global Justice*, ed. Duncan Bell (Cambridge: Cambridge University Press, forthcoming).

后记　民族自决的衰落

1. Daniel P. Moynihan, "The United States in Opposition," *Commentary* 59 (March 1975): https://www.commentary magazine.com/articles/theunited-states-in-opposition/, accessed February 15, 2018.
2. Ibid. Determination
3. S. Prakash Sinha, "Is Self-Passé?," *Columbia Journal of Transnational Law* 12, no. 2 (1973): 260-73. 辛哈本人对这一问题的回答是谨慎的。他认为，自决在非殖民化期间所采取的形式可能即将结束，但他坚持认为，自决的核心是确保"个人的正义"，因此，自决将在非殖民化之后继续存在。对当时的其他观察家来说，"个人的正义"要求放弃集体主义的自决权，转而支持个人的人权。Moyn, *Last Utopia, 118*-19.
4. Rupert Emerson, "Self-Determination," *American Journal of International Law* 65 (July 1971): 459-75, 466; Elmer Plischke, "Self-Determination: Reflections on a Legacy," *World Affairs* 140 (Summer 1977): 41-57, 51.
5. Emerson, "Fate of Human Rights," 223. See also Daniel Patrick Moynihan, "The Politics of Human Rights," *Commentary* 64 (August 1977); Louis Henkin, *The Rights of Man Today* (Boulder, CO: Westview, 1978).
6. Plischke, "Self-Determination," 52.
7. Emerson, "Self-Determination," 471.
8. Jackson, *Quasistates*; G. Simpson, *Great Powers and Outlaw States*.

9. Irwin, *Gordian Knot*, 132.
10. Bâli and Rana, "Constitutionalism and the American Imperial Imagination," 276.
11. Ibid., 280-84; Jean Cohen, "A Global State of Emergency or the Further Constitutionalization of International Law: A Pluralist Approach," *Constellations* 15 (December 2008): 456-84.
12. Scott, *Refashioning Futures*, 221-24.
13. "Michael Manley: A Man for All Times," *Daily Gleaner: A Special Gleaner Fea ture,* September 18, 1992, 21, West Indian Newspapers Collection, University of West Indies-St. Augustine.
14. 1995年12月至1996年7月，这些通信内容发表在《小斧头》创刊号上。见 See Kari Levitt and Michael Manley, "The Manley/Levitt Exchange," *Small Axe* 1 (February 1997): 81-115.
15. Michael Manley quoted in ibid., 87. See also "Michael Manley: A Man for All Times," 8.
16. Levitt and Manley, "Manley/Levitt Exchange," 87.
17. Ibid., 92.

参考书目

（扫码查阅。读者邮箱：zkacademy@163.com）